,pmv Ausflugsführer:

RHEIN-MAIN MIT KINDERN

Vor die Haustür, fertig – los!

Dieses Buch gehört:

....

W0084905

✻ **pmv**

PETER MEYER VERLAG

Ausgabe 2005/2006

INHALT

6   **Vorwort**

7   Gliederung dieses Buches

FRANKFURT: NATUR & SPORT

Freizeit zwischen
Banken & Blumen 11

12   **Tipps für Wasserratten**

12   Frei- & Hallenbäder

20   Der Schwedler See im Osthafen

21   Wassersport auf dem Main

23   Mit dem Schiff auf Untermain und Rhein

24   **Raus in die Natur**

24   Radeln & Skaten

30   Spazieren & Wandern in Frankfurt

Enkheimer Ried 34   39   Naturerkundungen & Umwelt-Infozentren

44   **Wilde Tiere & wilde Kerle**

44   Reiten & Kutschfahrten

46   Tierparks

49   Parks & Gärten

55   Sport, Spiel & Abenteuer

66   Grillplätze und -hütten in Frankfurt

67   Wintersport in Frankfurt

69   **Ferien & Alltag**

FRANKFURT: WISSEN & KULTUR

Die kreativen Seiten
der Stadt 73

73   **Technik & Geschichte**

73   Bahnen & Betriebe

77   Museen & Galerien

94   **Bühne, Leinwand & Aktionen**

94   Kino, Video & Radio

96   Theater mit und für Kinder

103   Musik & Tanz

105   Tipps für Bücherwürmer

OFFENBACH & HANAU

Tipps für Wasserratten	110
Frei- & Hallenbäder	110
Bagger- & Waldseen	115
Wassersport	123
Schiffsfahrten längs & quer	124
Raus in die Natur	126
Radeln & Skaten	126
Spazieren & Wandern	131
Naturerkundungen & Umwelt-Infozentren	137
Reiten & Kutschfahrten	139
Tier- & Erlebnisparks	140
Grillplätze und -hütten	146
Handwerk und Geschichte	147
Bahnen, Schlösser, Burgen	147
Museen	150
Bühne, Leinwand & Aktionen	160

**Ab hessischer Gren-
ze mainabwärts** 109

Steinbruchseen 134

VOR DER MAINMÜNDUNG

Tipps für Wasserratten	166
Frei- & Hallenbäder	166
Badespaß am Badesee	169
Aktiv und passiv Boot fahren	170
Raus in die Natur	172
Radeln & Skaten	172
Spazieren & Wandern	177
Naturerkundung & Umwelt-Infozentren	181
Reiten, Sport & Spiel	188
Grillplätze und -hütten am Untermain	191
Handwerk und Geschichte	191
Bahnen & Betriebe	191
Museen, Kultur & Events	192

**Der Main kurz vorm
Rhein** 165

**Planetenweg am
Schwarzbach** 181

AM SÜDHANG DES TAUNUS

Wunderbares
Taunusvorland 199

199 **Tipps für Wasserratten**
199 Frei- & Hallenbäder
204 **Raus in die Natur**
204 Auf Rollen & zu Fuß
206 Große & kleine Tiere
210 **Handwerk und Geschichte**
210 Bahnen, Mühlen & Museen

BAD VILBEL – NIDDATAL

Die fruchtbare süd-
liche Wetterau 215

215 **Tipps für Wasserratten**
215 Frei- & Hallenbäder
217 **Raus in die Natur**
217 Radeln in der südlichen Wetterau
219 Wandern in der südlichen Wetterau
221 Naturerkundungen & Umwelt-Infozentren
224 **Handwerk und Geschichte**
224 Museen & Kultur

DARMSTADT & UMGEBUNG

Kultur und Wissen-
schaft ganz nah am
Wald 229

229 **Tipps für Wasserratten**
229 Frei- & Hallenbäder
233 Badeseen & Bötchen fahren
235 **Raus in die Natur**
235 Radeln & Skaten
239 Wandern und Spazieren
241 Naturerkundungen & Umwelt-Infozentren
245 Reiten & Kutschfahrten
246 Gärten, Tier- & Freizeitparks | 252 Wintersport
253 **Handwerk und Geschichte**
253 Bahnen & Burgen
256 Museen & Grube Messel
263 **Bühne, Leinwand & Aktionen**
263 Tanz, Kino, Flohmarkt | 265 Theater für Kinder

Tipps für Wasserratten	271	**Wälder, Felder und**
Frei- & Hallenbäder	271	**Trabantenstädte** 271
Baden am Baggersee	276	
Raus in die Natur	280	
Radeln & Skaten	280	
Wandern & Spazieren	283	
Naturerkundung & Umwelt-Infozentren	285	
Reiten & Kutschfahrten	286	
Sport & Spiel	289	
Handwerk und Geschichte	292	
Schlösser & Museen	292	
Bühne, Leinwand & Aktionen	298	
Spielen und spielen lassen	298	

INFO & KARTEN

Fremdenverkehrsämter & Bürgerberatungsstellen	302	**Infostellen** 302
Bahn, Bus, S-, U- und Straßenbahn	305	
ÖPNV in Rhein-Main	305	
Frankfurt Innenstadt, mit Verkehrslinien	306	**Karten** 306
S-, U- & Straßenbahnen in Frankfurt	308	
Schnellbahnplan des RMV für Rhein-Main	310	
Das Rhein-Main-Gebiet, Nord	312	
Das Rhein-Main-Gebiet, Süd	314	

IMPRESSUM

Unsere Inhalte werden ständig gepflegt. Für die Richtigkeit der Angaben kann der Verlag jedoch keine Haftung übernehmen. | © 2004 Peter Meyer Verlag, Schopenhauerstraße 11, 60316 Frankfurt a.M. | www.PeterMeyerVerlag.de | Umschlag- und Reihenkonzept, insbesondere die Kombination von Griffmarken und Schlagwort-System auf dem Umschlag, sowie Text, Gliederung und Layout, Karten und Illustrationen sind urheberrechtlich geschützt. | **Druck & Bindung:** Kösel, Krugzell; www.KoeselBuch.de | **Umschlaggestaltung:** Agentur 42, Main, www.agentur42.de | **Karten:** RMV, VGF und pmv | **Fotos:** HTS, Verlagsarchiv | **Zeichnungen:** Silke Schmidt, Offenbach | **Bezug** über den Verlag (vertrieb@PeterMeyerVerlag.de) | oder über Prolit, Fernwald-Annerod | **ISBN** 3-89859-403-3

VORWORT

Wieder einmal bin ich für den Peter Meyer Verlag unterwegs gewesen auf der Suche nach spannenden und interessanten Freizeitmöglichkeiten für Familien mit Kindern. Dieses Mal war das für mich nicht ganz so anstrengend, denn es ging um meine Heimat Rhein-Main-Gebiet, da brauchte ich keine langen Anfahrten und auch keine Übernachtungen.

Über den Autor

Eberhard Schmitt-Burk ist ein nüchtern denkender Mensch. Als solcher hat er einst Volkswirtschaft, Philosophie und Sozialwissenschaften studiert. Seit 1979 verdient er sein Geld als Publizist und Buchautor. Er ist viel gereist, durch den Mittleren Osten und Indien, und hat viel gesehen. Seine Hobbys sind Radfahren und Wandern, und so ist er durch ganz Europa gekommen. Doch seit er Opa geworden ist, bleibt er gern in Deutschland und entdeckt seine alte Heimat neu. Und das mit viel Herz.

Außerdem kenne ich mich ja in Frankfurt und Umgebung schon recht gut aus, weil ich hier seit den 80er Jahren wohne und einen großen Teil meiner Freizeit verbringe. Allerdings weiß ich längst nicht alles und ich sollte mir ja auch noch die Wetterau und die Regionen zwischen Offenbach und Seligenstadt sowie Frankfurt und Hanau ansehen. So war ich dann doch Monate lang fast jeden Tag unterwegs – der Umwelt zuliebe mit dem Rad, der Bahn und zu Fuß. Insgesamt ist viel zusammengekommen. Ganz sicher ist auch für euren Geschmack etwas dabei.

Auf und an den Flüssen Rhein, Main, Nidda und Kinzig und den Seen bei Langen, Rodgau, Seligenstadt und Hanau oder in den südhessischen Wäldern zwischen Neu-Isenburg und Darmstadt, in den Weinbergen um Hochstadt und in den Fluren und Auen des Kinzigtals bei Hanau können Eltern mit Kindern zahlreiche interessante Touren unternehmen - zu Fuß, mit dem Rad, auf dem Pferd, mit der Bahn, mit dem Boot oder Schiff.

Aber auch in den großen Städten Frankfurt, Offenbach, Hanau und Darmstadt gibt es viel zu entdecken und zu unternehmen. Hier sind es vor allem die tollen Abenteuer- und Waldspielplätze (Frankfurt!), Kindertheater und -kino, die zahlreichen Museen mit spannenden Programmen für Kinder. Und schließlich sind da ja noch als hochkarätige Attraktionen der Zoo und der Palmengarten in Frankfurt.

Viele Tourenvorschläge sind so gewählt, dass sie kurz und leicht sind, damit sie auch mit kleineren Kindern realisiert werden können. Aber auch für größere Kinder habe ich eine Menge interessanter Strecken zusammengestellt. Zumeist liegen Spielplätze und Gaststätten am Weg. Auf manchen Touren kommt ihr auch an einem Schwimmbad oder Grillplatz vorbei oder habt sogar Gelegenheit, mit einem Boot in See zu stechen. In den Randspalten stehen zusätzliche Hinweise, Spieltipps, Ausflugslokale sowie Wissenswertes.

Viel Spaß bei euren Touren und Freizeitaktivitäten wünscht euch
Eberhard Schmitt-Burk

Aus Platzgründen kann unser Buch die Rhein-Main-Region nicht vollständig erfassen. Das ist aber nicht weiter schlimm, denn die Gebiete am Rand sind bereits in anderen Büchern des Peter Meyer Verlages vertreten: »Mainz und Rheinhessen«, »Wiesbaden und der Rheingau«, »Taunus mit Kindern«, das Kinzigtal und Aschaffenburg in »Spessart mit Kindern«, die Bergstraße und der Odenwald in »Odenwald mit Kindern«.

Zur Gliederung dieses Buches

»Rhein-Main mit Kindern« ist in **acht geografische Griffmarken** gegliedert: *Frankfurt* – wegen der Fülle an Angeboten unterteilt in *Natur & Sport* sowie *Wissen & Kultur* –, *Offenbach und Hanau, Vor der Mainmündung*, das Taunusvorland *Am Südhang des Taunus, Bad Vilbel – Nid-*

Gestatten?

Ich bin Sam, die Wasserratte. Meine Clique und ich begleiten euch mit noch ein paar Freunden auf euren Entdeckertouren durch dieses Buch und die Rhein-Main-Region. Darf ich vorstellen:

Karlinchen, liebt die Natur

Herr Mau, Experte für Handwerk und Geschichte,

und unser Clown Mockes.

Bei Maria Bonifer, Alice Selinger, Simone Boscheiden, Liesel Burk und Michael Köhler möchte ich mich ganz herzlich für die informativen Tipps und/oder Texte bedanken.

datal in der südlichen Wetterau, *Darmstadt & Umgebung* und schließlich *Langen – Rodgau.* Sie sind immer nach demselben Schema aufgebaut:

Tipps für Wasserratten nennt alle Frei- und Hallenbäder, die Badeseen der Region und gibt Infos zum Boot- & Schifffahren.

Raus in die Natur nennt Radtouren, Wanderungen, Lehrpfade, Abenteuerspielplätze, Reiterhöfe und Tierparks, alle möglichst naturnah. Hier finden sich auch Tipps für die Grillparty im Freien sowie für Spaß bei Schnee und Eis.

Handwerk & Geschichte führt euch zu Orten der Technik und Arbeit: Dampf- und Modelleisenbahnen, Burgen und Museen. Ihr werdet überrascht sein, wie viel es auch bei schlechtem Wetter zu entdecken gibt!

Bei **Bühne Leinwand & Aktionen** werden Kinderkino und -theater, Tanz, Ferienprogramme und andere Kreativangebote vorgestellt.

Die letzte Griffmarke **Info & Karten** versorgt euch mit Informationsstellen und allgemeinen Verkehrshinweisen. Die **Farbkarten** geben die nötige Orientierung.

Es ist an alles gedacht. Also: *Vor die Haustür, fertig – los!*

Schreibt an:
Peter Meyer Verlag
– Rhein-Main
mit Kindern –
Schopenhauerstraße 11
60316 Frankfurt a.M.
www.PeterMeyer Verlag.de
info@PeterMeyerVerlag.de

Hinweis in eigener Sache

Das Ermitteln all dieser Adressen, Preise und Informationen hat viel Zeit und Mühe erfordert. Doch trotz aller Sorgfalt können sich Fehler einschleichen oder Daten noch während des Niederschreibens ändern. Auf jeden Fall freuen wir – der Verlag und ich – uns, wenn ihr uns auf Fehler und Veränderungen aufmerksam macht. Auch Lob und zusätzliche Tipps sind jederzeit willkommen!

FRANKFURT: NATUR & SPORT

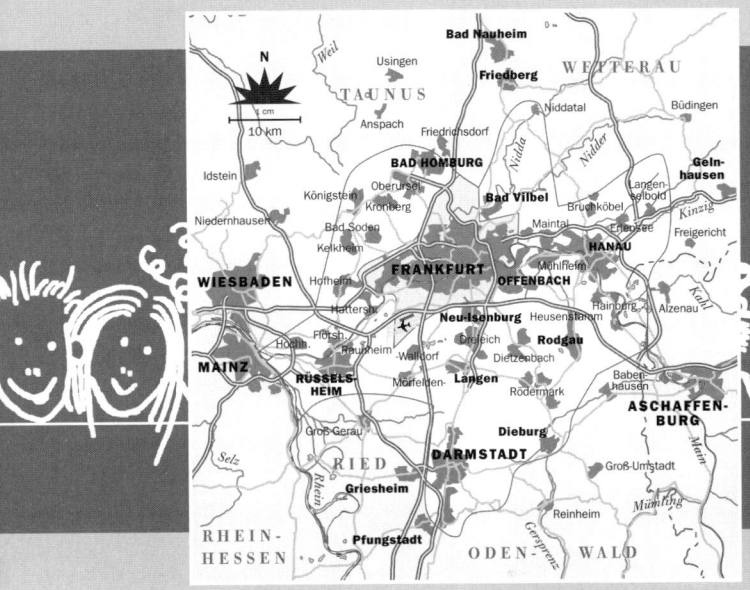

FRANKFURT: NATUR & SPORT

FRANKFURT: WISSEN & KULTUR

OFFENBACH & HANAU

VOR DER MAINMÜNDUNG

AM SÜDHANG DES TAUNUS

BAD VILBEL – NIDDATAL

DARMSTADT & UMGEBUNG

LANGEN – RODGAU

INFO & KARTEN

Die Main-Metropole ist mit rund 640.000 Einwohnern der fetteste Brocken der Rhein-Main-Region und steht daher bei uns am Anfang. Manch einer mag über Frankfurt die Nase rümpfen und sich damit zu denjenigen gesellen, denen die Stadt zu hoch, zu schnell und zu versnobt ist. »Eschte Frankfodder« stimmen dem natürlich gar nicht zu.

Na gut. Frankfurt ist kein idyllischer Flecken – die Stadt ist dafür zu groß, der Autoverkehr viel zu stark und die großen Industrieanlagen in Griesheim und Höchst im Westen sowie Fechenheim im Osten belasten stark die Umwelt – doch gibt es glücklicherweise auch in der Stadt jede Menge Grün, das das urbane Leben verschönert. Da gibt es die großen **Parks** und versteckten Kleinode, da gibt es für Kinder interessante Abschnitte in den Anlagen der ehemaligen Stadtbefestigung und da gibt es die Promenade beiderseits des Mains. Darüber hinaus besteht um das äußere Stadtgebiet der so genannte **Grüngürtel,** der Familien mit Kindern allerlei Freizeitaktivitäten im Grünen ermöglicht, sodass sie sich nicht immer auf die weite Reise in den Taunus oder Odenwald aufmachen müssen. Am meisten Spaß haben Kinder **im und am Wasser.** Trotz aller Sparzwänge kann die Stadt am Fluss da doch etliches bieten: Freibäder und Schwimmhallen, Thermen, Spaßbäder und sogar einen See mitten im alten Hafen. Sportive können zudem Rudern und Tauchen lernen.

Neben dem **Radeln, Wandern und Naturerkunden** steht das Sich-selbst-entdecken durch Sport und Spiel ganz oben. Kaum zu glauben, wie viele Wald- und Abenteuerspielplätze Frankfurt bietet. Und da soll noch einmal einer sagen, Frankfurt sei nicht idyllisch!

Lesetipp: Umweltamt Stadt Frankfurt, *Stadtgewässer. Seen, Teiche, Tümpel entdecken,* mit Karte, 2003, kostenlos; Umweltamt Stadt Frankfurt, *Die GrünGürtel Freizeitkarte.* Mit Regionalpark Rhein-Main, 5. Aufl. 2003, kostenlos.

TIPPS FÜR WASSER-RATTEN

Schwimmsport könnt ihr betreiben in den Vereinen:
- Erster Frankfurter Schwimmclub, www.efsc.de, postmaster@efsc.de;
- Schwimmclub Niederrad, www.schwimmclub-frankfurt.de;
- Schwimmverein Moenus Ffm e.V., www.sv-moenus.de.

Tipp: Schwimmkurse für Babys bietet der Schwimmpädagogische Verein e.V., Egenolffstraße 40, 60316 Frankfurt, ✆ 069/94411833.

Frei- & Hallenbäder

Panoramabad Bornheimer Hang

Inheidener Straße 60, Ffm-Bornheim. ✆ 069/462340, www.panoramabad-frankfurt.de. info@bbf-frankfurt.de. **Anfahrt:** Bus 38 Panoramabad, Straba 14 Ernst-May-Platz, U7 Eissporthalle. **Zeiten:** Mo 6.30 – 20, Mi 6.30 – 19, Do, Fr 6.30 – 20, Sa 8 – 22, So 8 – 20 Uhr. Sa 13 – 15 Rutschbahn geschlossen, So ab 13 Uhr Außenbereich geschlossen. **Preise:** ↗ Rebstockbad.

▶ Im Mittelpunkt aller Schwimmer-Aktivitäten steht im Bornheimer Hallenbad das Mehrzweckbecken mit 1- und 3-m-Sprungbrettern. Nichtschwimmer und Kleinkinder haben ihre eigenen Becken. Spaßelemente des Hallenbades sind die Wasserrutsche und die Whirlpools – erfrischend das Außenbecken, zusätzliche Bonbons für Erwachsene: Massage, Fußreflexzonenmassage, Sauna, Blockhaussauna, Sonnenstudio und Gastronomie.

Gartenhallenbad Fechenheim

Turngemeinde Bornheim, Konstanzer Straße 16, Ffm-Fechenheim. ✆ 069/42693592. **Anfahrt:** Bus 44 Bodenseestraße, Straba 11 und 12 Fechenheim Post. **Zeiten:** Mo 12 – 20, Mi 13.30 – 16, Do, Fr 12 – 20, Sa 10 – 20, So 8 – 11, 12 – 20. **Preise:** Monatsbeitrag 9 €; Kinder bis 18 Jahre 7 €; Schwimmen 3 € extra.

▶ Das Fechenheimer Hallenbad ist ein Vereinsbad der Turngemeinde Bornheim, deshalb müsst ihr dort Mitglied sein. Das Bad besitzt ein Mehrzweck-Becken mit 1-m-Brett. Am Kiosk könnt ihr Getränke bekommen.

Frei- und Hallenbad Bergen-Enkheim

Fritz-Schubert-Ring 2, Ffm-Bergen-Enkheim. ✆ 06109/ 35861, www.bbf-frankfurt.de. info@bbf-frankfurt.de. **Anfahrt:** Bus 42 Schwimmbad, U7 Enkheim. **Freibad:** Mai – Anfang Sept Mo – So 7 -20 Uhr; **Halle:** Sept – Mai Mo 14 – 20 (nur Traglufthalle), Di 6.30 – 22, Mi 6.30 – 20, Do 6.30 – 15, Fr 6.30 – 20, Sa 8 – 20, So 8 – 15 Uhr, Mi Warmbadetag. **Preise:** 3,50 €, 11er-Karte 35, Saison 150, Jahreskarte 300 €; Kinder bis 1,20 m frei, größer 2,50 €, 11er-Karte 25, Saison 75, Jahreskarte Hallen- und Freibäder 150 €; Familien 8, Saisonkarte 210, Jahreskarte Hallen- und Freibäder 450 €.

▶ Das Bergen-Enkheimer Bad liegt schön und ist dank der Kombination von Frei- und Hallenbad variantenreich und gut für alle Jahreszeiten. Im beheizten **Freibad** ziehen junge und alte Wasserratten ihre Bahnen im 50 x 21 m großen Becken. Das Nichtschwimmerbecken ist mit seinen 800 qm überaus geräumig. Für die ganz Kleinen gibt es selbstverständlich Plantschbecken und Spielplatz. Von den beiden Liegewiesen offeriert eine Schatten unter Obstbäumen. Die Beachvolleyball-Aktivisten dürfen ihrem Hobby auf einem eigens eingerichteten Feld nachgehen. Wer vom Schwimmen oder Spielen hungrig geworden ist, kann sich am Kiosk mit Pommes, Würstchen und anderen Snacks eindecken. Kleine Schleckermäulchen bekommen hier ihr Eis.

Das Freibad verfällt übrigens nicht vollständig in den Winterschlaf, denn über das Schwimmerbecken wird im Herbst eine Traglufthalle gestülpt. So kann es den Vereinen auch in der kalten Jahreszeit als Trainingsbecken dienen.

In das Schwimmerbecken des **Hallenbades** ist ein Sprungbereich mit 1- und 3-m-Sprungbrett

 Ganz in der Nähe liegen das **Enkheimer Ried,** der **Berger Hang** und der **Heinrich-Kraft-Park**, es gibt also Raum für viele weitere Aktivitäten, wenn es im Bad langweilig werden sollte.

integriert. Die Nichtschwimmer haben ihr eigenes Becken. Ansonsten bietet das Hallenbad noch Solarium, Sauna und Gastronomie.

Freibad Nieder-Eschbach

Heinrich-Becker-Straße 22, Ffm-Nieder-Eschbach. ✆ 069/5074013, www.frankfurt.de. info@bbf-frankfurt.de. **Anfahrt:** Bus 27 und 29 Heinrich-Becker-Straße, U2 Nieder-Eschbach. **Zeiten:** Anfang Mai – Ende Aug täglich 10 – 20 Uhr, in den Sommerferien schon ab 9 Uhr. **Preise:** wie Brentanobad.

▶ Familienbadatmosphäre bietet das umweltfreundlich beheizte kleine Freibad in Nieder-Eschbach an der nordwestlichen Peripherie der Rhein-Main-Metropole. Das Schwimmbecken ist ein Kombibecken. In den tieferen Bereich könnt ihr aus 3 und 1 m Höhe Sprünge starten, in das Nichtschwimmerbecken per Rutsche hinuntersausen. Auch am Plantschbecken befindet sich eine kleine Rutsche. Die Liegewiese ist recht groß und ausreichend mit Bäumen bepflanzt. Die ganz Kleinen können sich auf dem Spielplatz mit seinem großen Sandkasten betätigen. Die größeren Kinder und Erwachsenen haben das Beachvolleyballfeld, zwei Tischtennisplatten und ein Freischachspielfeld zur Auswahl. Natürlich gibt es in dem gemütlichen und ganz ruhig gelegenen Nieder-Eschbacher Freibad einen Imbiss-Kiosk mit Tischen und Stühlen.

Freibad Eschersheim

Alexander-Riese-Weg, Ffm-Eschersheim. ✆ 069/213-32153, Fax 21232062. www.frankfurt.de. info@bbf-frankfurt.de. Direkt an der Nidda, Eingänge von da und vom Uhrig. **Anfahrt:** Bus 60, 63 Im Uhrig, U1, 2, 3 Heddernheim, S6 Eschersheim. Rad: am Nidda-Rad-

Reiterkampf: Zwei Paare treten im Nichtschwimmerbecken gegeneinander an. Der größere nimmt den kleineren Partner auf die Schulter und der Kampf kann beginnen. Die Pferde dürfen ihre Hände nicht von den Beinen der Reiter lassen. Die Reiter dürfen sich gegenseitig schieben und ziehen, bis einer von beiden den Halt verliert und im Wasser landet. Achtung: Nur für Schwimmer, denn beim Umfallen gerät man zumindest kurz unter Wasser!

weg. **Zeiten:** Ende Mai – Ende Aug Mo – So 10 – 20
Uhr. **Preise:** wie Brentanobad.

▶ Das Eschersheimer Bad besitzt ein Riesen-
becken (unbeheizt), das mit seiner leichten
Krümmung ein wenig wie ein Flusslauf aussieht.
Darüber führt ein Brückchen, dadurch erhält
das Ganze gar einen romantischen Touch. Der
Schwimmerbereich misst 110 x 30 m, der Nichtschwimmerteil ist mit 70 x 30 m auch nicht viel
kleiner. Zwischen dem Nichtschwimmersektor
und dem 400 qm großen Kinderbecken ist ein
breites Wehr angelegt. Umgeben ist das riesen-
große Schwimmbecken von einer ausgedehnten
Liege- und Spielwiese. Gerade auch für Kinder
gibt es hier viele Spielfelder, z.B. Wassersprühanlage, Spielplatz und Bolzplatz, Tischtennisplatte und ein Volleyballfeld.

Titus-Thermen Nordweststadt

Walter-Möller-Platz 2, Nordwestzentrum, Ffm-Nordweststadt. ℰ 069/213-48100, 213-48101, www.titusther-
men-frankfurt.de. info@bbf-frankfurt.de. **Anfahrt:** U1
und Bus 60, 67, 72 Nordwestzentrum. **Zeiten:** Mo –
Sa 9 – 22, So 9 – 20 Uhr. **Preise:** ↗ Rebstockbad.

▶ Die Titusthermen sind Frankfurts zweites
Hallen-Erlebnisbad, das Nordweststadtbad ist
aber nicht so reichhaltig und neu wie die Kon-
kurrenz vom Rebstock. Es bietet als Grundaus-
stattung ein Sportbecken, ein Erlebnisbecken
mit Strömungskanal, ein Abenteuerbecken mit
Wasserfall, eine 50-m-Rutsche und Whirlpools.
Erwachsene ziehen die Römische Saunalandschaft, die Solarien und das Fitness-Studio mit
medizinischer Massage, Lymphdrainage und
Fußreflexzonenmassage an.

Hunger & Durst

Kleine Mahlzeit am
Kiosk im Bad, große
Mahlzeit im **Restaurant
Sandelmühle** des ge-
genüberliegenden Cam-
pingplatzes.

FRANKFURT: NATUR & SPORT

15

Rebstockbad, Spaß und Erlebnis

Zum Rebstockbad 7, Ffm-Bockenheim. ℗ 069/708078, www.rebstockbad-frankfurt.de. info@bbf-frankfurt.de. **Anfahrt:** Straba 17 oder Bus 33, 34, 50 Rebstockbad. **Zeiten:** Mo 14 – 22, Di – Sa 9 – 22, So 9 – 20 Uhr. **Preise:** 4 €, 11er-Karte 40 €, Jahreskarte Hallen- und Freibäder 300 €; Kinder 6 – 18 Jahre 2,50 €, 11er-Karte 25 €, Jahreskarte 150 €; Familienkarte 8 €, Jahreskarte 450 €.

▶ Seit Oktober 2003 erstrahlt das Erlebnisbad am Rebstock nach umfangreichen Umbaumaßnahmen und Modernisierung in neuem Glanz. Hinter der lichtdurchfluteten Fassade des ausgedehnten Hallenbaus ist eine abwechslungsreiche Badelandschaft aus Schwimmer-, Nichtschwimmer-, Wellen- und Plantschbecken angelegt worden, der das Springerbecken mit Plattformen bis 5 m Höhe einen zusätzlichen Kick gibt. Richtige Spaßelemente sind die Riesenrutschbahn und die Black-Hole-Rutsche. Und da sind noch die Extras für die Eltern: Türkisches Bad, Saunalandschaft, Sonnenstudio, Hot-Whirlpool-Garten, Massage und Fußreflexzonenmassage. Nicht übersehen werden sollten auch das Außenbecken, der Kinderspielplatz im Freien und die Liegewiese. Das Hallen-Erlebnisbad Rebstock ist fraglos Frankfurts Spaßbad Nr. 1.

...... ⌐ Rebstockbad gelten alle Karten Mo – Fr für 90 Minuten, am Wochenende und an Feiertagen nur für 1 Stunde.

Tauchen lernen könnt ihr im Tauchsportclub Atlantis, www.tscatlantis.de

Freibad Hausen

Ludwig-Landmann-Straße 341, Ffm-Hausen. ℗ 069/213-34105, www.bbf-frankfurt.de. info@bbf-frankfurt.de. Direkt an der Nidda. **Anfahrt:** U6 oder Bus 34 Fischstein. Rad: Am Nidda-Radweg. **Zeiten:** Ende März – Anfang Okt täglich 6.30 – 19, in der Hauptsaison 20 Uhr. **Preise:** wie Brentanobad.

▶ Das solarbeheizte Freibad an der Hausener Nidda ist recht beliebt. Es besitzt zwei Becken:

eines für Schwimmer und eines für Nicht-schwimmer. In Letzteres mündet eine Rutsche, eine Sprunganlage gibt es nicht, für die Kleinsten aber ein Plantschbecken.

Ein besonderer Reiz geht davon aus, dass durch das Gelände die Nidda fließt. Wenn ihr das Gewässer auf dem Brückchen überquert, gelangt ihr auf eine große Wiese mit Bolzplatz und Spielplatz. Hier gibt es auch ein Lokal mit Tischen und Stühlen im Freien – im Angebot: kleine Gerichte, Kaffee und Kuchen, Eis und kalte Getränke. Für das leibliche Wohl sorgt außerdem auch ein Kiosk im Eingangsbereich.

Brentanobad Rödelheim

Rödelheimer Parkweg, Ffm-Rödelheim. ℂ 069/213-39019, www.bbf-frankfurt.de. info@bbf-frankfurt.de. **Anfahrt:** Bus 34 Rödelheimer Parkweg, U6 Am Fischstein. Am Eingang Hausen 350 Parkplätze. Rad: am Nidda-Radweg. **Zeiten:** Ende Mai – Ende Aug Mo – Fr 10 – 20, Sa, So 9 – 20, in den Sommerferien täglich 9 – 20 Uhr. **Preise:** 3,50 €, 11er-Karte 35, Saison 150, Jahreskarte Hallen- und Freibäder 300 €; Kinder bis 1,20 m frei, größer 2,50 €, 11er-Karte 25, Saison 75, Jahreskarte 150 €; Abendtarif ab 18 Uhr 1,70, Kinder 1,20; Familien 8, Saison 210, Jahreskarte Hallen- und Freibäder 450 €.

 An den Hochsommerabenden ist im Nordteil der Liegewiese eine riesige Leinwand für **Open-Air-Kino** aufgebaut.

▶ Das Rödelheimer Freibad ist so ganz anders als das nur 900 m Luftlinie entfernte Hausener Bad. Hier bestimmt ein einziges riesiges Becken die Szene. 220 m lang und bis zu 50 m breit ist dieses große Gewässer, das beinahe wie ein Badesee aussieht. Das Becken ist in eine Schwimmer- und eine Nichtschwimmerhälfte gegliedert, die 1,80 bzw. 1,35 m tief sind. In die Größenverhältnisse passt, dass auch die Liegewiese sehr groß ist. Kinder haben hier also viel Raum zum Herumtollen. Für die Kleineren ist natürlich auch der Spielplatz mit Rutsche, viel Sand und einem kleinen Plantschbecken ein Bedürfnis. An einem großen Kiosk bekommt ihr u.a. Pizza, Flammkuchen und kleine Grilladen.

Stadionfreibad Niederrad

Mörfelder Landstraße 362, Ffm-Niederrad. ℡ 069/ 213-32894, www.bbf-frankfurt.de. info@bbf-frankfurt.de. **Anfahrt:** Bus 61 Stadion/Schwimmbad, Straba 21 Stadion. **Zeiten:** Mai – Anfang Sept 7 – 20 Uhr. **Preise:** wie Brentanobad. Gastronomie vorhanden.

▸ Das traditionsreiche Bad am Südrand der Mainmetropole wurde 1925 eröffnet, die Architektur der Gebäude spiegelt das wider. Die Technik wurde allerdings Mitte der 1980er Jahre umfassend saniert. Neben der weitläufigen Liegewiese liegt ein großes beheiztes **Sportbecken** (50 m lang, 1,90 – 2,25 m tief). In dieses Bild passt der gewaltige Sprungturm mit 5-, 7,5- und 10-m-Plattform sowie 1- und 3-m-Brett – im Raum Frankfurt absolut konkurrenzlos. Zur obersten Plattform steigen allerdings fast nur Jugendliche hinauf. Kaum einer der über 30-Jährigen wagt den rasenden Sprung in die Tiefe. Auch die zweite große Attraktion des Stadionbads, die 180 m lange **Rundrutsche** mit separatem Landebecken, ist hauptsächlich von Kindern und Jugendlichen bevölkert. Nicht minder lebhaft geht es in dem großen **Spaßbecken** mit 2 Breitrutschen, Wasserfall, Strömungskanal, Wasserkanone, Massagedüsen und Bodensprudler zu. Selbstverständlich haben die ganz Kleinen ihr **Plantschbecken** und ihren Spielplatz. Die Älteren können sich mit Freischach, Tischtennis und Boccia vergnügen. Schade, dass landende Flugzeuge und die an der

Ostseite auf der Mörfelder Landstraße vorbeirasenden Autos reichlich Lärm verursachen.

Hallenbad Höchst

Melchiorstraße 21, 65929 Ffm-Höchst. ✆ 069/213-45451, www.bbf-frankfurt.de. info@bbf-frankfurt.de. **Anfahrt:** S1, 2 bis Höchst Bhf, Straßenbahn 11 bis Zuckschwerdtstraße, weiter Bus 51, 54 bis Höchst Bhf. **Zeiten:** Mo 6.30 – 9, Di 6.30 – 22, Mi 6.30 – 22, Do 6.30 – 18, Fr 6.30 – 20, Sa 6.30 – 22, So 9 – 20 Uhr, Mi, Do Warmbadetage. **Preise:** 3,50 €, 11er-Karte 35, Jahreskarte Hallen- und Freibäder 300 €; Kinder unter 1,20 m frei, größer 2,50 €, 11er-Karte 25, Jahreskarte 150 €; Familien 8, Jahreskarte 450 €.

Achtung! Von Mai bis August nur für Schulen und Vereine zugänglich!

▸ Das Höchster Hallenbad ist mit Schwimmer-, Nichtschwimmer- und Plantschbecken ausgestattet. Von 1- und 3-m-Brettern könnt ihr zum Köpper oder Salto ins Springerbecken ansetzen. Ferner bietet das etwas in die Jahre gekommene Bad Sauna, Solarien, Massage, Infrarotkabine und Gastronomie.

Silobad Unterliederbach

Hunsrückstraße 100, 65929 Ffm-Unterliederbach. ✆ 069/316317, www.bbf-frankfurt.de. info@bbf-frankfurt.de. **Anfahrt:** Bus 50, 54 Farbwerksbad/Ballsporthalle. **Zeiten:** Anfang Mai – Anfang Sept täglich 7 – 20 Uhr. **Preise:** wie Brentanobad.

▸ Das einstige Freibad der Höchst AG wurde nach seiner Übergabe an die Stadt Frankfurt in einen hervorragenden Zustand versetzt. Viele Frankfurter halten das stets auf etwa 25 Grad geheizte Bad für das gegenwärtig modernste Freibad der Mainmetropole. Das Nichtschwimmerbecken ist nun mit seiner Froschinsel, dem Bodensprudler, dem Wasserpilz, den Nackenduschen und der Breitbandrutsche ein richtiges

FRANKFURT: NATUR & SPORT

Funbecken und damit so etwas wie der Gegenpol zum ganz aufs Sportive ausgerichtete Schwimmerbecken (50 m lang, 17 m breit, 6 Bahnen), an das als Ausbuchtung das Springerbecken mit 3-m-Turm angelehnt ist.

Die ganz kleinen Wasserratten haben ihre Freude an dem Plantschbecken mit Spritzigel und Rutschflächen. Und an Land erwartet sie anschließend ein großer Spielplatz. Es gibt nun auch einen Minigolfplatz. Schließlich sind da noch zwei Beachvolleyballfelder, drei Tischtennisplatten und ein Imbiss-Kiosk mit Terrasse. Richtig spektakulär wird es am Abend, wenn flimmernd das Open-Air-Kino für Unterhaltung sorgt.

Minigolfanlage, 1,50 € pro Person, Schläger gegen Pfand an der Kasse.

Der Schwedler See im Osthafen

Lindleystraße, 60314 Frankfurt am Main. **Anfahrt:** Straba 11 Schwedler Straße. **Preise:** 120 € Jahresbeitrag; Kinder 60 €.

▶ Frankfurts einziger Badesee ist eine 1908 im Rahmen des Ausbaus des Osthafens ausgehobene Grube, die jedoch nicht zum Hafenbecken ausgebaut wurde. Sie füllte sich alsbald mit Grundwasser und diente bis in die 1960er Jahre den Schwimmern des EFSC als Trainingsgelände. 1977 wurde der größte Teil zugeschüttet, um das Gelände für die Lagerhallen an der Lindleystraße zu vergrößern. Verblieben ist ein kleiner Restsee mit viel Grün und einer schmalen Liegewiese. Er ist nach wie vor in den Händen des EFSC, wer hier baden möchte, muss Mitglied des Clubs sein.

Es kann sein, dass ihr beim Bad in dem 2,30 m tiefen Gewässer mit einem der beiden 1,40 m langen Löffelstöre oder den bis zu 1 m großen

EFSC heißt Erster Frankfurter Schwimmclub. Mit 2000 Mitgliedern ist er der größte Schwimmverein der Stadt.

Chinesischen Graskarpfen in Berührung kommt. Aber keine Panik. Auch wenn sie an euren Zehen knabbern, sind sie doch ganz ungefährlich, weil Vegetarier. Sie wurden vor 13 Jahren in dem See ausgesetzt, um dem Hornkraut, eine Schlingpflanze, Herr zu werden, die schon den ganzen See in Beschlag genommen hatte.

Wassersport auf dem Main

Frankfurt ist eine Wiege des Rudersports in Deutschland. Die ersten Vereine wurden bereits in den 1860er Jahren gegründet. Ruderregatten auf dem Main zogen damals solche Zuschauermassen an wie heute der Frankfurt-Marathon. Die Ruderer und Kanuten sind natürlich immer noch am Fluss, aber alles läuft mittlerweile in einer kleinen, familiären Atmosphäre ab. Auch Kinder und Jugendliche werden beteiligt. Mittelpunkt des Vereinslebens bilden die Bootshäuser, die häufig ein **Lokal** besitzen, in dem auch Nichtmitglieder einkehren können, z.B. am Oberräder Ufer.

Achtung! Bevor Kinder mit dem Wassersport auf dem Main beginnen, müssen sie gut schwimmen können!

Frankfurter Kanu-Verein 1913, Schaumainkai 90, ✆ 069/638284, www.frankfurtkanu.de;

Frankfurter Ruderclub 1884, Geschäftsstelle ✆ 069/ 614540, Bootshaus Mainwasenweg 31, 60599 Frankfurt a.M., ✆ 069/652345;

Frankfurter Ruder-Club Fechenheim 1887, Fechenheimer Leinpfad 1, ✆ 069/413438;

Frankfurter Ruderclub Griesheim, Griesheimer Stadtweg 77a, ✆ 069/395513;

Frankfurter Rudergesellschaft Borussia 1896, Mainwasenweg 33, 60599 Frankfurt a.M., ✆ 069/ 437316;

Frankfurter Rudergesellschaft Germania 1869, Schaumainkai 65, ✆ 069/654530;

Frankfurter Rudergesellschaft Nied 1921, An der
Wörthspitze, ℃ 06198/2231;

Frankfurter Rudergesellschaft Oberrad 1879, Mainwasenweg 32, ℃ 069/654499;

Frankfurter Rudergesellschaft Sachsenhausen 1879,
Mainwasenweg 35, ℃ 069/456507;

Frankfurter Rudersportverein Sachsenhausen, Mainwasenweg 34, ℃ 06102/756454;

Frankfurter Ruderverein 1865, Alte Brücke-Maininsel,
℃ 06101/47324;

Frauen-Ruderverein Freiweg, Mainfeldstraße 35, Ffm-
Niederrad, ℃ 069/675858, www.freiweg-
frankfurt.de;

Höchster Kanuclub Wiking, An der Tillylinde 7,
℃ 06192/972277;

Ruder-Club Nassovia Höchst 1881, Mainzer Landstraße 791, ℃ 06195/63970, www.nassovia-
hoechst.de.

Tret- & Ruderboot fahren auf dem Main

Ffm-Sachsenhausen. **Anfahrt:** U4, U5 Römer, U1, 2, 3
Hauptwache. **Zeiten:** April – Sept. **Preise:** Beim
»Bootshaus« kosten 30 Minuten Tret- oder Ruderboot
fahren 7 €, 1 Stunde 12 €, bei »Wodan« 10 € für 30
Minuten; Mindestalter zum Selbstständigfahren 12
Jahre.

▶ Die Restaurantschiffe »Bootshaus« und »Wodan« am Südende des Eisernen Stegs verleihen in
den Sommermonaten Tret- und Ruderboote.

... im Palmengarten

Anfahrt: ↗ Palmengarten. **Zeiten:** März – Okt 9 – 18
Uhr. **Preise:** 30 Min 1. Person 2,50 €, jede weitere
0,50 €; 1. Kind bis 14 Jahre 2 €, weitere 0,50 €.

▶ Auf dem Großen Weiher des Palmengartens
könnt ihr mit dem Ruderboot gemütlich auf
dem nur 1,20 m tiefen See stechen. Um das von

Enten bevölkerte idyllische Gewässer führt ein
Spazierweg. Am Ufer stehen Bänke.

Mit dem Schiff auf Untermain und Rhein

Primus-Linie, Frankfurter Personenschiffahrt Anton
Nauheimer GmbH, Schaumainkai 36, Eiserner Steg,
60311 Frankfurt am Main. ✆ 069/133837-0, -21, Fax
282886. Handy 0171/5407559. www.primus-linie.de.
mail@primus-linie.de. **Anfahrt:** U4, 5 Römer. **Preise:**
Kinder 6 – 15 Jahre halber Fahrpreis; Gruppenrabatte
ab 10 Pers. 10 %, ab 30 Pers. 15 %, ab 50 Pers.
20 %. **Infos:** Es gibt zwei Programmhefte, die Webseite
ist sehr detailliert, Tonbandansage ✆ 069/13383713.

▶ Die Frankfurter Primus-Linie fährt ganzjährig auf dem Main, allerdings sind es im Winter nur ganz wenige Fahrten. Erst ab Mai werden es mehr, im Juni und August sind es dann
recht viele. Für Familien mit Kindern sind die
kurzen Frankfurter Rundfahrten vom Eisernen
Steg Richtung Gerbermühle oder Griesheim
(50 Min) sowie von der Gerbermühle Richtung
Griesheim (100 Min) zeitlich noch im Limit.
Dagegen dürften die Strecken nach Seligenstadt
oder Aschaffenburg, nach Mainz oder Rüdes-
heim viel zu lang sein, da kommt schon bald
Langeweile und Unmut auf.

Kleine Kreuzfahrt in Frankfurt, Mai – Mitte
Okt, vom *Eisernen Steg → Griesheim* täglich 13,
15, 17, Juli und Aug auch 11 Uhr, zusätzlich So,
Fei 11, 12.30, 14.30, 16.30, 18.30;
Richtung Gerbermühle täglich 12, 14, 16, zu-
sätzlich So, Fei 11.30, 13.30, 15.30, 17.30, 18
Uhr, 50 Min 5,80 € pro Person, 100 Min Erw
7,80, Kinder 2,80 €.

RAUS IN DIE NATUR

Kartentipp für alle Radtouren im Frankfurter Stadtgebiet: Umweltamt Stadt Frankfurt, *Die GrünGürtel Freizeitkarte,* mit Regionalpark Rhein-Main, Frankfurt 2003, 1:20.000, kostenlos, Schraffierung der Waldflächen und Seen, Markierung aller naturkundlich relevanten Phänomene und Einrichtungen, der Rad- und Wanderwege, Naturlehrpfade, der Buslinien, S-, U- und Straßenbahnen, sehr nützlich.

GeoMap, *Radwegeplan, Frankfurt und Umgebung,* 1:20.000, 6,80 €, bessere Hervorhebung der Radwege und -routen, andererseits aber keine Markierung der naturkundlichen Dinge. Beide unter Mitarbeit des radelerfahrenen ADFC Frankfurt entstanden.

Radeln & Skaten

In Frankfurt bieten sich durchaus auch Kindern zahlreiche leichte, abgasfreie und interessante kurze Radtouren. Ihr könnt am Main oder der Nidda entlangfahren. Der Stadtwald besitzt ein dichtes Wegenetz, das auch von Radlern genutzt werden darf. Von der Nidda führen zahlreiche Radelrouten Richtung Taunus und Wetterau.

Radtouren im Stadtwald 1:
Streifzug durch den Unterwald

Länge: 12 km, immer flach und leicht durch den westlichen Stadtwald. **Anfahrt:** Endhaltestelle der Straßenbahn 12, 19 am Südrand von Schwanheim.

▶ Von der **Straßenbahn-Endhaltestelle** an der Ecke Rheinlandstraße/Schwanheimer Bahnstraße fahrt ihr nach Süden in den Wald und nach 800 m links auf den Radweg R8, dann gut 2,5 km gen Osten bis kurz vor die A5. Die Waldauschneise führt euch 800 m nach Süden bis zur Grenzschneise. Auf diesem breiten Waldweg geht es 3,5 km geradeaus nach Westen bis zur Licher Schneise, von der ihr nach 500 m rechts (nach Norden) in die Agendawaldschneise einbiegt. Nun an einer großen Wiese entlang schnurstracks zur Schwanheimer Bahnstraße – auf halbem Weg am **Agendawald** vorbei. Danach sind es nur noch 800 m zum Start und Ziel.

Radtouren im Stadtwald 2:
Streifzug durch den Oberwald

Länge: 10 km, flach und leicht durch den östlichen Stadtwald. **Anfahrt:** Bus 30, 36 bis Hainerweg/Waldrand.

▶ Vom **Waldspielpark Goetheturm** fährt man auf dem Wenzelsweg Richtung Südosten in den Wald bis zur Scheerwaldschneise. Auf diesem breiten Waldweg gelangt man nach knapp 2 km in südwestlicher Richtung zum Miguelsweg und auf diesem 600 m nach Südosten zum **Kesselbruchweiher,** einem idyllischen Waldsee mit einem wilden Inselchen. Einen Abstecher wert ist der benachbarte *Försterwiesenweiher.* Anschließend geht es auf der Kesselbruchschneise nach Nordosten. 500 m hinter dem *Vogelschutzgebiet Grastränke* biegt man rechts in den Steinweg und zum beschaulichen **Maunzenweiher** ein. Schließlich kehrt man via Wolfsweg und Sachsenhäuser Landwehrweg zum **Waldspielpark Goetheturm** zurück, wo man im Restaurant einkehren kann.

Hunger & Durst
Restaurant am Goetheturm ↗ Waldspielplatz.

Vom Niddatal ins Taunusvorland 1: Von Nied nach Niederhöchstadt

Ffm-Nied. **Länge:** 8 km, ganz leicht ansteigend, gemütliche Tour. **Anfahrt:** S1, 2 Nied.

▶ Vom **Bhf Nied** zur Nidda, flussaufwärts bis auf Höhe des ehemaligen Höchster Freibades, in nordwestlicher Richtung, meist am Sulzbach entlang, nach Sossenheim. Dort via Alt-Sossenheim – Lindenscheidstraße – Schaumburger Straße und wieder an den Sulzbach. Danach immer an diesem schmalen Gewässer entlang bis an den Ostrand von **Bad Soden-Sulzbach.** Anschließend am Schwalbach entlang. Ein kleines Stück durch **Schwalbach.** Schließlich rechts auf die Bahnhofstraße und immer geradeaus zum S-Bhf Niederhöchstadt.

Spielplatz: Nordwestrand von Sossenheim.
Einkehren: Gaststätte Wiesenhof Ponderosa.
Highlight: Arboretum (Baum- und Gesteinslehrpfade), beide auf Höhe von Sulzbach.

Die Radtour eignet sich auch gut für Wanderungen!

Hunger & Durst
Gaststätte Wiesenhof Ponderosa, ✆ 0162/3838446, Biergarten direkt am Radweg, Mo – Fr 15 – 22, Sa 15 – 23, So 10.30 – 22 Uhr, Schnitzel, Würstchen.

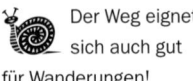

Der Weg eignet sich auch gut für Wanderungen!

Hunger & Durst

Zum Lahmen Esel,
Krautgartenweg 1,
60439 Ffm-Niederursel,
✆ & Fax 069/573974,
www.lahmer-esel.de,
Di – Sa 11.30 – 14, 17
– 24, So, Fei 11.30 –
14, 16.30 – 23 Uhr, populäres Apfelweinlokal,
Garten, Hessische
Küche, Kinderkarte,
Hochstühle, Kinderspielecke, Spielplatz.

Vom Niddatal ins Taunusvorland 2: Leichte Tour nach Kronberg-Süd

Ffm-Hausen. **Länge:** 11 km, ganz lange flach, am Schluss steigend, leicht. **Anfahrt:** U6 Heerstraße.

▶ Von der Endhaltestelle der U6 in nordwestliche Richtung, nach 1 km über die A5, dahinter in südwestlicher Richtung immer geradeaus, zuerst durch Felder, dann in Eschborn bis zur Unterdorfstraße (beim Rathaus), dort rechts zur Kirche am Eschenplatz. Danach fast immer am Westerbach bachaufwärts; an Niederhöchstadt vorbei, bis zur Sodener Straße und auf dieser links hinüber zum 400 m entfernten S-Bhf Kronberg-Süd.

Tipp: Am nördlichen Ortsrand von Eschborn Frei- und Hallenbad, Abenteuerspielplatz sowie gut ausgestatteter Spielplatz.

Vom Niddatal ins Taunusvorland 3: Von Heddernheim nach Oberursel

Länge: 8 km, flach, leicht. **Anfahrt:** U3 Wiesenau, zurück ab Oberursel.

▶ Vom U-Bhf Wiesenau fährt man am Urselbach zur U-Bahnstation Niederursel, wechselt dort auf die rechte Seite der Linie und radelt dann bis zur Station Bommersheim auf dem Radweg parallel zu den Gleisen durch Felder mit Blick auf die Taunusberge rund um den Feldberg. Anschließend geht es via Tabakmühlenweg, Gablonzer Straße und Nassauer Straße zum S- und U-Bhf Oberursel.

An der Nidda entlang 1: Von der Mündung bei Nied nach Heddernheim

Länge: 12 km, flach, ganz leicht. **Anfahrt:** S1, 2 Nied.

▶ Der Niddaradweg beginnt an der Wörthspitze in Nied, wo das Vogelsbergflüsschen in den Main mündet. Ihr fahrt auf dieser Etappe immer dicht am Flussufer, der Weg ist gut ausgebaut und ordentlich markiert. Nachdem ihr **Höchst** (links) und **Nied** (rechts) hinter euch habt, kommt ein breiter, offener Streifen. Hier habt ihr bei klarem Wetter einen schönen Blick auf den Taunus mit dem Feldberg. Dann begleitet euch rechter Hand auf den letzten 900 m vor der Autobahn der Niedwald. In diesem Bereich gibt es auch mehrere urwüchsige Altarme.

Nachdem ihr die Wiesbadener Straße und die A5 unterquert habt, beginnt alsbald linker Hand **Rödelheim,** rechts liegt der Biegwald. Kurz danach führt der Niddaradweg über eine große Flussinsel, die von den mächtigen Bäumen des *Solmsparks* bedeckt ist. Nördlich davon geht es ganz kurz in den anschließenden *Brentanopark*. Über ein Inselchen wechselt ihr auf das linke Niddaufer, an dem ihr bis Heddernheim bleibt. Die Route führt kurz darauf, während ihr rechter Hand das *Brentanobad* passiert habt, an einem tollen **Spiel- und Bolzplatz** entlang – eine gute Gelegenheit die Tour für eine Weile zu unterbrechen.

Kurz nach dem Spielplatz unterquert ihr dicht hintereinander die U6 und den Autobahnzubringer. Danach wird es bald wieder ruhiger. Es kommt jetzt ein landschaftlich sehr interessanter Abschnitt, denn auf den nächsten 2 km kommt ihr direkt an zwei urigen Altarmen vorbei. Dann geht es über die **Praunheimer Brücke,** bevor ein letzter, urwaldhafter Altarm euch ein Stück begleitet. Anschließend führt die Route an einem großen öffentlichen Fußballplatz vorbei und unterquert die U1. Am Ufer zieht sich jetzt ein beliebtes Freizeitgebiet entlang mit Liegewiesen, Grillplatz, Minigolfplatz,

Hunger & Durst

Anglerheim, Grüne Weide 20, am Nidda-Altarm, nahe Eisenbahnersiedlung Nied, ✆ 069/394666, Di – Fr 15 – 21, Sa 13 – 21, So, Fei 10 – 21 Uhr, balkanische Küche, aber auch Schnitzel & Co. 100 m vom Radweg, total lauschig am üppig bewachsenen Nidda-Altarm: Wasserrosen, Schilf, Frösche.

Hunger & Durst

Anglerheim, Ludwig-Landmann-Straße 326, 60487 Ffm-Hausen, ✆ 069/7894353, www.anglerheim-roedelheim.de. Fast unter der Brücke der Ludwig-Landmann-Straße, direkt an der Nidda, Mo – So 11 – 23 Uhr durchgehend warme Küche, Mo – Fr auch Tagesmenü, neben Rind, Schwein, Geflügel und Fisch auch Kaffee und Kuchen. Innen 80, außen 50 Sitzplätze.

Hunger & Durst

**Gaststätte Römer-
schänke,** Hadrianstraße
48, ☎ 069/571100,
mit Sonnenterrasse,
Di – Fr 17 – 24, Sa ab
15, So ab 12 Uhr, bei
schönem Wetter Bier-
garten 1 Std früher
geöffnet, Handkäs mit
Musik, Speckpfanne,
Spagetti, Schnitzel usw.

Hunger & Durst

**Restaurant Sandelmüh-
le am Campingplatz,**
gegenüber vom Freibad
Eschersheim, mit Bier-
garten, Blick auf die
Nidda; Balkan-Speziali-
litäten, Schnitzel &
Rumpsteak, Fisch und
Vegetarisches.

Spielplatz und dem **Restaurant Römerschänke** – eine weitere Gelegenheit für eine Unterbrechung der Radtour. Dahinter liegt die Römerstadt, die in den 1920er Jahren nach den Vorstellungen von Ernst May erbaut wurde. Direkt hinter dem Erholungsgebiet erreicht ihr **Heddernheim.** Der Niddaradweg führt nun bis zur Maybachbrücke, dem Etappenziel, an Schrebergärten entlang.

An der Nidda entlang 2:
Von Heddernheim nach Bad Vilbel

Länge: 9 km, flach, ganz leicht. **Anfahrt:** U1 – 3 Heddernheim.

▶ Die Tour beginnt an der Maybachbrücke am Westrand von Heddernheim. Es geht zunächst auf dem linken Ufer bis zum Wehr (kurz vor dem Campingplatz) und dann auf einem Brückchen zum **Eschersheimer Schwimmbad** hinüber. Der Nidda-Radweg verläuft anschließend 5,5 km auf dieser Seite. Hinter dem Freibad beginnt offenes Gelände. Linker Hand erhebt sich ein begrünter Bauschuttberg. Die Nidda ist nun viel schmäler und weist wenig Gehölz auf. Über eine längere Strecke schaut ihr links auf Kalbach und Bonames und rechts auf Frankfurter Berg. Nachdem die **Homburger Landstraße** überquert ist, die beide verbindet, beginnt ein ansprechenderer Flussabschnitt, denn zwischen Bonames und Harheim ist einiges getan worden für eine Renaturierung des Gewässers. An manchen Stellen gibt es sogar Ansätze zu Auwäldchen. Auf der Höhe von Berkersheim, das sich malerisch am Hang ausbreitet, gibt's zur Abwechslung einen Reitplatz und eine Koppel mit zotteligen schottischen Hochlandrindern. Hier riecht es ganz kräftig nach den Hauptakteuren. Bald darauf seid ihr auf Höhe von Harheim. Direkt hinter der **Eschbach-Einmündung** – einem ganz lauschigen Fleckchen – wechselt der Nidda-Radweg auf das linke Ufer, auf dem ihr bis Bad Vilbel bleibt. Auf der gegenüberliegenden Seite begleiten euch Streuobstwiesen. 800 m hinter dem Harheimer Brückchen unterquert ihr die geräuschvolle A3. Kurz vor **Bad Vilbel** geht es mal kurz ein wenig von der Nidda weg, im Städtchen selbst bleibt ihr am linken Ufer. Es geht am Frei- und Hallenbad und am Kurpark mit Spielplätzen vorbei. Die Tour endet an der Homburger Straße. Ganz in der Nähe befindet sich die Wasserburg mit dem Brunnenmuseum.

Skaten in Frankfurt

Halfpipes: Höchster Farbenstraße/Sindlinger Bahnstraße,
Schwarzer Platz (nördlich vom NWZ),
Abenteuerspielplatz Riederwald,
Alt-Erlenbach,
Berger Markt.

Ramps: Spielplatz Frankenallee, Ecke Krifteler Straße,
Jugendtreff Schönhof/An den Bangerten,
Güntersburgpark/Comeniusstraße,
Spielstraße Luxemburger Allee,
Mainufer Höchst/Batterie,
Kerbeplatz Nied/Oeser Straße/Denzerstraße,
Sieringanlage/Sieringstraße,
Azaleenweg,
Berger Marktplatz/Schönecker Straße,
Spielplatz Kalbacher Stadtpfad,
Riedhalsstraße,
Sportanlage Nieder-Eschbach, Ecke Heinrich-Becker-Straße,

Hunger & Durst

Towercafé, Burghof 55, 60437 Frankfurt, ✆ 069/95048532, www.werkstatt-frankfurt.de, am ehemaligen Hubschrauberlandeplatz, in den Niddawiesen bei Bonames, 600 m vom Niddaradweg entfernt, kleine Gerichte wie Bratwurst und Rührerei, aber auch Schnitzel und Tagesmenü, Mo – Fr 9 – 18, Sa, So 11 – 18 Uhr, benachbart **Feuerwehrmuseum** 1. u. 3. So im Monat 14 – 18 Uhr, Erw. 3, Kinder bis 14 Jahre 1 €.

Fechenheim/Ende Pfortenstraße,
Am Ginnheimer Wäldchen.

Spazieren & Wandern in Frankfurt

In Frankfurt gibt es durchaus vielfältige Möglichkeiten für Spaziergänge und mehr oder weniger lange leichte Wanderungen. Gebiete für **Spaziergänge mit und ohne Kinderwagen** sind zum einen die zahlreichen Parks und zum anderen die gut ausgebauten Wege am Main und an der Nidda, aber auch im Stadtwald existieren viele geeignete Strecken.

Kartentipps ↗ Radeln in Frankfurt.

Etwas längere **Wanderungen** könnt ihr auf jeden Fall an der Nidda und am Main unternehmen. Niddawanderungen sind besonders interessant im Abschnitt Eisenbahnersiedlung/Nied – Praunheim mit seinen Altarmen und Wäldchen. Das Mainufer ist naturkundlich am spannendsten im Fechenheimer Mainbogen. Auch der Stadtwald bietet abwechslungsreiche längere Routen, wenn Waldspielparks, Naturlehrpfade und Weiher kombiniert werden. Schön ist es auch, von der Nidda an Nebenbächen Richtung Taunus zu laufen. Es gibt sogar richtige kilometerlange **Bergwanderungen** in Frankfurt, so der Aufstieg vom Enkheimer Ried nach Bergen und zum Berger Hang oder Lorsberg.

Schon gewusst? Frankfurts längste Wanderstrecke führt im GrünGürtel einmal rund um die Stadt. Diese abwechslungsreiche Route ist 63 km lang. Erwachsene machen das ohne übermäßige Anstrengungen in drei Tagesetappen.

Das historische Frankfurt zu Fuß entdecken

▶ Frankfurt ist seit dem Mittelalter eine der bedeutendsten Städte Deutschlands. In seinem **Dom** wenige hundert Meter östlich vom Römerberg wurden ab 1356 die Kaiser gekrönt. Es war eine sehr wichtige Messestadt. Die Messen fanden damals im Zentrum der Stadt rund um den **Römer** statt, wo auch heute noch die Politik gemacht wird und die großen Kundgebungen stattfinden. Nur wenige Schritte entfernt ist die **Paulskirche,** wo 1848 Deutschlands erstes Parlament tagte. Vom alten Frankfurt wurden nach den Bombardements von 1944 nur so hochkarätige Bauwerke wie der Römer, der Dom, die Pauls- und die Katharinenkirche sowie die östliche Häuserzeile am Römerberg wieder aufgebaut, die euch noch einen Eindruck vom alten Frankfurt und seiner Geschichte vermitteln können.

Mein Vorschlag ist, sich zunächst im Historischen Museum das **Stadtmodell** anzusehen und euch dann mit Hilfe des Büchleins des dortigen Kindermuseums »Spaziergang durch die Frankfurter Geschichte« (für Kinder ab 8 Jahre) eine Route für eure Entdeckungstour auszusuchen.

 Kulturothek Frankfurt, An der Kleinmarkthalle 7, 60311 Frankfurt, ☎ 069/281010, Fax 281070, www.kulturo-thek.de, info@kulturo-thek.de. Stadtbegehungen, Geschichtsspiele und Rallyes für Gruppen von Kindern und Jugendlichen ab Vorschulalter. Themen:

· Römerbergsuchspiel,
· Ritter, Kaiser, Kaufleute,
· Von Nachtwächtern und Ketteneseln,
· Galgen, Gauner und Gerechtigkeit,
· Kinderleben im alten Frankfurt,
· Wintervergnügen im alten Frankfurt.

Die Skyline im Blick: Vom Eisernen Steg zur Gerbermühle

Länge: 3,5 km, eine ganz leichte, gemütliche Flusswanderung. **Anfahrt:** U4, 5 Römer/Dom, S1 – 6, 8, 9, U1 – 3, 6, 7 Hauptwache.

▶ Ihr startet am Römer und geht am Historischen Museum vorbei zum Mainufer. Danach geht es auf dem berühmten Eisernen Steg auf die Sachsenhäuser Seite hinüber. Von der schmalen Brücke habt ihr einen hervorragenden Ausblick

**Restaurant Gerbermüh-
le,** Deutschherrnufer
105, 60599 Frankfurt,
℡ 069/65009556, mit
großem Biergarten
(500 Sitzplätze) am
Flussufer, Mai – Sept
12 – 24 Uhr, Schnitzel,
Leberkäs, Frankfurter
Küche, Eis, Kuchen.
Straba 15, 16 Buchrain-
straße.

**Bootshaus des Offenba-
cher Ruderclubs 1874,**
Fechenheimer Mainufer,
prächtige Aussicht auf
das gegenüberliegende
Isenburger Schloss,
℡ 069/411937,
www.orv1874.de, im
Winter Mo Ruhetag,
11.30 – 14, 17 – 23
Uhr, So durchgehend
warme Küche. Griechi-
sche Spezialitäten, aber
auch Pizza & Pasta, Ve-
getarisches und Kinder-
gerichte.

auf die Skyline der Frankfurter City: die hohen
Türme der modernen Finanzaristokratien – und
die nicht ganz so hohen der schon in die Jahre
gekommenen christlichen Sakraltempel.

Ihr geht dann zum Main hinunter und begleitet
den breiten Fluss 3 km stromaufwärts bis zum
traditionellen **Ausflugslokal Gerbermühle.** Zunächst verläuft die Route auf einer asphaltierten
Promenade, danach auf Feinschotterwegen
durch eine frische Parkanlage. Ihr seid nie allein,
denn auf dieser Strecke – zugleich Main-Radweg – sind viele Menschen unterwegs, die den
Blick auf das lebhafte Treiben auf dem Fluss –
die vorbeiziehenden Schiffe – und den Blick auf
die Stadt genießen wollen. Kurz nachdem die
vierte der massiven Brücken passiert ist, taucht
links der Osthafen mit Kränen und Schrottber-
gen auf. 500 m vor der Gerbermühle kommt ihr
an den **Bootshäusern von Oberrad** vorbei, die
auch alle ihre Lokale mit Biergarten haben.

Reste von Flussvegetation:
Im Fechenheimer Mainbogen unterwegs

Ffm-Fechenheim. **Länge:** hin und zurück 8 km, mit Abstecher zum Schultheisweiher 11 km. **Anfahrt:** Bus
939, 940 bis Dieburger Straße.

▶ Die Wanderung beginnt an der Carl-Ulrich-
Brücke. Es geht am Fechenheimer Ufer auf dem
alten Leinpfad mainaufwärts – ein schönes Erlebnis. Auf dem ersten Stück gibt es hier noch
richtig dichten Auwald. Da stellt sich für kurze
Zeit ein wenig Urwaldfeeling ein, bis dann nur
noch ein schmaler Baumstreifen das Ufer begleitet. Über den A.-v.-Weinberg-Steg wechselt ihr
auf das Offenbacher Ufer und geht auf dieser
Seite auf dem populären Mainradweg zur Carl-
Ulrich-Brücke zurück, zuerst ein Stück durch

Wiesen, dann an Offenbach-Bürgel vorbei. Hier könnt ihr im *Bootshaus des WSV 1926 Bürgel* einkehren oder euch auf einer Bank oder Liegewiese zum Picknick niederlassen. Der letzte Abschnitt der Route führt an Offenbach-City entlang.

Vom Weinberg-Steg sind es nur knapp 1,5 km zum Schultheisweiher. An schönen Sommertagen ist das ein verlockendes Badeziel!

Vom Spielplatz im Heinrich-Kraft-Park zum Freibad Bergen-Enkheim

Ffm-Mainkur. **Länge:** 3 km, flach, leicht, mit Abstecher zum Fechenheimer Weiher 4 km. **Anfahrt:** Straba 11, 12 Mainkur, Bus 940, HU23, HU25 Birsteiner Straße, Rückweg: Bus 42 ab Schwimmbad Bergen-Enkheim.

▶ Ihr geht zunächst 400 m am Westrand des **Heinrich-Kraft-Parks** mit seinem beliebten Spielpark entlang. Dann wendet sich die Route nach rechts und verläuft nun 800 m geradeaus und auf einer Kreuzung nach links. Hier lohnt jedoch ein Abstecher zum nur 300 m entfernten **Fechenheimer Weiher** (immer geradeaus), den ihr auf dem Naturlehrpfad umrunden solltet. Danach geht es aber auf jeden Fall von der angeführten Kreuzung in Richtung Nordwesten und nach 400 m über die A66. Anschließend verläuft die Route 1,2 km gen Norden. Kurz bevor ihr nach links abbiegt, liegt rechts das **Enkheimer Ried**. Das Bergen-Enkheimer Schwimmbad ist ganz nah, da könnt ihr euch nach der Anstrengung abkühlen.

Umgekehrt gelaufen lässt sich ein tolles Picknick mit Grillwürstchen auf den Grillrosten des ↗ Heinrich-Kraft-Parks anschließen.

Hunger & Durst

Boothaus des FRCF 1887, Fechenheimer Mainufer, ✆ 069/ 414438, Di – Sa 11.30 – 23 Uhr, So schon ab 11 Uhr, große Terrasse, Grillspezialitäten, aber auch Fischgerichte.

Am Fuß der Streuobstwiesen: Vom Enkheimer Freibad nach Bischofsheim

Ffm-Bergen-Enkheim. **Länge:** 8 km, leicht, Wald, Enkheimer Ried, ausgedehnte Streuobstwiesen. **Anfahrt:** Bus 42 Bergen-Enkheim Freibad.

▶ Start und Ziel ist die Ecke Leuchte/Martin-Dietz-Weg am Südwestrand von Enkheim. Es geht immer geradeaus gen Osten: zuerst an Sportplätzen, dann am Südrand des Enkheimer Rieds entlang. Danach kommt noch eine Passage Wald, bevor die Route in die Flur von **Maintal-Bischofsheim,** das ihr nun – ca. 1,5 km entfernt – immer im Blick habt und schnurstracks südlich vom Riedgraben durch Wiesen und durch die Stumpfgrabenstraße erreicht. Am Bornberg biegt ihr rechts ein, jedoch bereits nach 100 m wendet ihr euch wieder nach links und lauft gen Westen zurück nach **Enkheim,** diesmal nördlich des Riedgrabens an Streuobstwiesen entlang. Kurz nachdem ihr das **Enkheimer Ried** passiert habt, geht es hinter den Sportplätzen wieder zum Ausgangspunkt zurück.

ENKHEIMER RIED

In dem verlandeten Altlauf des nacheiszeitlichen Mains entstand nach der Ausbeutung der Torfvorkommen ein Teich. Später wurde hier bis in die 1920er Jahre Eis für Kühlzwecke geholt. Seit 1937 steht der Riedteich unter Naturschutz. Das Ufer ist von dichtem Schilfröhricht umgeben. Viele Vögel schätzen das als Wohn- und Brutgebiet. Das zoologische Kleinod des Rieds ist jedoch die Europäische Sumpfschildkröte, von der es in Hessen nur ganz wenige Exemplare gibt. Zwar besteht kein Zugang zum Riedteich, aber von verschiedenen Stellen habt ihr einen guten Einblick.

Über den Berger Rücken ins Niddatal:
Von Bergen nach Bad Vilbel

Ffm-Bergen-Enkheim. **Länge: 3 km**, erstes Drittel Aufstieg, deshalb trotz Kürze der Strecke nicht ganz leicht, besonders schön zur Zeit der Baumblüte (Mai) oder der Obstreife (Ende Sept/Anfang Okt). **Anfahrt:** Bus 42 bis Marktstraße/Marktgraben.

▶ Ihr startet am Westende der Marktstraße, der Shoppingmeile von Bergen. Es geht in Richtung Nordwesten im Landgrafenweg bergauf. Dicht oberhalb von Bergen gelangt ihr auf ein Plateau mit Feldern und Streuobstwiesen – und einem weiten Rundblick. Nachdem ihr die Hochfläche schnurstracks überquert habt, steigt ihr etwa 300 m durch Wald steil ins Niddatal hinab. Hinter der Gartenzone vor dem Ortsrand von Bad Vilbel kommt ihr gegenüber vom **Ritterweiher** an einem tollen **Waldspielplatz** vorbei. Hier geht es rechts zum informativen Waldlehrpfad. Ihr geht dann immer geradeaus auf der Ritterstraße ins Stadtzentrum hinunter zur Frankfurter Straße. Von da sind es in nordwestlicher Richtung nur knapp 150 m zum S-Bhf Bad Vilbel Süd.

Der Quellenwanderweg

Von Seckbach über den Lohrberg nach Bergen, 60388 Ffm-Seckbach. **Länge: 6 km**, 90 m Höhenunterschied, durch das »Frankfurter Bergland«. **Anfahrt:** Bus 43 Altebornstraße in Seckbach, Rückweg ab Marktstraße/ Landgraben.

▶ Diese reizvolle, aber auf Grund von zwei kräftigen Steigungen recht anstrengende Wanderung führt von Seckbach nach Bergen. Sie hat die in dieser Region Frankfurts recht häufigen Quellen und Brunnen sowie die ehemaligen Mühlen und Mühlbäche zum Gegenstand. Ein

Hunger & Durst

Ristorante Bella Vista, Gartenzone nahe Ritterweiher, Di 11.30 – 14, 16.30 – 22, Mi 11.30 – 14, Do, Fr 11.30 – 14, 16.30 – 22, Sa 11.30 – 16, So 11.30 – 22 Uhr. Italienische Küche, viel Nudeln, Schwein, Rind und Fisch, aber keine Pizza.

Umweltamt der Stadt Frankfurt, *Der Quellenwanderweg im Frankfurter Grüngürtel,* Beschreibung und detaillierte Wanderkarte, kostenlos beim Umweltamt und unbedingt nötig.

Die Buchhändler-schule. Ein Reiseführer von und für Azubis in Seckbach, 7,95 €, pmv.

Netz von 20 Stationen sorgt für reichlich Informationen. Die **markierte Route** führt von der Wilhelmshöher Straße, Ecke Altebornstraße in Seckbach (110 m) zum Lohrberg (190 m) hinauf und passiert auf der Höhe die Lohrbergschänke, die Liegewiese, den Spielplatz, den Weinberg und den Beratungsgarten Lohrberg. Danach steigt ihr zu den Schulen des Deutschen Buchhandels (149 m) ab. Die Route hält anschließend einen längeren Abschnitt die Höhe bis an den Südrand von Bergen (145 m), bevor es schließlich durch das NSG Mühlbachtal steil nach Enkheim (100 m) hinuntergeht. Die interessante Wanderung endet nach einem schweißtreibenden Aufstieg schließlich im Herzen von Alt-Bergen.

Stadtwald 1: Im Schwanheimer Unterwald unterwegs

Ffm-Schwanheim. **Länge:** 5,5 km, leicht, Wald und Wiesen. **Anfahrt:** Straba 12, 19 Rheinlandstraße.

Historischer Wanderweg Schwanheim, 11 km, 18 Infostandorte mit dem Schwerpunkt frühe Spuren menschlicher Geschichte. Begleitheft beim Forstamt Frankfurt am Main.

▶ Von der Endhaltestelle der Straßenbahnlinien 12 und 19 geht es auf der Schwanheimer Bahnstraße in den Wald. Nach 300 m biegt ihr nach rechts ab. Die Route verläuft nun ca. 1,5 km geradeaus Richtung Westen. Zuerst passiert ihr den **Waldspielpark,** direkt dahinter dann den Grillplatz. Anschließend führt die Route auf dem Naturlehrpfad eine ausgedehnte Wiese entlang. 1,5 km hinter dem Spielpark biegt ihr links ab und durchquert das Wiesengelände in südlicher Richtung. Danach geht es 200 m am Südrand der Wiese gen Osten, bevor ihr euch nach rechts wendet und auf der Lichtetalschneise 1 km tief in den Wald hineingeht. Wenn ihr auf die Grenzschneise trefft, lauft ihr nach links auf dem historischen Wanderweg 1,5 km Richtung Osten. Schließlich biegt ihr links auf die Neufeldschneise zurück nach Schwanheim ein. Dicht am Waldrand führt die Route mitten durch denkmalgeschützte **Alteichen.** Von hier sind es nur noch 300 m zum linker Hand gelegenen Ausgangspunkt an der Enthaltestelle der Straßenbahnlinie 12 und dem Verkehrsmuseum.

Stadtwald 2: Rund um den Jacobiweiher

Länge: 2,5 km, leichter Waldspaziergang um den bekannten Stadtwaldsee. **Anfahrt:** Straba 14 Oberschweinstiege. 1 km südlich vom Frankfurter Nobelwohnviertel Lerchesberg, 1,5 km nördlich von Neu-Isenburg.

▶ Der lang gestreckte Jacobiweiher, der im Volksmund auch als »Vierwaldstätter See« bekannt ist, ist immer einen Ausflug wert – sofern ihr einen Tag erwischt, an dem der Flugbetrieb schwächer ist. Euer Waldspaziergang kann an der Straßenbahnhaltestelle Oberschweinstiege beginnen, die nur 100 m vom Weiher entfernt ist. Es gibt einen gut ausgebauten Rundweg, den ihr am besten gegen den Uhrzeigersinn geht, dann kommt ihr nämlich erst am Schluss an dem viel besuchten **Ausflugslokal Oberschweinstiege** vorbei.

Stadtwald 3: Vom Waldspielpark Goetheturm zum Maunzenweiher

Länge: 5 km, leicht, durch Wald. **Anfahrt:** Bus 30, 36 Hainerweg/Waldrand.

▶ Ihr beginnt am Waldspielpark Goetheturm. Es geht zunächst Höhe haltend in östlicher Richtung am Waldrand entlang auf dem Sachsenhäuser Landwehrweg zum Beckerweg hinüber. Dort wendet ihr euch nach rechts und geht sodann durch tiefen Wald in südlicher

Der Ausflug zum Jacobiweiher lässt sich gut verbinden mit **Kurzwanderungen zum StadtWaldHaus,** 1 km südwestlich, oder dem **Waldspielpark Tannenwald,** 1,5 km südlich.

Hunger & Durst

Waldgaststätte Oberschweinstiege, Oberschweinstiegschneise 65, ✆ 069/684888. Im Sommer mit Biergarten und Kiosk, 10 – 22 Uhr.

Richtung via Beckerweg, Hügelschneise und Wolfsweg zum 2 km entfernten **Maunzenweiher** hinauf. Die Route führt am See entlang zum Südufer und in südwestlicher Richtung per Deisfeldschneise zum 400 m entfernten Wendelsweg. Auf Letzterem biegt ihr nach rechts ein und geht nun immer geradeaus zum Start und Ziel hinunter.

Der ca. 2 ha große und durchschnittlich 1,50 m tiefe **Maunzenweiher** wurde 1928 bis 1931 angelegt. Mittendrin gibt es zwei dicht bewachsene Inselchen, die ganz allein den Brutvögeln und ihren Kindern gehören. Ihr könnt das beschauliche Gewässer, in dem nicht gebadet werden darf, auf einem Weg umrunden. Bänke laden zum Ausruhen oder zur Picknickpause ein.

Durch die Schwanheimer Dünen: Vom Höchster Schloss zum Waldspielpark Schwanheim

Ffm-Höchst. **Länge:** 4 km. **Anfahrt:** Bus 54, 55, 57 bis Leverkuser Straße.

▸ Diese abwechslungsreiche Wanderung beginnt am Höchster Schloss und unten am Main wird es auch gleich spannend: Die **Personen- und Radfähre** bringt euch hinüber ins Schwanheimer Unterfeld, wo ihr euch auf dem Main-Radweg 600 m flussaufwärts bewegt. Dann biegt ihr nach rechts ab und geht 2 km schnurgerade durch Wiesen und die Schwanheimer Seenplatte gen Süden. Nach 700 m führt die Route am See **Martinsgrube** entlang. Kurz dahinter streift ihr ein Stückchen den See **Schmitt'sche Grube,** bevor die Route auf einem mehrere hundert Meter langen Bohlenweg das **NSG Schwanheimer Dünen** durchquert, eines der bedeutendsten Rückzugsgebiete für bedrohte

Martinsgrube: Der See gehört den Anglern, die in dem 3 m tiefen, von Grundwasser gespeisten Gewässer Aale, Karpfen, Forellen, Zander, Hechte, Barsche, Brassen, Rotfedern und Rotaugen eingesetzt haben. Das wissen auch Reiher und Kormorane zu schätzen. Dass es an dem See recht munter zugeht, dafür sorgen aber vor allem die Enten und Frösche.

Pflanzen- und Tierarten im Rhein-Main-Gebiet. Dann folgt noch ein Abschnitt Wiese, bevor ihr direkt hinter der B40 in den Schwanheimer Wald eintaucht. Kurz darauf wendet sich die Route nach links und führt nun immer geradeaus auf dem Naturlehrpfad zum **Waldspielpark** und **Grillplatz Schwanheim** – beide gute Picknickflecken.

Von dort sind es lediglich 400 m zur Endhaltestelle der Straßenbahnlinie 14, in deren direkter Nachbarschaft sich übrigens das Verkehrsmuseum Schwanheim und der kleine Kobelt-Zoo befinden.

Naturerkundungen & Umwelt-Infozentren

Naturlehrpfade im Stadtwald
Im Frankfurter Stadtwald gibt es drei Waldlehrpfade, auf denen ihr auf gemütlichen Rundwanderungen dank zahlreicher Infos alle bekannten und weniger bekannten heimischen Baumarten bestimmen könnt. Die Waldlehrpfade sind alle schon ein bisschen älter und könnten mit mehr Hintergrundwissen ausgestattet sein.

Waldlehrpfad Schwanheim ab Waldspielplatz Schwanheim nahe Straßenbahn 12, 19 Rheinlandstraße. **Länge:** 5 km, markierter, leichter Rundweg, Wald, Waldrand, Wiesen, abwechslungsreich. Infos zu den zahlreichen Baumarten, also Entdeckungstour für junge Baumfans, Höhepunkt ist der urige kleine Sausee.

Waldlehrpfad Weilruh ab Bus 30, 36 Hainer Weg, bis Einstieg in den Rundweg 1 km. **Länge:** 6,5 km inkl. Hin- und Rückweg vom bzw. zum Hainer Weg. Markierte, ganz flache

Schmitt'sche Grube: Deutlich anders ist die Atmosphäre am größten See der Schwanheimer Seenplatte. Hier hat die Natur absoluten Vorrang. Das hat dazu geführt, das sich hier ein artenreiches Rückzugsgebiet entwickelt hat. Dazu gehören u.a. Grasfrosch, Wechselschildkröte, Teichmolch, Haubentaucher, Flussregenpfeifer, Eisvogel und Kormoran.

Umweltamt der Stadt Frankfurt, *Die GrünGürtel Freizeitkarte,* 1:20.000, 5. Aufl. 2003, kostenlos.

Waldwanderung mit 38 Infotafeln, Hintergrundinfos zu Waldschäden, Wildfütterung etc. Viele Baumarten, Highlights und schöne Unterbrechungen sind der idyllische Kesselbruchweiher und das kleine Vogelschutzgebiet Grastränke.

Waldschadenslehrpfad ab S7 – 9 Ffm-Sportfeld. **Länge:** 3,5 km durch Mischwald. Leichte Rundwanderung, auch für Kinderwagen geeignet. Unzureichend markiert, Karte erforderlich. Infos zum Wald und den Ursachen und Erscheinungsweisen von Waldschäden.

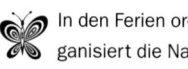 In den Ferien organisiert die Naturfreundejugend Ffm spannende Ferienspiele und Freizeiten, beispielsweise zur Verkehrssituation von Kindern in Frankfurt oder eine Waldwoche für Kids.

Naturfreundejugend Frankfurt

Büro, Baumweg 10, 60316 Frankfurt am Main. ☏ 069/440106, Fax 4059595. www.naturfreundejugend-ffm.de. nfj-ffm@gmx.de. Treffpunkt: Naturfreundehaus Niederrad, Am Poloplatz 15, 60528 Frankfurt, ☏ 069/6668803, Fax 6662677. **Anfahrt:** S7 – 9 Niederrad, dann auf Fußweg parallel zur Bahnlinie zum NFH.

▶ Die Frankfurter Naturfreundejugend ist eine gute Adresse für Kinder, die sich eine Freizeit mit naturnahen und -freundlichen Aktivitäten wünschen. Es gibt die Waldkindergruppe für Kinder zwischen 4 und 5 Jahren, Gruppen für Kinder von 6 bis 11 Jahren und die Teeniegruppe für Kinder ab 12 Jahren, die sich regelmäßig zu entsprechenden Aktivitäten im Naturfreundehaus Niederrad treffen. Ferner gibt es noch die Jogging- und die Skatergruppe.

Naturfreundejugend Hessen

Herxheimer Straße 6, 60326 Frankfurt am Main. ☏ 069/75008235, Fax 75008207. www.nfj-hessen.de. nfj-hessen@naturfreundejugend.de. **Infos:** Jahresprogramm im Internet und als Broschüre.

▶ Interessante Freizeiten und Exkursionen wie Liederwerkstatt, Sterne-, Harry-Potter- und Familienwochenende, Zeltlager Landeskindertreffen, Sommersport- und Naturerlebnisfreizeit, Kinderklettern, Detektivwochenende, Aktionen zum Umweltdetektiv und Kanuwochenende auf der Fulda.

Lehrpfad Streuobstwiesen Berger Hang

Ffm-Bergen-Enkheim. **Länge:** 3,5 km, vom Enkheimer Ried steil bergan auf den Berger Hang, der größere Teil aber flach oder bergab; unterhalb vom Schwimmbad Enkheim in einer Box informative Begleitbroschüre mit Streckenplan – wenn sie denn da ist. **Anfahrt:** Bus 42 Schwimmbad Bergen-Enkheim.

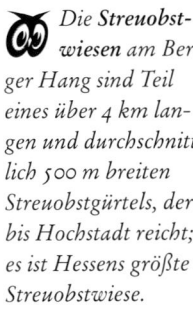 *Die **Streuobstwiesen** am Berger Hang sind Teil eines über 4 km langen und durchschnittlich 500 m breiten Streuobstgürtels, der bis Hochstadt reicht; es ist Hessens größte Streuobstwiese.*

▶ Jahrhundertelang war der Berger Hang von terrassierten Weingärten bedeckt. Ab etwa 1850 kam der Weinbau durch Missernten und Schädlingsbefall in die Krise. An seine Stelle trat allmählich der Streuobstanbau. 1920 waren die Rebgärten auf dem Berger Hang vollständig verschwunden. Die hohe Zeit des Streuobstanbaus war zwischen 1900 und 1950. Dann wurden die lokalen Obstarten durch die billigeren Produkte von in großem Stil von der Chemie und Technik Gebrauch machenden in- und ausländischen Obstplantagen verdrängt. Zu den Opfern dieser Entwicklung gehörte auch der Berger Hang, die Streuobstwiesen wurden nicht mehr gepflegt. Erst in den 1980er Jahre erzwangen Umweltschützer, die erkannt hatten, zu welcher ökologischen und kulturellen Verarmung das geführt hatte, die Wende. Das Gelände wurde in großem Stil entbuscht, zahlreiche Bäume nachgeschnitten und Bäume lokaler Sorten nachgepflanzt. Das gesamte Gebiet kam unter Naturschutz. Ein **Lehrpfad** vom Schwimmbad zum Berger Hang hinauf und zurück macht euch mit allen Besonderheiten von Streuobstwiesen bekannt. Die Nummern der Infostationen beziehen sich auf die Begleitbroschüre »Lehrpfad Streuobstwiese Berger Hang«.

 Für weitere naturfreundliche Aktivitäten bieten sich in der Umgebung des StadtWaldHauses der variantenreiche **Sinneserlebnispfad**, der geheimnisvolle **Heilkräuterpfad**, der kleine **Biotop-Tümpel** und die **Tiergehege** sowie **Volieren** an.

StadtWaldHaus

Kuhpfadschneise, 60528 Frankfurt am Main. ✆ 069/683239, www.stadtwaldhaus-frankfurt.de. stadtwaldhaus@stadt-frankfurt.de. **Anfahrt:** Straba 14 Oberschweinstiege. **Rad:** auf ebenen Radwegen von Frankfurt und Neu-Isenburg. **Zeiten:** Mo – Do 9 – 15, Sa 12 – 16, So 10 – 16 Uhr, April – Okt jedoch Do bis 17, So bis 18 Uhr.

▶ In einer Dauerausstellung erfahrt ihr hier viel Informatives über die Lebensgemeinschaft Wald: die Gräser, Kräuter, Sträucher, Bäume, Pilze, Algen, Moose, Würmer, Igel, Rehe, Schmetterlinge und Vögel. Ferner wird an ein paar Beispielen gezeigt, was alles so aus dem Werkstoff Holz hergestellt werden kann: Holzpflüge, Musikinstrumente und Computerpapier etwa. Allerlei interessante naturkundliche Erfahrungen könnt ihr auch im Erlebnisraum machen, wo Mikroskopiergeräte bereitstehen. Es gibt noch mehr spannende Dinge – also: auf geht's.

Erlebnispfad am StadtWaldHaus

▶ Auf dem Erlebnispfad erwarten euch viele tolle Aktivitäten und Überraschungen. Ihr könnt z.B. mit einem Klöppel auf Holz schlagen und versuchen, am Klang die Baumart zu erkennen. Oder ihr könnt über einen Barfußpfad gehen und erspüren, was sich auf dem Boden befindet, euch wie die Spechte durch Klopfen unterhalten oder einfach mal herauszufinden versuchen, welche Tiere in einem Haufen toter Äste leben. Es gibt noch viel, viel mehr, aber das wird hier nicht verraten. Ihr könnt auch ohne Führung den Erlebnispfad genießen, an allen Stationen gibt es genügend Informationen und Anleitungen.

BUNDjugend Hessen, BUND Kindergruppen in Frankfurt

Triftstraße 47, 60528 Frankfurt am Main. ✆ 069/67737-630, Fax -620. www.bundjugendhessen.de. bundjugend.hessen@bund.net. **Anfahrt:** Straba 12, 19, 21, Bus 51, 61, 78 Triftstraße.

▶ Deutschlands neben dem NABU größter Umweltverband hat – wie vielerorts – auch in Frankfurt Kindergruppen (8 – 13 Jahre). Auch hier ist allerhand los an natur- und umweltfreundlichen Aktivitäten.

Außerdem gibt es bei der BUNDjugend Hessen unter dem Titel »Freizeiten, Aktionen, Seminare« ein spannendes Programm an naturfreundlichen mehrtägigen bis mehrwöchigen Freizeiten und anderen Aktivitäten, in dem auch Verschiedenes für Kinder dabei ist, bspw. »Leben auf dem Bauernhof«, wo ihr Bio-Landwirtschaft aktiv kennen lernen könnt.

Sterngucker: Volkssternwarte Frankfurt

Physikalischer Verein, Robert-Mayer-Straße 2 – 4, 60325 Ffm-Westend. ✆ 069/704630, 979813-41 (Veranstaltungshinweise), Fax -42. www.physikalischer-verein.de. **Anfahrt:** U4, 6, 7, Straba 16, Bus 32, 33, 50 Bockenheimer Warte. **Zeiten:** Teleskop-Beobachtungen des Abendhimmels Fr 19 – 20 Uhr für Kinder ab 8 Jahre, Fr 20 Uhr Vorträge für Kinder ab 12 Jahre. **Preise:** 2,50 €; Kinder 1 €. **Infos:** Halbjährliches Programm als Broschüre und im Internet.

 »Was kann die Kindergruppe tun? Ihr könnt euch mit vielen Themen beschäftigen – je nachdem was euch interessiert. Vielleicht ärgert ihr euch schon lange darüber,

• dass der Fahrradweg von Autos zugeparkt ist,
• dass auf eurer Spielwiese etliche Hundehaufen liegen,
• dass an eurem Bach so viel Müll herumliegt. Oder ihr wollt schon immer mal
• einen Baum pflanzen,
• Wasseruntersuchungen an eurem Bach machen,
• die Erwachsenen befragen, wie sie über Umweltschutz denken.«
(BUND Kindergruppen)

► Die Erde ist Teil einer riesigen Welt. Die moderne Astronomie lässt euch mit ihren Teleskopen Dinge im All sehen, die mit dem bloßen Auge überhaupt nicht erkennbar sind. Auch Kinder ab 8 Jahre dürfen in der Frankfurter Volkssternwarte einen Blick in diese geheimnisvolle Sternenwelt werfen.

In der **Kuppel** der Sternwarte ist ein Linsenteleskop von Max Pauly mit 21 cm Öffnung und 3 m Brennweite aufgebaut. Im Sommer wird ein zweites Fernrohr durch Hinzufügen eines Präzisionsfilters zum Spezialinstrument für Sonnenbeobachtung ausgebaut (Mai – Anfang Sept). Ab und zu werden Workshops für Kinder angeboten, z.B. zum Thema »Die Sonne«. Denn »ohne die Sonne gäbe es uns nicht. Sie spendet uns Wärme und Licht. Aber sie kann noch mehr! Sie sagt uns die Zeit, zeigt uns die Himmelsrichtung, kann Feuer machen, sorgt für schöne Polarlichter, und manchmal beeinflusst sie auch unsere Laune« (Volkssternwarte).

Achtung! Bei Regen, Schnee und Eis bleibt die Beobachtungskuppel geschlossen! Bei kühlem Wetter ist warme Kleidung erforderlich, da nicht geheizt wird!

WILDE TIERE UND WILDE KERLE

Reiten & Kutschfahrten

Reiterverein Sindlingen

Allesinastraße 1, Ffm-Sindlingen. ✆ 069/371932, 373252 (Stall), www.reitverein-sindlingen.de. **Anfahrt:** Bus 54 Allesinastraße. **Zeiten:** So 15 – 16 Uhr Ponyreiten für Kinder, bei schlechtem Wetter in der Halle, 1 €, keine Anmeldung erforderlich.

► Der Sindlinger Reiterverein hat ein Herz für Kinder. Bereits die ganz kleinen Kids dürfen mit dem schulmotorischen Reiten loslegen. Wenn sie ein wenig älter sind, geht es mit Pony-Longen und Reitunterricht weiter. Grundschulkinder setzen fort mit Longeunterricht. Wer dann

schon ganz gut reiten kann, kann Dressur- und Springunterricht für Fortgeschrittene nehmen oder Ausritte wagen. Zum Angebot des Reitervereins Sindlingen gehören ferner Ferienspiele im Frühjahr, Sommer und Herbst sowie reiterspezifische Kindergeburtstage.

Tipp: »Bewegungsschulung und Wahrnehmungserziehung« ist ein neuer Kurs, in dem mithilfe von Ponys bei Kindern von 4 – 7 Jahre Beweglichkeit, Koordination, Geschicklichkeit, Orientierungsfähigkeit und Kreativität aufgebaut wird. 6 Einheiten à 90 Minuten kosten 90 €.

Reitclub Niederursel e.V.

Interessengemeinschaft heilpädagogisches Reiten, Reitstall, Oberurseler Weg, 60439 Ffm-Niederursel. ✆ 069/5890443, www.rcn-ig.de. **Anfahrt:** U1 Niederursel. **Infos:** Reitclub-Geschäftsstelle, Johanna-Kirchner-Straße 81, 60488 Frankfurt am Main, ✆ 069/762420, Fax 97679800.

▶ Der Club hat 300 Mitglieder, hauptsächlich Kinder, die hier schon mit 3 Jahren in Spielgruppen loslegen können. Geritten wird auf Ponys und Pferden in Gruppen, Kleingruppen oder im Einzelunterricht. Es gibt Voltigiergruppen für Kinder von 4 – 14 Jahren. Reitkurse können mit dem Kleinen Hufeisen, Reiterpass und Reiterabzeichen abgeschlossen werden.

Ein tolles Erlebnis sind die Touren mit dem **Planwagen** (bis 14 Personen, stundenweise bis ganztägig). Wie wär's mit einer Geburtstagsfahrt oder einem Familienausflug kreuz und quer durch die Vortaunuslandschaft nördlich von Niederursel mit Blick auf den Feldberg?

Tipp: In allen Schulferien gibt es ein Extra-Programm (Mo – Sa 9 – 14 Uhr) – Reiten auf Ponys und Großpferden, Ausritte, Ponyspiele, Kutschfahrten.

Frankfurter Reit- und Fahr-Club

Hahnstraße 85, 60528 Ffm-Niederrad. ℂ 069/
6667585, Fax 6669246. Kontakt Di – Fr 9.15 – 9.45
Uhr. **Anfahrt:** S7, 8, 9 Niederrad. **Preise:** Jahresbeitrag
für Kinder 64,50 €.

Tipp: Es werden auch
Ferien-Reitkurse ange-
boten.

▶ Kinder können hier von Grund auf das Reiten lernen. Die Kleinen ab 5 – 6 Jahren werden
zunächst an der Kinderlonge mit dem Pony vertraut gemacht (10 € pro Mal). Kinder ab ca. 8
Jahren lernen in Gruppenstunden (einmal pro
Woche) über einen längeren Zeitraum ganz sys-
tematisch das Reiten. Die ganz Sportlichen können ab etwa 12 Jahren auch in den Reitsport hin-
einwachsen. Ganz preiswert ist es, Clubmitglied
zu werden. Ihr müsst das nicht sofort entschei-
den, ihr könnt zunächst mal ausprobieren –
auch um zu sehen, ob ihr überhaupt Spaß am
Reiten habt.

Tierparks

Geheimnisvoller Sumatratiger:
Ein Besuch im Zoo

Zoologischer Garten Frankfurt, Alfred-Brehm-Platz 16,
60316 Ffm-Ostend. ℂ 069/212337-35, Fax 212450-
67. www.zoo-frankfurt.de. caroline.liefke@stadt-frank-
furt.de. **Anfahrt:** U6, 7, Straba 11, 14, Bus 31 Zoo.
Zeiten: Sommer 9 – 19, Winter 9 – 17 Uhr, Kasse
Haupteingang 9 – 18.30 bzw. 9 – 16.30, Kasse Rhön-
straße 10 – 17.30 bzw. 10 – 15.30 Uhr; Sommer- und
Winterzeit richten sich nach der Uhrenumstellung;
Fütterung: Menschenaffen Som 16.30, Win 16.45,
Katzendschungel (Mi – So) Som 16.30, Win 15.30,
Robbenklippen 11 und 15.30, Pinguine (außer Fr)
10.45 und 15.45, Krokodile Do 15.15 Uhr. **Preise:**
8 €, Gruppe von min. 20 Pers. 6 € pro Kopf sowie eine

Tolles, riesen-
großes Kinder-
fest über ein ganzes
Wochenende Mitte Au-
gust!

Begleitperson frei, Jahreskarte 60 €; Kinder 6 – 17 Jahre 4 €, Gruppe von min. 20 Pers. 3 € pro Kopf sowie eine Begleitperson frei, Jahreskarte 25 €; Familien (2 Erw und Kinder) Tageskarte 20, Jahreskarte 90 €; letzter Sa im Monat 6, Kinder 3 €. **Infos:** Familienfeiern, Kindergeburtstage ab 6 Jahre, Behinderten-Angebote.

▶ Der Frankfurter Zoo gehört zu den größten Tiergärten Deutschlands. Die Zahl der hier lebenden Tierarten aus aller Welt und allen Klimazonen ist sehr groß. Wenn ihr euch das alles in Ruhe ansehen wollt, ist es ratsam immer mal wieder hierher zu kommen, an einem Tag lässt sich das überhaupt nicht bewältigen.

Auf die ganz Kleinen und die Kindergartenkinder machen die Pinguine, Flamingos, Kamele und riesigen Giraffen (Giraffenhaus 8 – 12.15, 14.30 – 16.30 Uhr) einen großen Eindruck. Sie sind gern an den Weihern mit ihren Enten und Schwänen, lieben den kleinen **Streichelzoo** mit seinen Zwergziegen, reiten auf den Shetlandponys und bevölkern den Kinderspielplatz.

Die Grundschüler zieht es dagegen mehr in die Häuser für Affen und Menschenaffen, bestaunen im **Terrarium** und **Exotarium** die vielen exotischen Fische und Amphibien und die z.T. gewaltigen Giftschlangen. Objekte ihrer Neugierde sind auch der Südasiendschungel mit dem mächtigen Sumatratiger und anderen Großkatzen.

Sehr viel Staunen löst bei Kindern und Erwachsenen gleichermaßen die Ausstellung über nachtaktive Tiere im **Grzimek-Haus** aus. Die Tiere leben da praktisch in einer verkehrten Welt: Nachts ist das Haus drinnen taghell erleuchtet, und tagsüber gaukelt man den Tieren vor, es sei finstre Nacht. Sie kommen deswegen

Tipp: Der Zoo gibt sich große Mühe mit Schulklassen. Es werden zahlreiche Führungen durchgeführt, die altersspezifisch fein abgestuft sind. Wenn die Kinder gut vorbereitet sind und Lust auf das Ganze haben, können die Führungen eine spannende Variante des Biologieunterrichts ergeben. Jährlich nehmen an ihnen 60.000 Schüler und Studenten teil.

Hunger & Durst

Es ist gut dafür gesorgt, dass ihr nicht Hunger und Durst leiden müsst. Es gibt das mexikanische **Restaurant Sombrero** (11 – 24 Uhr), den **Biergarten Tukan**, den **Grill-Pavillon** am Streichelzoo und den **Waffel-Pavillon** hinter den Robbenfelsen.

Hunger & Durst

Sonntagsnachmittags wird vom Kobelt-Zoo im Freien Kaffee und Kuchen angeboten.

aus ihren Höhlen und Verstecken und wuseln hinter dicken Glasscheiben hin und her. Zuerst ist es ein bisschen unheimlich, und es braucht eine Weile, bis eure Augen sich an das Licht gewöhnt haben – aber dann könnt ihr alles genau beobachten. Sehr beeindruckend!

Ich kann hier nicht einmal die vielen Tierarten des Frankfurter Zoos aufzählen, geschweige denn beschreiben. Das ist aber auch gar nicht notwendig, denn es gibt einen sehr preiswerten, verständlich geschriebenen Zooführer, in dem die Tiere abgebildet und beschrieben sind.

Gehege unter Stadtwald-Bäumen: Der kleine Kobelt-Zoo

Schwanheimer Bahnstraße, 60529 Ffm-Schwanheim, www.kobelt-zoo.de. Neben dem Verkehrsmuseum. **Anfahrt:** Straba 12, 19 Rheinlandstraße. **Zeiten:** Mai – Sept Sa 14 – 19, So, Fei 10 – 19 Uhr; für Kindergärten und Schulen n.Vb. auch unter der Woche. **Eintritt:** Spendenbox am Eingang. **Infos:** Elke Diefenhardt, Geschäftsführerin, ☏ 069/35353047 (ab 19 Uhr, Termine, Infos), Monika Greitzke, 358135 (alles rund um den Zoo).

▶ Der bereits 90 Jahre alte Schwanheimer Zoo ist eine private Stiftung und wird von einem Verein getragen. Er bietet ein schattiges Gemisch aus Gehegen und Waldbäumen. 200 Tiere leben hier. Auf einem Teich schwimmen Enten und Schwäne. Esel und Schweine, Pfauen und allerlei andere Vögel könnt ihr entdecken. Es gibt sogar ein kleines Reptilienhaus mit Boa und Python. Der Kobelt-Zoo besitzt auch einen Spielplatz, auf den ihr allerdings nicht unbedingt angewiesen seid, denn der tolle Waldspielpark Schwanheim ist nur wenige hundert Meter entfernt.

Parks & Gärten

Die Bäume der nördlichen Halbkugel: Botanischer Garten

Siesmayerstraße, 60323 Frankfurt am Main. ✆ 069/ 798-24763, 798-24847, www.botanischergarten.uni-frankfurt.de. **Anfahrt:** U6, 7 Westend, dann zu Fuß die Siesmayerstraße bis zum Ende oder Bus 36 Siesmayerstraße/Palmengarten. **Zeiten:** März – Okt Mo – Sa 9 – 18, So, Fei 9 – 13 Uhr, Führungen für Gruppen gegen Entgelt möglich. **Preise:** Eintritt frei.

▶ Der Botanische Garten ist längst nicht so bekannt wie der benachbarte Palmengarten, deshalb herrscht dort nicht der große Andrang. 10- bis 14-jährige Biofans können hier jedoch regelrecht auf Entdeckungsreise gehen, mitten in der mitteleuropäischen Großstadt nordamerikanische, ostasiatische und mediterrane Pflanzen und Bäume kennen lernen. Nicht minder exotisch sind das Alpinum und die Steppenheide. Andererseits fühlt ihr euch in der Feuchtwiese, am Teich, am Moor, auf der Waldwiese oder im Kiefernwald, Eichen-Hainbuchenwald und Buchenwald wie im nahen Frankfurter Stadtwald. Im Übrigen ist hier auf kurzen Wegen eine beachtliche Zahl von Bäumen der nördlichen Halbkugel versammelt und – wie toll – ihr könnt sie sogar dank der Schildchen identifizieren.

Keith Rushforth, *Der Kosmos Baumführer. Die wichtigsten europäischen Arten leicht bestimmen,* Stuttgart 2001, 288 S., Franckh-Kosmos Verlag. Hilfreich für unterwegs.

Ein Hauch von Dschungel und Wüste: Im berühmten Palmengarten

Siesmayerstraße 61, 60323 Frankfurt am Main. ✆ 069/212-36689, 212-33939, Fax 37856. www.palmengarten-frankfurt.de. info.palmengarten@stadtfrankfurt.de. **Anfahrt:** U4, 6, 7 Westend, Bus 36 Siesmayerstraße. Tiefgarage unter dem Eingangshaus in

Hunger & Durst

Es gibt beim Spielplatz am Nordostrand den **Kinderkiosk KiKo** mit kleinen Gerichten, Süßigkeiten, Pudding, Milch, Kakao etc. sowie das gemütliche **Café Siesmayer** im Südwesten, ℰ 069/900290, www.palmengarten-gastronomie.de, und das gepflegte Restaurant in der **Villa Leonardi** am Westrand, ℰ 069/7898847, Mo – Sa 12 – 14.30, 18 – 22, So 12 – 14.30 Uhr, www.villa-leonardi.de.

 Die **Grüne Schule Palmengarten**, ℰ 069/212-33391, Fax -37856, Mo und Mi 9 – 11.30 Uhr, bietet ein breites Programm von Führungen und Unterricht für alle Schulstufen. Sie organisiert auch zünftige botanische Kindergeburtstage, Malkurse für Kinder und ein Sommerferienprogramm.

der Siesmayerstraße 63. **Zeiten:** Nov – Jan 9 – 16, Feb – Okt 9 – 18 Uhr, Haupteingang Siesmayerstraße 61; Zeppelinallee nur Sa, So, Fei 10 – 16 Uhr, Hunde nicht erlaubt. **Preise:** 5 €; Kinder 6 – 14 Jahre 2 €; Familien (2 Erw. mit eigenen Kindern) 9,50 €. **Infos:** Jahresprogramm als Faltblatt und im Internet.

▶ Der Palmengarten ist ein wunderbares Gemisch von Pflanzen aus allen Vegetationszonen unserer Erde. In einem Dutzend Glashäuser könnt ihr euch in dichten, feucht-heißen Tropischen Regenwald mit Bananen und Orchideen oder in extrem trockene, tropische Halbwüste mit dornigen Sträuchern begeben. Faszinierend ist auch der in den warmen Monaten im Freien aufgebaute Sukkulentengarten mit seinen vielen verschiedenen Kakteen und Agaven. Und da sind ja auch noch verschiedene Steppenwiesen, ein Staudenbiotop mit Bach, ein alpiner Gesteinsgarten mit allerlei Alpenpflanzen, eine Heidelandschaft, ein Rhododendrongarten, ein Rosengarten, ein Palmenhaus, ein Subantarktishaus – ja sogar eine Streuobstwiese wie sie die Eltern des Dichterfürsten Goethe im Frankfurt des 18. Jahrhunderts besaßen.

Der Palmengarten ist jedoch nicht nur ein botanisches Paradies, Kindern wird noch zusätzlich allerlei **Freizeitspaß** angeboten: zwei tolle Spielplätze, derjenige im Nordosten sogar mit Wasserspielanlage, Mini-Dschungel und Minigolfanlage, ein großer Weiher zum Bootfahren, mit einem Bähnchen das weite Gelände durchqueren oder im Papagenotheater sogar Musiktheater für Kinder.

Auch für Essen und Trinken ist in diesem kinderfreundlichen Park reichlich gesorgt.

Mainufer: Nizza, Museumsufer, Deutschherrnufer & Niederräder Ufer

Anfahrt: U4, 5 Willy-Brandt-Platz oder Römer.

▶ Das Mainufer zwischen der Friedensbrücke im Westen und der Ignatz-Bubis-Brücke im Osten ist in den letzten Jahren zu einer Promenade umgestaltet worden. An Wochenenden und Sommerabenden sind hier viele unterwegs – zu Fuß, als Jogger oder per Rad, zum Bummeln, Gammeln und Schwäne gucken. Der **Eiserne Steg** ist zweifellos der geografische Kern und die populärste Fußgängerbrücke. Von dort habt ihr einen tollen Blick auf die Silhouette der Stadt mit den Bankhochhäusern und dem Dom. An der Nordseite des Stegs fahren die Ausflugsschiffe ab, an der Südseite liegen zwei Restaurantschiffe mit Bootsverleih. Dort findet am Samstagvormittag der riesige **Frankfurter Flohmarkt** statt.

Die Frankfurter Mainpromenaden sind schließlich Schauplatz stark besuchter Feste wie dem Mainfest und dem Museumsuferfest. Nahe beim neuen **Café am Nizza** am rechten Mainufer bietet ein einladender Spielplatz Abwechslung.

 Ausflüge zum Mainufer lassen sich immer gut mit **Museumsbesuchen** verbinden, denn entlang der Uferstraßen Schaumainkai und Untermainkai sind zahlreiche Museen konzentriert. Deshalb wird das Sachsenhäuser Ufer seit einiger Zeit auch »Museumsufer« genannt.

Frische Luft im Frankfurter Osten

Ostpark, Ffm-Riederwald. **Anfahrt:** U7, Straba 12, Bus OF103 Eissporthalle/Festplatz. Parkplatz Eissporthalle/Festplatz.

▶ Im Zentrum des schönen großen Ostparks liegt ein großer Entenweiher. In dem 1,50 tiefen Gewässer ist die in Hessen vom Aussterben bedrohte Fischart Karausche zu Hause. Durch das Gelände verläuft zwischen Pappeln, Weiden und Erlen ein breiter Rundweg, der sich auch gut für Spaziergänge mit Kinderwagen eignet. Außerdem gibt's den **Spielplatz** mit Rutsche, mehrere

Tischtennisplatten, Sandflächen, einen Bolzplatz und eine geräumige Liegewiese. Letztere ist an Sommerwochenenden ein belebter Multikulti-Picknickplatz. Wenn's mal regnet, könnt ihr euch in einen Unterstand zurückziehen. Auch verhungern oder verdursten muss hier niemand, denn am Westende gibt es einen Kiosk.

Hoch über Mainhattan: Auf dem Lohrberg & im Lohrpark

Ffm-Seckbach. **Anfahrt:** Bus 30, 69 Heiligenstock, Bus 43 Budge-Altenheim. Parkplatz am Parkeingang Berger Weg.

▶ Frankfurter Kids müssen nicht unbedingt in den Taunus, auch im Stadtgebiet könnt ihr ein wenig Höhenluft schnuppern. Dazu braucht ihr nur den Lohrberg (190 m) zu besteigen. Hier – hoch über dem Nordosten der Stadt – ist es herrlich ruhig und ihr habt einen tollen Ausblick. Auf der Hochfläche gibt es etwas Wald, ausgedehnte Liegewiesen und einen schönen **Spielplatz.** An warmen Sommertagen lohnt sich ein Besuch auch deshalb, weil es ein kühles **Plantschbecken** gibt. Für die Grillfans ist extra ein Bereich mit Grillmulden angelegt worden. Ansonsten sind ein Sandkasten, Bänke zum Picknick und WC vorhanden und zur benachbarten Lohrbergschänke mit ihrem Gartenlokal ist es nicht weit.

Auch die südliche Hangzone unterhalb des Lohrberg-Gipfels ist interessant, denn hier befinden sich Frankfurts letzter **Weinberg** und der ausgedehnte **Beratungsgarten Lohrberg.** Das ist eine Versuchs- und Beispielobstanlage für ca. 400 Obstgewächse, davon 100 Apfelsorten, sowie für ökologischen Obstanbau. Hier dürft ihr

Hunger & Durst

Am Südosthang gibt's die **Lohrbergschänke,** Auf dem Lohrberg 9, ✆ 069/479944, Di – So 10 – 23 Uhr, Garten, Blick über die Stadt, Frankfurter Küche, Handkäs mit Musik bis Grüne Soße und Ochsenbrust, natürlich Ebbelwoi.

Beratungsgarten Lohrberg, März – Okt Mo, Di 8 – 15, Mi 8 – 18, Do 8 – 15, Fr 8 – 13 Uhr, Beratungszeiten kürzer, zusätzliche Öffnungszeiten für die Blütentage im April/Mai, Tag der offenen Tür an einem So im Sept/Okt, besondere Führungen für Kindergärten und Schulklassen n.Vb.

zu kleinen Preisen Obst und Beeren ernten oder auch einfach kaufen.

Familientreff: Günthersburgpark

Anfahrt: U4 und Bus 34, 38, 43, 69 Bornheim Mitte, Straba 12 Günthersburgpark. Hunde im unteren Parkteil nicht erlaubt.

▸ Dieser etwa 7,5 ha große Park aus dem 18. Jahrhundert ist heute grüne Lunge und Freizeitpark des Stadtteils **Bornheim**. Morgens und abends ziehen die Jogger hier ihre Runden, manche schieben dabei einen Sport-Buggy. Aber eigentlich ist es *der* Familienpark, denn hier gibt es einen großen Spielplatz mit variantenreichen Schaukeln und Wippen, ausgedehnte Wiesen zum Herumtoben und für Ballspiele sowie Fußballfelder und eine Betonfläche für Rollschuh- oder Skater-Übungen.

An warmen Sommertagen ab 11 Uhr bereiten die **Wasserspiele** den jungen Wasserratten einen Riesenspaß. Dicke Figuren speien in hohem Bogen Wasser, da kommt kaum einer trocken von einer auf die andere Seite des großen Runds! Mittendrin ist sogar eine Rutsche installiert. Die ausgedehnten Liegewiesen mit ihren schattigen alten Bäumen, in denen Eichhörnchen und Vögel wohnen, werden von allen gern zum Picknick genutzt. Das Grillen wurde zwar jüngst verboten, doch für Kinderfeste und Geburtstage ist der Park dennoch ein tolles Terrain.

Volkspark Niddatal

Ffm-Ginnheim/Hausen. **Anfahrt:** U1 Niddapark.

▸ Zwischen der A66 im Süden und dem Römerstadtabschnitt der Nidda im Norden erstreckt sich ein ganz breiter Streifen aus Wiesen und Wäldchen. Auf diesem Terrain wurde vor ein

Hunger & Durst

Ein **Kiosk** am Spielplatz stillt im Sommer ab 11 Uhr gierige Bedürfnisse mit Eis, Kuchen, Milchkaffee und Limonaden. Drum herum stehen Tische, Stühle und Bänke.

Am unteren Ausgang des Parks finden sich ein **Eissalon**, eine **Bäckerei** (So-vormittags geöffnet) und etwas weiter ein **Kiosk**.

Restaurant Blau Gelb,
Am Ginnheimer
Wäldchen 3, ℂ 069/
532650, Fax 95116-
989, www.blau-gelb.de.
Griechische Küche,
aber auch Pizza, Pasta,
Salate und kleine Ge-
richte, Mo – Fr 15 – 24,
Sa, Fei 12 – 24, So 10
– 22 Uhr.

*Ende des 18. Jahrhunderts starteten auf dem **Rebstockgelände** Heißluftballons. Ab 1912 entstand hier Frankfurts erster Flughafen, zunächst für Zeppeline. Später landeten auf dem Rebstockgelände auch Flugzeuge, ab 1937 nur noch Militärflugzeuge. Nach dem 2. Weltkrieg baute man hier in großem Stil Kies für den Straßenbau ab. 1958 bis 1962 wurde das Gelände schließlich zu einem Volkspark rekultiviert.*

paar Jahren die Bundesgartenschau veranstaltet. Mittlerweile hat sich die Natur wieder eingerichtet. Das von einem dichten Wegenetz durchzogene Gelände ist nun ein viel besuchtes Naherholungsgebiet, in dem kleinere Kinder wunderbar radeln und wandern – und im Herbst ihre Drachen steigen lassen können.

Nur wenige Meter südlich von der U-Bahn-Haltestelle Niddapark gibt es einen großen, gut eingerichteten **Spielplatz** und fast daneben auch das **Restaurant Blau Gelb**.

Hölzerne Torwächter: Nordpark Bonames

Zwischen Nidda und Bonames, wenige hundert Meter östlich der Homburger Landstraße. **Anfahrt:** Bus 27 Nordpark, S6 Frankfurter Berg.

▶ Auf dem Weg von der Homburger Landstraße zum Nordpark führt euer Weg an Grillmulden und einem Sportgelände (Bolzen!) entlang. Einkehr im *Towercafé*, ⟋ Radtour »An der Nidda entlang«. Dann tauchen zwei geheimnisvolle Torwächter aus Holz auf – der Eingang in ein kleines Naturparadies voller Büsche und üppiger Vegetation. Die kleine Wildnis in der Niddaaue von Bonames wird im Norden umrahmt von einem urigen Altarm in einem dichten Wäldchen und im Süden von der teilrenaturierten Nidda.

Wo einst die Zeppeline landeten: Rebstockpark

Anfahrt: Bus 33, 34, 50 Rebstockbad. Parkplatz des Gartenhallenbades Rebstock an der August-Euler-Straße. **Zeiten:** frei zugänglich.

▶ Im Zentrum dieses geräumigen Parks befindet sich ein 3 ha großer Weiher, dessen Ufer Röhricht und Bäume säumen. Das malerische

Gewässer, auf dem sich Enten und Schwäne tummeln, könnt ihr auf einem ausgebauten Rundweg umwandern. Auf den ausgedehnten Liegewiesen lässt sich's im Sommer wunderbar picknicken und grillen. Ganze Großfamilien sind hier mit ihrem nahezu perfektem Garten-Equipment zu bestaunen.

Ganz in der Nähe liegen das **Erlebnisbad Rebstock,** ↗ Schwimmbäder, und das **Feldbahnmuseum,** ↗ Museen.

Sport, Spiel & Abenteuer

Betreute Spielplätze für Kleinkinder

Gemeinschaftsprojekt des Frankfurter Kinderbüros und der Elterninitiative »Betreute Spielplätze«, Schleiermacherstraße 7, 60316 Frankfurt am Main. ℃ 069/212-39001. **Zeiten:** April – Okt Mo – Fr 9 – 12 Uhr. **Preise:** 7 € pro Tag.

▶ Seit ein paar Jahren können Eltern, die mal etwas Luft holen wollen, ihre bis 3 Jahre alten Kinder auf betreuten Spielplätzen abgeben. Sie können dort mit Pädagogen, die entsprechende Erfahrungen mitbringen, spielen. Zur Mindestausstattung dieser Einrichtungen gehören Kleinkinderspielgeräte, Spielelager, Wickelraum und Handy.

Betreute Spielplätze gibt es derzeit Folgende:

Spielplatz an der Zeppelinallee, Bockenheim, U 6, 7 Leipziger Straße, Parkhaus Bockenheimer Ladengalerie;

Spielplatz an der unteren Günthersburgallee, Bornheim, U 4 Höhenstraße, Bus 32 bis Günthersburgallee, Parkhaus Mousonturm;

Spielplatz Brückenstraße, Sachsenhausen, U 1 – 3 Südbf, Parkhaus Alt-Sachsenhausen.

Integrativer Spielplatz Heinrich-Kraft-Park

Vilbeler Landstraße, 60386 Ffm-Fechenheim. ℗ 069/414434. **Anfahrt:** Straba 11, 12 Mainkur Bahnhof, Bus 940 Birsteiner Graben. **Zeiten:** immer offen, Betreuung April – Sept 10.30 – 19 Uhr. **Infos:** Hunde nicht erlaubt.

▶ Der große Waldspielpark im Frankfurter Osten bietet Kindern eine ganze Menge. Es gibt einen großzügig und abwechslungsreich angelegten Spiel- und Kletterbereich mit Rutschen, Wippen und Schaukeln. Sogar ein Plantschbecken ist vorhanden. Es kann Tischtennis, Basketball und Minigolf gespielt werden. Ein langes Hangelseil, ein Bolzplatz und eine Rollschuhbahn sorgen für Abwechslung. Die zwei offenen Grillhütten decken den Bedarf bei weitem nicht.

Klettern in Fechenheim in der T-Hall

Vilbeler Landstraße 7, 60386 Ffm-Fechenheim. ℗ 069/94219381, Fax 94219091. www.t-hall.de. info@t-hall.de. **Anfahrt:** Bus 940, HU23, HU25 Birsteiner Straße. **Zeiten:** Für alle Kurse tel. Anm. erforderlich.

Happy Birthday!
Bei einem Kindergeburtstag in der T-Hall tobt ihr euch erst 90 Minuten an der Kletterwand aus, dann bekommt ihr am Geburtstagstisch der Bistro-Galerie Kuchen und Getränke. Ab 8 Jahre, max. 18 Teilnehmer, Dauer 2 Std, Di – Fr ab 14.30, 16 Uhr, bis 6 Kinder 90 €, jedes weitere + 15 €.

▶ Auch Kids dürfen an der hohen und breiten T-Wall der Fechenheimer Kletterhalle loslegen. Die ersten »Schritte« erlernt ihr im Einführungskurs »Klettern unter Anleitung«. Danach könnt ihr euch im Fortgeschrittenenkurs zu richtigen Klettermaxen weiterbilden. Die verschiedenen Wandtypen (Holz und Struktur) in unterschiedlichsten Neigungen bieten eine Vielzahl von Routen.

Klettern unter Anleitung: ab 8 Jahre, 1 1/2 Std, ab 90 € für bis 9 Teilnehmer, jeder weitere 10 €;

Ferienprojekte: Klettern für Anfänger und Fortgeschrittene, 10 – 13 Jahre, 3 x 3 Std 75 €;

Kindereinweisung: Ihr lernt, einen Kletterpartner eigenverantwortlich zu sichern, ab 8 Jahre, 2 Std 30 €;

Kinderclub: jeden Mo 2 Std Klettern mit Betreuung und Anleitung, ab 8 Jahre, monatlich 30 €;

Trainerstunde: schon für Kids ab 5 Jahre, 44 €.

Abenteuerspielplatz Riederwald

Ffm-Riederwald. ✆ 069/421050, www.abenteuerspielplatz.de. **Anfahrt:** U7 Johanna-Tesch-Platz. **Zeiten:** Mo – Fr 13 – 18, Sa 14 – 18 Uhr, außer 1. Sa im Mo, im Sommer bis 19 Uhr. **Infos:** Kinder von 6 – 13 Jahre, jüngere Geschwister spielen mit den konventionellen Spielgeräten.

▶ Der Abenteuerspielplatz besitzt ein tolles Gelände mit mächtigen Bäumen. Das Experimentieren und werkeln mit Holz, d.h. vor allem der Bau von Hütten spielt hier eine große Rolle. Es ist reichlich Werkzeug vorhanden, so dass ihr bestens fürs Sägen und Hämmern gerüstet seid. Toll auch der Bereich zum Matschen und der Lagerfeuerplatz. Eine Spezialität des Platzes ist die Halfpipe. Dazu gibt es ein paar klassische Spielplatzgeräte wie Rutsche und Tischtennisplatte. Viel unternommen wird übrigens auch im benachbarten Wald, der quasi so etwas wie das »Abenteuer Natur«-Feld des Platzes ist. Bei schlechtem Wetter oder an ganz kalten Wintertagen könnt ihr euch in das große Spielplatzhaus zum Spielen zurückziehen.

Abenteuerspielplatz Günthersburg

Wetterstraße/Schlinkenweg, 60389 Frankfurt am Main. ✆ 069/4692040, www.abenteuerspielplatz.de. **Anfahrt:** ↗ Günthersburgpark. **Zeiten:** Feb – Dez Mo – Fr 11 – 18, Sa 13 – 18 Uhr, in den Sommerferien länger. **Infos:** für Kinder ab 6 Jahre; jüngere Geschwister lässt man im Sandkasten und auf der Rutsche spielen.

▶ Auf dem Abenteuerspielplatz am oberen Ende des Günthersburgparks (am Übergang zu den Schrebergärten) ist viel los. Ein Hauptaktivität ist der Bau von Holzhütten, da muss gemessen, gesägt, genagelt und geklopft werden. Das ist freilich längst nicht alles. So gibt es einen hohen Kletterfelsen, es wird sogar ein Kletterkurs angeboten. Ein anderer Ort vielfältiger Aktivitäten ist der Garten, in dem von Frühjahr bis Herbst, von der Aussaat bis zur Ernte, immer etwas zu tun ist. Es gibt zwar auch ein paar konventionelle Geräte wie Rutsche, Tischtennisplatte oder Sandkasten, hier ist das aber nebensächlich.

Abenteuerspielplatz Colorado-Park

An der Raimundstraße, 60431 Ffm-Ginnheim. ℗ 069/561642, www.abenteuerspielplatz.de. **Anfahrt:** Bus 64 Fallerslebenstraße. **Zeiten:** Mo – Fr 11 – 18 Uhr, Sa 14 – 18 Uhr.

▶ Der Ginnheimer Abenteuerspielplatz hatte lange Zeit ein amerikanisches Umfeld. Da passte es gut, dass die jungen Holzhüttenbauer einen richtigen **Wildwest-Ort** aufbauten samt einer *Mainstreet* mit Saloon und Läden. In diesem Bereich wird auch heute gewerkelt: neu gebaut, verändert, umgebaut. Wilder Westen verkörpert auch die Schlucht, auf der Höhe läuft jetzt aber ein Pfad für Mountainbiker.

Im Laufe der Zeit hat eine weitere Besonderheit an Gewicht gewonnen, das **Musische** – auch das gibt es übrigens so ausgeprägt auf keinem anderen Frankfurter Abenteuerspielplatz. Gearbeitet wird mit Holz und Lehm. Aus Eiche ist das Krokodil, aus Lehm das hohe indianische Totem. Zu den Aktivitäten des Colorado-Parks gehört schließlich noch ein zünftiger **Bauerngarten**.

Kinderplanet Riedberg — der erste Frankfurter Hallenspielplatz

www.riedberg-ffm.de. **Zeiten:** Nov – Mai Fr 13 – 18, Sa, So 11 – 18 Uhr, Änderungen möglich. **Preise:** 4,50 € inkl. 1 Kaffee und Kuchen; Kinder bis 3 Jahre 2,50, älter 4,50 €, Geburtstagskinder frei; preiswerte 10er- und 20er-Karte.

▸ Im neuen Stadtteil Riedberg eröffnete Ende 2003 in einer ehemaligen Reithalle der erste Frankfurter Hallenspielplatz. Die Leute vom ↗ **Abenteuerspielplatz Riederwald** bauten eine anziehende Spiellandschaft aus Bastelzelt, Luftkissen zum Hüpfen, Bullriding, Bälle-Pool, Kinderkarussell, Rollrutschbahn, Schminksalon, Wäldchen mit Eisenbahn, Kletterturm u.a. auf, die schon bald ein Riesenpublikum fand. Im Laufe des Jahres 2005 soll die ehemalige Reithalle sodann um einige hundert Meter versetzt werden. Der neue Standort wird zwischen dem geplanten Quartier Altkönigblick und der L3019 liegen. Es soll dann auch ein Außenbereich dazukommen.

Abenteuerspielplatz Nordweststadt

Kinderhaus Nordweststadt, Hammarskjöldring 1, 60439 Ffm-Nordweststadt. ✆ 069/58707455. **Anfahrt:** U1, Bus 26, 29, 60, 67, 71, 872 Nordwestzentrum. **Zeiten:** Ende März – Ende Okt Mo – Fr 14 – 17.30 Uhr, in den Sommerferien 11 – 17.30 Uhr.

▸ Ihr könnt auf diesem Abenteuerspielplatz im Zentrum der Nordweststadt, der für Kinder von 6 – 12 Jahren ist, allerhand unternehmen, z.B. Hütten bauen, mit Wasser und Erde matschen,

Tipp: Während der Ferienspiele gibt es mittags auch Essen, die Mahlzeit kostet 2 €.

mit Holz basteln und malen. Gegen eine Kaution werden Werkzeuge und allerlei Spiele ausgeliehen. In den Sommerferien bietet der Abenteuerspielplatz zahlreiche zusätzliche Aktivitäten und Ausflüge. Die **Ferienspiele** beginnen und enden übrigens jeweils mit einem Fest. Am besten beschafft ihr euch schon frühzeitig das Programm.

Minigolfplätze in Frankfurt

In Frankfurt habe ich folgende Minigolfplätze entdeckt:

Eschersheimer Freibad, geöffnet wie Freibad, Runde 1,50 € pro Person;

Heinrich-Kraft-Park, Ostend, April – Okt;

Palmengarten, April – Sept (witterungsabhängig), Kinder bis 14 Jahre 0,50, Erwachsene 1 €, Pfand für Schläger u. Bälle 10 €;

Silobad, an der Grenze zwischen Höchst und Unterliederbach, 1,50 € pro Person;

Waldspielpark Scheerwald, April – Okt.

Minigolfplatz an der Nidda

Happy Birthday!
Auf dem Minigolfplatz könnt ihr nach Anmeldung Kindergeburtstag feiern, Preis wie 10er-Karte.

Hadrianstraße 50, 60439 Ffm-Praunheim-Römerstadt. ✆ 069/586854. **Anfahrt:** U1 bis Niddapark, dann 500 m zu Fuß oder per Rad, entsprechende Wege vorhanden. Rad: direkt am Nidda-Radweg. **Zeiten:** Mitte März – Mitte Okt täglich ab 14.30, So, Fei schon ab 10.30 Uhr. **Preise:** Runde 2,50 €, 10er-Karte 23 €; Kinder 2 €, 10er-Karte 19 €, Schulklassen anmelden.
▶ Am Niddaufer der Praunheimer Römerstadt lässt sich unter hohen Bäumen wunderbar Minigolf spielen. Weitere Pluspunkte der beschaulichen Anlage sind die Nachbarn: **Restaurant Römerschänke** und **Spielplatz** an der Nidda mit Liegewiese und Picknickplatz.

Abenteuerspielplatz Bockenheim

Bund Deutscher PfadfinderInnen, Ginnheimer Landstraße 37, 60487 Ffm-Bockenheim. ℘ 069/4365748
(Büro), www.abenteuergelaende.de. asp-bocken-
heim@gmx.de **Anfahrt:** Bus 34 Universitätssportanla-
gen, Straba 16 Frauenfriedenskirche. **Zeiten:** Anfang
Feb – Weihnachten Mo – Fr 13 – 18, in den Ferien 11 –
18 Uhr. **Infos:** Baumweg 10, 60316 Frankfurt.

▶ Der Platz an der Bezirkssportanlage West ist
mit seinen Rasenflächen und Bäumen für Kinder zwischen 7 und 13 Jahren ein abwechslungs-
reiches Gelände. Wie auf den meisten Frankfurter Abenteuerspielplätzen spielt das Werkeln
mit Holz, d.h. der Bau von Hütten, eine große
Rolle. Es gibt auch einen Pizzaofen und ein
Plantschbecken mit Bach. Außerdem findet ihr
Geräte wie Wippe, Rutsche, Sandgrube, Wasserrutsche, Burgtor und Schiff, die man eher konventionellen Spielplätzen zuordnet.

Tipp: Eine Spezialität des spannenden Sommerferienprogramms sind die Abenteuernächte. Noch was: Ihr könnt für Feste sogar den ganzen Platz mieten.

Wasserspielbecken Hausener Terrasse

Ffm-Hausen. **Anfahrt:** U7, Bus 67 Hausen. Parkplätze
an der Straße »Ginnheimer Wäldchen«. **Zeiten:** Mitte
April – Mitte Sept täglich 11 – 19 Uhr.

▶ Am Ostrand des weitläufigen Volksparks
Niddatal befindet sich ein großes Wasserspielbecken. Die Sprühfelder machen vor allem den
schon etwas größeren Kindern reichlich Freude.
Das sehr flache Becken findet aber auch regen
Zuspruch von kleineren Kindern, weil es sich
zugleich als Plantschbecken nutzen lässt.
Ihr könnt den Besuch mit allerlei Aktivitäten im
umgebenden Volkspark Niddatal mit seinem
dichten Wegenetz, großen Wiesen und Spielplätzen verbinden.

Amazonien an der Rödelheimer Nidda: Brentanopark & Solmspark

Ffm-Rödelheim. **Anfahrt:** Bus 34 bis Parkweg. Rad: Am Nidda-Radweg.

▶ Am Rande von Rödelheim bieten gleich zwei Parks schöne Spaziergänge für Kinderwagen und kleine Kids. Zwischen beiden führt die Rödelheimer Landstraße hindurch, an der sich auch ein Kiosk befindet. Der nördliche, der **Brentanopark,** grenzt im Norden an das Brentanobad. Der Park besitzt eine farbenprächtige Blumenrabatte.

Der südliche, der **Solmspark,** weist mehrere botanische Raritäten auf, insbesondere die Kaukasische Flügelnuss. Versucht doch mal herauszufinden, wo dieser Baum steht. Die Nidda besitzt im Bereich der beiden Rödelheimer Parks mehrere Seitenarme, die Inseln bilden. In diesen Abschnitten sieht es stellenweise fast wie im Urwald am Amazonas aus.

Waldspielpark Louisa

Stadtwald, Mörfelder Landstraße, ✆ 069/632404. **Anfahrt:** S3, 4 Louisa, Straba 14 Bhf Louisa oder Stresemannallee. Parken an der Darmstädter Landstraße. **Zeiten:** freier Zugang, Betreuung April – Sept 10.30 – 19 Uhr. **Infos:** Toiletten vorhanden.

▶ Der Waldspielpark Louisa lässt Kinderherzen höher schlagen. Die Liegewiese und die Spielfläche sind geräumig und ansprechend. Schaukeln, Hütten, ein großes Holzschiff und ein Klangweg sind beliebte Anziehungspunkte. Noch mehr los ist sogar auf der steilen Hangrutsche. Nur an heißen Sommertagen muss sie diese Aufmerksamkeit mit der kleinen Rutsche des Plantschbeckens und dem Wassersprühfeld teilen.

Südlich vom Solmspark und nördlich vom Brentanobad gibt es **Spielplätze,** in beiden Parks könnt ihr picknicken.

Der Amazonas ist der längste Strom Südamerikas. Ohne alle Kurven Biegungen und Schleifen 6518 km! Viel dichter Urwald umgibt seine Ufer.

Waldspielpark Carl-von-Weinberg

Golfstraße, Ffm-Niederrad. Handy 0170/33830228.
Im Stadtwald, zwischen Golf- und Flughafenstraße.
Anfahrt: Straba 21 oder Bus 61 Oberforsthaus.
Zeiten: freier Zugang, Betreuung April – Sept 10.30 –
19 Uhr. **Infos:** Hunde nicht erlaubt.

▶ Der schöne Waldspielpark besteht aus zwei
von einem kleinen Waldstreifen getrennten Plätzen. Der kleinere östliche Teil verfügt über eine
Hütte und eine Hangelseilbahn. Mehr Trubel
herrscht im viel größeren westlichen Teil mit seinen ausgedehnten Spiel- und Liegeflächen und
allerlei Spielgeräten, darunter auch zwei Tischtennisplatten. Die Attraktion des Platzes ist aber
die steile Rutsche an einem künstlichen Hang.
Gut auch, dass ein Kiosk und ein WC vorhanden sind. Schade, dass der Wald den Autolärm
der nahe gelegenen Mörfelder Landstraße nur
begrenzt schlucken kann.

Maininsel als Licht- und Luftbad

Werkstatt Frankfurt, Niederräder Ufer 10, 60528 Ffm-
Niederrad. www.werkstatt-frankfurt.de. **Anfahrt:** Straba
12, 15, 19, 21 Heinrich-Hoffmann-Straße/Blutspendedienst. **Zeiten:** April – Sept 10 Uhr bis Einbruch der
Dunkelheit.

▶ Ein Nachmittag auf einer Insel mitten im
Main ist mal was ganz anderes. Über einen
schmalen Steg kommt ihr rüber. Auf der Insel
könnt ihr spielen, herumtollen, in einer Riesenbuddelkiste oder am Sandstrand rummatschen
oder den vorbeiziehenden Schiffen zuschauen –
nur im Fluss baden, das geht nicht. Aber Hunger und Durst – das Problem kann gelöst werden, denn auf der Insel bietet sogar ein Lokal
mit Tischen im Freien Snacks und Getränke an.
Eine Open-Air-Dusche wäscht den Dreck weg.

 2003 gab es
erstmals ein
Sommerfest auf der
Insel. Für Kinder wurde
sogar eine Hüpfburg
aufgebaut.

Waldspielpark Schwanheim

☎ 069/358599. **Anfahrt:** Straba 12, 19, Bus 51, 62 Rheinlandstraße. Parken vor dem Waldspielpark.

Zeiten: freier Zugang, Betrieb der Wassersprühanlage bei schönem Wetter ab 22 Grad.

▶ Der populäre Schwanheimer Waldspielpark liegt nur wenige hundert Meter südlich des gleichnamigen Frankfurter Vororts. Hauptattraktionen auf dem großen Waldgelände sind unangefochten das Wasserspielbecken mit seinem Sprühfeld, wo es turbulent zugeht, und die steile Hangrutsche. Ihr könnt euch hier aber auch mit einer Seilbahn oder beim Basketball und Tischtennis vergnügen. Die großen Liegeflächen eignen sich wunderbar zum Picknicken. Von April bis September könnt ihr euch zudem am Kiosk mit kleinen Gerichten und Getränken versorgen.

In der Nähe des Eingangs zum Waldspielplatz befindet sich ein **Grillplatz** mit offenen und überdachten Feuerstellen. Nahe sind auch das Verkehrsmuseum Schwanheim und der Kobelt-Zoo.

Abenteuerspielplatz Sachsenhausen

Stresemannallee, ☎ 069/618120, fast am Südende der Stresemannallee. **Anfahrt:** S5, 6 Stresemannallee, Linie 14 Riedhof. **Zeiten:** Mo – Fr 15 – 19 Uhr.

▶ Das Gelände des Sachsenhäuser Spielplatzes ist urwüchsig mit Büschen und Bäumen bedeckt, also ein kleines Stück Wildnis zwischen den Betonbettenburgen. Auch hier könnt ihr Hütten bauen. Viel Spaß scheinen manche Kinder an der mächtigen Lokomotive zu haben, andere lieben das große Kriechtunnelrohr oder machen Lagerfeuer. Es gibt aber noch viel mehr. Damit junge Baumeister richtig loslegen können, steht ihnen ein Materialschuppen zur Verfügung. Bei Regen könnt ihr in diverse Hütten flüchten.

Waldspielpark Scheerwald

✆ 069/653897. **Anfahrt:** Straba 15, 16 Buchrain-straße, danach 1 km zu Fuß zur Sachsenhäuser Land-wehr. Parkplatz vor der Sportanlage Beckerwiese.

Zeiten: Frei zugänglich, Betreuung April – Sept 10.30 – 19 Uhr.

▶ In diesem großen Waldspielpark südöstlich von Sachsenhausen erwartet euch nicht nur ein Spielplatz mit recht vielen Geräten, sondern auch ein Wassersprühfeld, 2 Bolzplätze, eine Minigolfanlage, 4 überdachte Tischtennisplatten, ein Rollschuhfeld, ein Basketballplatz und ein Grillplatz. WC und Umkleideräume sind vorhanden. An heißen Sommertagen macht sich angenehm bemerkbar, dass der gesamte Spielpark unter Schatten spendenden Bäumen liegt.

Waldspielpark Goetheturm

Sachsenhäuser Landwehrweg, Ffm-Sachsenhausen.

✆ 069/69685113. **Anfahrt:** Bus 960, 961, 962, 963 Sachsenhäuser Warte. Parkplatz am Wendelsweg.

Zeiten: Frei zugänglich, Betreuung April – Sept 10.30 – 19 Uhr. **Infos:** Toilette vorhanden.

▶ Kinder lieben an diesem vielseitigen Waldspielgelände vor allem das Plantschbecken und die lange, steile Hangrutsche. Aber auch die anderen Spielgeräte sind nicht zu verachten. Für zusätzlichen Spaß sorgt die Besteigung des 43 m hohen **Goetheturms** aus dem Jahre 1931 (10 – 18 Uhr). Wenn ihr die 196 Stufen bewältigt habt, ist euch ein atemberaubender Rundblick auf Frankfurt, Offenbach und viel Wald garantiert. Versucht doch mal, euer Haus oder zumindest euren Stadtteil zu entdecken!

Hunger & Durst

Restaurant, Bistro, Café Goetheruh, neben dem Turm, 60599 Frankfurt, ✆ 069/ 686830, Fax 623453, täglich 10 – 22 Uhr und länger, im Sommer auch Biergarten, kleine und größere Gerichte, Kaffee und Kuchen, kalte Getränke, Eis; ferner zahlreiche Bänke zum Picknick oder einfach Ausruhen.

Abenteuerspielplatz Sindlingen

Kinder- und Jugendhaus Sindlingen, Sindlinger Bahnstraße 124, 65931 Ffm-Sindlingen. ✆ 069/372141, kjh-sindlingen@t-online.de. **Anfahrt:** S1 Sindlingen, nahebei. **Zeiten:** April – Okt Di, Mi, Do 14 – 18 Uhr.

▸ Wie auf den meisten Abenteuerspielplätzen wird auch auf dem Gelände des Kinderhauses Sindlingen von 6- bis 12-jährigen Kids für den Bau von Hütten geklopft, genagelt und gehämmert. Im Kreativbereich wird gebastelt und gezeichnet, und der Bereich Sport und Spiel reicht von Fußball bis »Mensch ärgere dich nicht«. Zeiten besonderen Andrangs sind die Ferienspiele im Sommer und Herbst.

Abenteuerspielplatz Kiefernstraße

Kiefernstraße, 65933 Ffm-Griesheim. ✆ 069/38997336. **Anfahrt:** Straba 11, 21, Bus 59 Waldschulstraße. **Zeiten:** Mo – Fr 12.30 – 17 Uhr.

▸ Wie es sich für einen Abenteuerspielplatz gehört, werden hier Holzhütten gebaut. Da geht es natürlich beim Sägen und Hämmern lautstark zu. Es sind aber noch viele andere Aktivitäten möglich. Die verrate ich allerdings nicht, ihr wollt doch bestimmt auch etwas selbst entdecken!

Grillplätze und -hütten in Frankfurt

Bonames, im Nordpark östlich der Homburger Landstraße Wiese mit Grillmulden, Grillgerät mitbringen, Multikultiszene.

Fechenheim, Waldspielpark Heinrich-Kraft-Park: großer Grillplatz mit offenen und überdachten Feuerstellen, Kiosk und Toiletten vorhanden. Am Wochenende frühzeitig einfinden, die Grills sind rasch belegt!

Leuchte, zwischen Fechenheim und Bergen-Enkheim im Wald.

Mainvorland, am Westrand von Griesheim bei der Europabrücke.

Ostpark, Grillplatz im Parkgelände, Weiher in der Nähe.

Rebstock, Parkgelände mit Weiher, Feuerstellen, Grillgerät mitbringen, Multikultiszene.

Römerstadt, nördlich der S-Bahnbrücke, Wiese mit hohen Bäumen, Feuerstellen, Grillgerät mitbringen.

Sachsenhausen: Waldspielpark Scheerwald, 4 überdachte Grillstellen mit je 3 Rosten, Bänke und Tische im Freien, bis 22 Uhr.

Schwanheim, großer Grillplatz, überdachte Feuerstellen, WC und Kiosk im benachbarten Waldspielpark.

Seckbach, im **Lohrpark** auf dem Lohrberg nahe der Lohrbergschänke gibt's Feuerstellen, Grillgeräte mitbringen.

Sindlinger Mainufer, Grillplatz beim Spielpark.

Sossenheim, Grillplatz im *Cäcilia-Lauth-Park* nahe der Autobahn.

 Achtung! Laut Grünanlagen-satzung darf in öffentlichen Grünanlagen nur auf fürs Grillen ausgewiesenen Plätzen gegrillt werden. Dort gibt es kreisrunde Betonflächen, auf denen ihr eure Grillgeräte aufstellen könnt. Einige wenige Tische und Bänke sorgen für bescheidene Gemütlichkeit. Für die Entsorgung von Asche und Glut gibt es Behälter. Der Restmüll kommt in Mülltonnen.

Wintersport in Frankfurt

In Frankfurt fällt selten Schnee und wenn's dann doch mal klappt, verschwindet er schnell wieder. An diesen Tagen müsst ihr kurzentschlossen den Schlitten packen und euch zum Frankfurter »Rodelparadies« **Lohrberg** aufmachen.

Wesentlich mehr und bessere Möglichkeiten für Rodler und Skiläufer bieten jedoch die nahe gelegenen **Taunusberge**.

Es gibt aber auch in Frankfurt eine **Wintersportart**, um die es bestens bestellt ist, und zwar so gut, dass selbst die Kinder aus dem Taunus in

die Main-Metropole kommen. Das ist das Eislaufen, denn in Frankfurt gibt es ein großes Eisstadion.

Eissporthalle Frankfurt

Am Bornheimer Hang 4, 60386 Frankfurt am Main. ℗ 069/212-39308, Fax 212-30825. www.eissporthalle-frankfurt.de. **Anfahrt:** U7 Eissporthalle/Festplatz. **Zeiten:** HS Nov – Mitte März 9 – 22.30, NS Sept, Okt, Mitte März – Mitte April 9 – 12, 15 – 17.30, 20 – 22.30 Uhr, Kassenschluss 1 Std vor Ende der Öffnungszeit. **Preise:** HS 5 €, 10er-Karte 46 €, NS 4, 10er-Karte 37 €; Kinder 6 – 18 Jahre HS 4, 10er-Karte 37, NS 3, 10er-Karte 27 €; pro 10 Kindern in Gruppen freier Eintritt für 1 erw. Begleitperson. **Infos:** Leihschlittschuhe 3 €, als Pfand Lichtbildausweis erforderlich.

▶ Den jungen und alten Eislauffans stehen in und neben der Eissporthalle vier Eisflächen zur Verfügung: die große Halle (1800 qm Eisfläche), die kleine Halle (675 qm Eisfläche), die überdachte Außenfläche (1800 qm) und der 400-m-Außenring (12 m breite Eisfläche). Anfänger fühlen sich auf dem glatten Eis an den umlaufenden Banden der großen Eishalle und der überdachten Außenfläche am sichersten.

In der Eissporthalle trägt auch der Eishockey-Bundesligist **Frankfurt Lions** seine Heimspiele aus – eine gute Gelegenheit mal den Spielkünsten der ausgebufften Cracks zuzuschauen.

Happy Birthday!
Geburtstagskinder freier Eintritt. Lichtbildausweis als Beweis nicht vergessen!
Eiskunstlaufen könnt ihr lernen beim FREC Frankfurter Roll- und Eissportclub, www.frec.de, webmaster@frec.de.

Ferienkarussell: Ferienhits für Kids

Jugend- und Sozialamt, Zeil 57, 60313 Frankfurt am Main. ✆ 069/212-33010, 212-33410 (Ferienkarten), www.frankfurterjugend.de.

▶ In den Sommerferien bietet das städtische **Amt für Jugend und Soziales** in Kooperation mit zahlreichen Institutionen, Vereinen und Organisationen ein umfangreiches und wirklich interessantes Angebot an Tagesaktionen, Stadtteilausflügen, Kurzfreizeiten, integrativen Angeboten, Sportangeboten und Erlebniswochen in Frankfurt. Die einzelnen Aktivitäten könnt ihr der *Broschüre Ferienkarussell* entnehmen.

Auch die ↗ **Museen** sowie der ↗ **Zoo** und der ↗ **Palmengarten** denken sich für die Sommerferien allerlei für den Nachwuchs aus. Das findet ihr übersichtlich angeordnet in dem Faltblatt »Fantasie verleiht Flügel«.

Und da ist auch noch das reichhaltige Sommerferienprogramm der **Spielmobile** des *Abenteuerspielplatzes Riederwald* mit den **Mainspielen** (erste 2 1/2 Ferienwochen Mo – Sa 11 – 19 Uhr am Sachsenhäuser Mainufer. Info: ✆ 069/299888333) und den **Opernspielen** (letzte 2 1/2 Ferienwochen, Mo – Sa 11 – 19 Uhr auf dem Opernplatz und in der angrenzenden Taunusanlage).

Erwähnenswert sind auch die **Ferienspiele** in den *Kindertagesstätten* (Info: Stadtschulamt, Seehofstraße 41, ✆ 069/212-36520 oder -38289) sowie der *Naturfreunde*, der *Evangelischen Kirchengemeinden* (Info: Evangelisches Stadtjugendpfarramt, Stalburgstraße 38, ✆ 069/959149-0) und der *Katholischen Pfarrgemeinden* (Info: Katholisches Jugendamt, Eschenheimer Anlage 21, ✆ 069/1501-170).

 Von großem Nutzen kann die **Ferienkarte** für Kinder von 6 – 16 Jahre sein, wenn ihr häufig davon Gebrauch macht, denn damit könnt ihr kostenlos die öffentlichen Verkehrsmittel benutzen und in die Museen und das Städel sowie die Frei- und Hallenbäder gehen (Ausnahme: Titus Thermen, Rebstockbad, Panoramabad 1 €). Die Ferienkarte kostet 33 €, sie ist erhältlich bei der Tourist Info auf dem Römerberg, der Verkehrsinsel an der Hauptwache und den Sozialrathäusern in den Stadtteilen.

FRANKFURT: NATUR & SPORT

Ferien mit der Frankfurter Rundschau

Unter dem Motto »Ferien zu Hause« bietet die Frankfurter Rundschau in Kooperation mit zahlreichen Einrichtungen in Frankfurt und Umgebung jedes Jahr in den Sommerferien ein tolles und äußerst vielfältiges Programm für »Groß und Klein« an. Etwa ein Schnupperreitkurs für Kinder, auf schwimmenden Planken die Nidda abwärts, eine Experimentalvorlesung in Chemie ... Das Programm und weitere Informationen findet ihr in dem Rundschau-Faltblatt »Ferien zu Hause«.

Mehr Respekt und Rechte für Kids

Frankfurter Kinderbüro, Schleiermacherstraße 7, 60316 Frankfurt am Main. ✆ 069/212-39001, Fax 430247. www.kinderbuero-ffm.de. **Anfahrt:** U4 Höhenstraße. **Zeiten:** Mo – Fr 9 – 17 Uhr. **Infos:** Broschüre Frankfurter Kinderbüro. Für mehr Kinderpower.

Beim Kinderbüro bekommt ihr kostenlos Kinderstadtteilpläne, die von Kindern aus dem Stadtteil und dem Stadtvermessungsamt gemeinsam erstellt wurden. Auf diesen findet ihr viele für Kinder interessante Ziele und Einrichtungen (Spielplätze, Kinderhäuser etc.).

▶ Das Kinderbüro wurde 1991 als kommunale Interessenvertretung für Frankfurter Kinder gegründet. Es kann bei städtischen Planungen bei allen Dezernenten mit dem Hinweis auf spezifische Interessen der Kinder vorstellig werden. Es arbeitet mit Kindern in vielen Projekten zusammen. Dabei werden die Kinder angehört – etwa zu Missständen auf Spielplätzen, in Freizeitanlagen oder im Straßenverkehr. Anschließend wird versucht, in gemeinsamer Arbeit die Situation zu verbessern.

Außerdem versorgt das Kinderbüro Kinder mit umfangreichem Informationsmaterial und bietet ihnen bei individuellen Konflikten und Krisen in Kooperation mit dem Kinderschutzbund Beratung und Hilfe – sogar an Wochenenden.

FRANKFURT: WISSEN & KULTUR

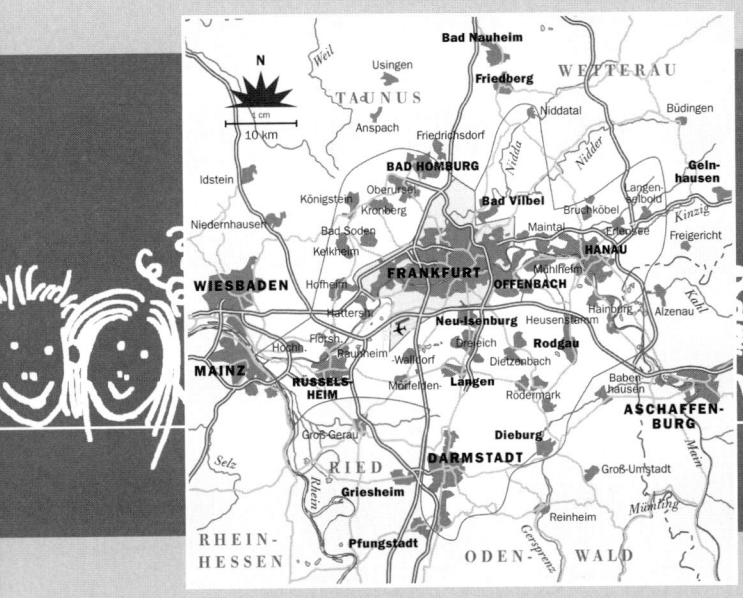

FRANKFURT: NATUR & SPORT

FRANKFURT: WISSEN & KULTUR

OFFENBACH & HANAU

VOR DER MAINMÜNDUNG

AM SÜDHANG DES TAUNUS

BAD VILBEL – NIDDATAL

DARMSTADT & UMGEBUNG

LANGEN – RODGAU

INFO & KARTEN

Eine Stärke von Frankfurt ist das große Angebot an hochkarätigen Museen sowie das vielseitige Theater. Aber auch das Angebot der Musik-, Tanz- und Ballettschulen ist überaus fantasievoll. Sie alle bieten nicht nur sporadisch mal etwas für Kindern, sondern bemühen sich mit kinderfreundlichen Pädagogen sehr engagiert um die künstlerischen und kreativen Seiten bei den Kids. Wie alle kulturellen Einrichtungen haben sie wie auch die städtischen Bibliotheken mit Etatkürzungen zu kämpfen. Schön also, wenn sich nicht nur die Kinder interessieren, sondern vielleicht auch die Eltern engagieren!

DIE KREATIVEN SEITEN DER STADT

Bahnen & Betriebe

TECHNIK & GESCHICHTE

Stadtrundfahrt mit der bunten alten Tram

Ebbelwei-Express, 60311 Frankfurt am Main. ✆ 069/212-22425, www.vgf-ffm.de. info@vgf-ffm.de. **Anfahrt:** ↗ Zoo. **Preise:** 5 €; Kinder bis 15 Jahre 2,50 €; Wagen-Charter für 2 Std 154 €, 2 Wagen 256 €, 3 Wagen 338 €. **Infos:** VGF-Kundenzentrum, Kurt-Schumacher-Straße 10, 60311 Frankfurt am Main, ✆ 069/213-22425, Fax -22727.

▶ Mit dem bunt bemalten Tramwagen von vor hundert Jahren durch die Stadt zu rattern ist ein Spaß, den sich viele Familien mit Kindern gönnen. Der **Ebbelwei-Express** – nach dem Frankfurter Traditionsgetränk benannt – fährt an Samstagen, Sonn- und Feiertagen. Die vergnügte Stadtrundfahrt führt vom Zoo über das Allerheiligentor, den Römer, den Hauptbahnhof, die Schweizerstraße, den Lokalbahnhof und das Allerheiligentor schließlich wieder zum Zoo zurück. Es besteht auch die Möglichkeit, gleich die ganze Straßenbahn zu chartern. So mancher Kindergeburtstag ist in diesem poppigen Nos-

Tipp: Termine und Beschreibung der Strecke mit ihren Sehenswürdigkeiten bietet eine kleine Broschüre der VGF.

talgiebähnchen schon gefeiert worden. Die Route könnt ihr übrigens auch nach euren Vorstellungen verabreden.

Mit dem Palmen-Express durch den Palmengarten

www.palmen-express.de. **Anfahrt:** ↗ Palmengarten.
Zeiten: Anfang April – Ende Sept. **Preise:** 1 €, 10er-Karte 7, Jahreskarte 35 €; Kinder 0,50 €, 10er-Karte 3,50, Jahreskarte 17,50 €.

▶ Eine Elektro-Lok mit 50 Sitzplätzen in bunten Wagen bummelt durch den Palmengarten. Die Fahrt führt von der Haltestelle Papageno Theater im Südwesten zur Haltestelle an der Spielwiese im Nordosten. Die Fahrt dauert 7 Minuten.

An beiden Haltestellen warten auf euch tolle Spielplätze. An der südwestlich gelegenen ist der Weiher mit Bootsverleih nahe, an der nordöstlichen ein Minigolfplatz.

In der Nostalgiebahn am Frankfurter Mainufer entlang

Historische Eisenbahn Frankfurt e.V., Postfach 900345, 60443 Frankfurt am Main. www.historische-eisenbahnfrankfurt.de. **Anfahrt:** U4, 5 bis Römerberg.
Preise: Eiserner Steg – Griesheim und zurück bzw. – Mainkur und zurück ein Ziel 4 €, beide Ziele 6 €; Kinder 6 – 12 Jahre ein Ziel 2 €, beide 3 €; Familie mit 2 Erw. und max. 4 Kinder 9,50 €. **Infos:** Termine der Eisenbahnfahrten im Internet.

▶ Mindestens an einem Wochenende im Monat könnt ihr von September bis Juni auf den Gleisen der alten Hafenbahn hinter einer Diesel- oder Dampflok oder per Triebwagen am Frankfurter Mainufer entlangrollen. Gestartet wird am Eisernen Steg/Nordufer, Ziele sind Griesheim Übergabebahnhof im Westen bzw. Mainkur Stellwerk IV Fechenheim im Osten.

Mit der Feldbahn im Rebstockpark unterwegs

Frankfurter Feldbahnmuseum, Am Römerhof 15a, 60486 Frankfurt am Main. ✆ 069/709292, www.feldbahn-ffm.de. ffmev@feldbahn-ffm.de. **Anfahrt:** Bus 34, 50 Leonardo-Da-Vinci-Allee. **Zeiten:** Museumstage (ohne Fahrbetrieb) 1. So im Monat 14 – 17, 1. Fr im Monat 17 – 19 Uhr. **Preise:** 4 €; Kinder 4 – 14 Jahre 2 €; Familienkarte (2 Erw. + Kinder) 10 €. **Infos:** Termine der Fahrtage, Feste und Sonderveranstaltungen im Internet.

 An besonderen Fahrtagen werden auf Feldbahnen, die im Personentransport eingesetzt waren, Fahrten auf der 1,2 km langen museumseigenen Strecke in den Rebstockpark angeboten.

▸ Seit den 1950er Jahren wurden die im innerbetrieblichen Materialtransport in Steinbrüchen, Ziegeleien, Kiesgruben und Industriebetrieben genutzten Kleinbahnen – auch Feldbahnen genannt – innerhalb von wenigen Jahren fast überall durch Lastwagen und Förderbänder verdrängt. Das Museum auf dem Rebstock bietet eine der wenigen Ausstellungen, wo ihr dieses Transportsystem der Torf-, Tongruben- und Ziegeleibahnen, Industrie-, Steinbruch-, Trümmer-, Untertage- und Forstwirtschaftsbahnen usw. in einer recht großen Vielfalt erleben könnt. Dabei ist richtig was los, z.B. werden so typische Aktivitäten wie das Rangieren, Kohle- und Wasserfassen, Kuppeln und Weichenstellen demonstriert.

Feuerwehr und Feuerlöschboot

Branddirektion, Feuerwehrstraße 1, 60435 Frankfurt am Main. ✆ 069/212-72041, Fax 212-72049. www.stadt-frankfurt.de/feuerwehr/. **Zeiten:** Nach Absprache Führung für Gruppen; spezielles Brandschutzerziehungsprogramm für Vorschul- und Grundschulkinder. **Preise:** alles kostenlos.

▸ Für viele Jungen ist Feuerwehrmann ein Traumberuf. Inzwischen zeigen aber auch in

Kinder ab 10 Jahre können sich der Jugendfeuerwehr anschließen, es gibt sie in verschiedenen Frankfurter Stadtteilen.

wachsender Zahl Mädchen Interesse für diese »heldenhafte« Aktivität, die in Actionfilmen einen festen Platz hat. Da ist es doch ein spannendes Unternehmen, mal eine der sieben Frankfurter Feuerwachen zu besichtigen, sich die Löschgeräte und -fahrzeuge, die hohen Leitern und die Schutzanzüge anzusehen und sich von einem richtigen Feuerwehrmann erklären zu lassen, wie die Einsätze ablaufen.

Außerdem könnt ihr das im Osthafen ankernde massige **Feuerlöschboot** inspizieren, dessen drei Wasserkanonen 120 m weit spritzen können! Für die Führungen müsst ihr mindestens 6 Jahre alt sein und Gruppen von mindestens 10 Personen anmelden.

Rhein-Main-Flughafen

Besucherservice, 60549 Frankfurt am Main. ✆ 069/690-70291 bis -4, Fax 690-53341. www.frankfurt-airport.de. **Anfahrt:** S8, 9 Flughafen. **Zeiten:** Besucherterrasse Nov – Feb 10 – 18.30, März – Okt 8 – 20.30 Uhr. **Preise:** Besucherterrasse 3 €; Kinder 6 – 15 Jahre 2 €; Familienticket (2 Erw. mit 2 – 3 Kindern bis 15 Jahre) 9 €.

▶ Es gibt verschiedene Möglichkeiten, einen Einblick in den Flughafen zu gewinnen. Als Passagier, am besten auf den Weg in die Ferien. Oder als Zaungast. Frei zugänglich sind die großen Abflughallen und darunter die Ankunftsebene mit ihren Geschäften. Die **Besucherterrasse** hingegen kostet Eintritt. Aber da wird es erst so richtig spannend: Ihr könnt die Flugzeuge beim Starten und Landen beobachten, beim Ein- und Ausladen zusehen und versuchen, das übrige geschäftige Treiben zu enträtseln. Als besonders gut gilt der Ausblick vom Panoramadeck der Besucherterrasse im Terminal 1.

Besonders stark sind die Umweltbelastungen durch den Ausstoß der Flugzeuge in 10 – 12 km Höhe und der gewaltige Verbrauch der knappen Ressource Öl durch dieses energieintensive Verkehrsmittel. Aber es liegt ja auch an euch: Ihr müsst ja nicht in Urlaub fliegen!

Erheblich mehr gibt es auf den 45-, 90- und 250-minütigen **Rundfahrten** zu sehen und erleben. Dabei wird der berühmte Blick hinter die Kulissen gewährt, wobei der sich meist auf das Vorfeld und das Terminal 2 beschränkt. Obwohl die FAG, die Flughafenbetreiberfirma, sich Umweltschutz auf die Fahnen geschrieben hat und mit Regenwassernutzungsanlage und Dachbegrünung ein wenig dazu beiträgt, wird in Broschüren und Erklärung doch lieber nicht darauf eingegangen, dass das Fliegen schlimme Folgen für Gesundheit von Mensch und Umwelt hat. Etwa der enorme Fluglärm, der das Leben in den zahlreichen Gemeinden der Einflugschneisen unerträglich macht, oder die große Waldfläche, die dem Bau der Startbahn West 1984 zum Opfer fiel. Und nun ist eine weitere Startbahn geplant.

Die Argumente der Gegner des Flughafenausbaus sind in der Broschüre »Für ein lebenswertes Rhein-Main-Gebiet: Nein zum Flughafenausbau« kurz und verständlich dargestellt. Noch mehr Informationen und Aktuelles findet ihr auf der Webseite der Ausbaugegner, www.flughafen-bi.de.

Museen & Galerien

Von der Pfalz zur frühen Stadt: Historisches Museum

Saalgasse 19 (Römerberg), 60311 Frankfurt am Main. ✆ 069/212-35599, Fax 212-30702. www.historisches-museum.frankfurt.de. info.historisches-museum@stadt-frankfurt.de. **Anfahrt:** U4, 5, Straba 11, 12 Römer. **Zeiten:** Di 10 – 17, Mi 10 – 20, Do, Fr 10 – 17, Sa 13 – 17, So 10 – 17 Uhr. **Preise:** 4 €; Kind 2 €.

▶ Das Historische Museum bietet mit seinen verschiedenen Abteilungen in Dauer- und Sonderausstellungen einen Überblick zur Stadtgeschichte Frankfurts von den Anfängen bis zur Gegenwart. Neben dem Modell der Altstadt wie sie vor ihrer Zerstörung 1944 aussah ist die Dauerausstellung »**Von der Pfalz zur frühen Stadt**«

besonders interessant. Sie gibt Einblick in mittelalterliches Leben und zeigt, wie sich nach und nach eine Stadt entwickelte. Bestandteil dieser Ausstellung ist die »Altstadtgrabung«, die 1970 beim Neubau des Historischen Museums in Gang kam. Unterirdische Reste des *Saalhofs* – der Königsburg der Staufer am Main – wurden freigelegt und zu einer begehbaren Ausstellung gestaltet. Zu sehen sind Teile eines Brunnens, Kanäle und eine Sickergrube, Mauerreste, Kellerräume und vieles mehr. Mit Hilfe eines Suchspiels können Schulklassen und andere Kindergruppen diese Ausstellung selbstständig erkunden.

Kindermuseum des Historischen Museums

Saalgasse 19, 60311 Frankfurt am Main. ℭ 069/212-35154, Fax 212-42078. www.kindermuseum-frankfurt.de. info.kindermuseum@stadt-frankfurt.de. Zwischen Römer und Eisernem Steg. **Anfahrt:** ↗ Historisches Museum, Römer. **Zeiten:** ↗ Historisches Museum. **Preise:** 4 €; Kinder 2 €; Familie 9 €.

▶ Das Kindermuseum bietet wechselnde Ausstellungen zu spannenden Themen, betreibt jedoch keine Dauerausstellung. Zuletzt zeigte es das »Leben im, am und auf dem Main« und war »Den Großstadtpflanzen auf der Spur«. Die Ausstellungen sind zum Mitmachen konzipiert. Hier könnt ihr nicht nur viele Informationen sammeln, sondern auch richtig aktiv werden, denn neben speziellen Führungen werden Projekttage durchgeführt. Bei der Ausstellung »Großstadtpflanzen« konnten sich Kindergruppen und Schulklassen beispielsweise in den vier Bereichen Forscher-Station, Textil-, Mal- und Design-Werkstatt betätigen. Das ist aber längst

@ Da die vielen Angebote des Kindermuseums für Kinder, Familien, Kindergartengruppen und Schulklassen nicht im Einzelnen aufgelistet werden können, besorgt ihr euch am besten das Programm oder schaut im Internet nach, www.kindermuseum-frankfurt.de.

nicht alles, was dieses rührige Kindermuseum zu bieten hat:

Sein 100 Jahre alter **Kolonialwarenladen** öffnet jeden letzten Sonntag im Monat seine Tür für Kinder ab 6 Jahren (mit Begleitung). Dabei dürft ihr auch in alte Kostüme schlüpfen.

Im **Herbst und Winter** können Familien mit Kindern ab 6 Jahren zweimal im Monat So 14.30 – 16.30 Uhr Einblick in die Werkstätten des Kindermuseums nehmen – schauen, ausprobieren und mitmachen.

In den **Sommerferien** ist hier im Rahmen der Ferienspiele einiges los. Es gibt Tageswerkstätten und Wochenkurse zu allerlei spannenden Themen.

Von Mai bis Juli begleitet das Kindermuseum das **Spielmobil** vom *Abenteuerspielplatz Riederwald* auf seiner Schulhoftournee durch verschiedene Frankfurter Stadtteile.

Geburtstagsparty im Kindermuseum

Saalgasse 19 (Römerberg), 60311 Frankfurt am Main. ✆ 069/212-35154, Fax 212-42078. www.kindermuseum-frankfurt.de. **Anfahrt:** ↗ Historisches Museum. **Zeiten:** Di – So 14.30 – 16.30 Uhr, Gruppe bis 10 Kinder und 2 Erwachsene 75 €, jede weitere Person 5 €, Kuchen und Getränke können mitgebracht werden. Druckerparty: Mi, Sa 3 Std für 100 €. **Infos:** Mo und Fr 10 – 12, Mi 14 – 16.30 Uhr. Einige Themen stehen fest, andere ergeben sich aus Sonderausstellungen.

▶ Die Kindergeburtstage im Kindermuseum sind etwas Originelles. Für jede Altersgruppe gibt es eigene Themen und Aktivitäten. Die 5-Jährigen formen Ton, die 7-Jährigen spielen das Leben im Kolonialwarenladen vor 100 Jahren nach und die 9-Jährigen gehen auf Rallye durch die Altstadtgrabung und erfahren, wie die

Happy Birthday
Fordert das Faltblatt
»Kindergeburtstage im Museum« an!

Frankfurter im Mittelalter lebten; zum Abschluss speisen sie sogar wie in jener Zeit.

Römer in Nida: Archäologisches Museum

Karmelitergasse 1, 60311 Frankfurt am Main. ✆ 069/ 212-35896, 212-35895 (Museumspädagogik), Fax 212-30700. www.archaeologisches-museum.frankfurt.de. info.archaeolmus@stadt-frankfurt.de. **Anfahrt:** U1 – 5 Willy-Brandt-Platz, U4, 5 Römer, Straba 11, 12 Willy-Brandt-Platz oder Römer. **Zeiten:** Di – So 10 – 17, Mi bis 20 Uhr, Führungen So 11 Uhr, kostenlos. **Preise:** 5 €; Kinder 2,50 €. **Infos:** Flyer vorhanden; für Rollstuhlfahrer eingerichtet.

Happy Birthday!
Auch euren Geburtstag könnt ihr im Archäologischen Museum feiern. In der Steinzeitwerkstatt, mit griechischen oder römischen Spielen oder nach anderen Ideen. Dauer ca. 1 1/2 Std, 60 € + 2 € Eintritt pro Kind, Erw. 4 €.

▶ Das Archäologische Museum ist in der Kirche des ehemaligen Karmeliterklosters eingerichtet. Es zeigt in seinen fünf Abteilungen hauptsächlich Fundstücke aus Frankfurt und Umgebung aus vorgeschichtlicher Zeit, der Römerzeit – insbesondere der römischen Siedlung Nida an der Stelle des heutigen Heddernheim – und des frühen Mittelalters. Aus der Römerzeit sind z.B. schöne Reiterhelme zu sehen, ein Model der Badeanlagen in Nida. Des Weiteren ist Kleinkunst der klassischen Antike und des Alten Orients zu sehen, und gelegentlich finden Sonderausstellungen statt.

Nicht für alle Kinder mag der Besuch des Museums spannend sein, da sich die meisten Stücke in Vitrinen befinden und auch nichts angefasst werden darf. Da empfielt es sich, an einer speziellen **Familienführung** teilzunehmen, wo auch auf Kinder eingegangen wird (Termine im Programm des Museums). Wenn Eltern auf eigene Faust einen Museumsbesuch mit ihren Kindern planen, sollten sie sich auf eine Abteilung begrenzen und vorbereiten – etwa die Römerzeit, die umfangreich dargestellt wird und auch interessante Einblicke in verschiedene Bereiche des Lebens in einer römischen Siedlung bietet.

Ein breites **museumspädagogisches Programm** und entsprechende Kinderwerkstätten bieten Schulklassen und anderen Gruppen neben gezielten Gesprächsführungen die Möglichkeit, selbsttätig in eine vergangene Zeit einzutauchen und sie erlebbar zu machen – etwa mit Geräten und Methoden der Steinzeit Getreide mahlen, Feuer zünden oder Werkzeug aus Stein herstellen. In den Ferien könnt ihr euch für mehrtägige interessante Kurse anmelden (Programm besorgen!).

Verblüffende Erscheinungen: Explora

Museum für Wissenschaft & Technik, Glauburgplatz 1, 60318 Frankfurt am Main. ✆ 069/788888, Fax 787777. www.EXPLORAmuseum.de. GoStief@aol.com. **Anfahrt:** U5, Bus 30 Glauburgstraße, Straba 12 Rohrbach-/Friedberger Landstraße. **Zeiten:** Di – So 11 – 18 Uhr, Führungen für Schulklassen und andere Gruppen n.Vb. **Preise:** 8 €; Kinder 4 – 5 Jahre 4 €, 6 – 12 Jahre 5 €, 13 – 17 Jahre 6 €, Familie 24 €. **Infos:** Informative Broschüre zum Museum für 3 €.

▶ Im Explora könnt ihr – im Wortsinne – euren Augen nicht trauen. Nichts ist in Wirklichkeit so, wie es auf den ersten Blick scheint – und das macht die Sache so spannend. Auf einem Lamellenbild z.B. seht ihr Luther, schaut ihr das Bild ein wenig anders an, erscheinen Zwingli oder Calvin – drei Personen in ein und demselben Bild. Oder die Skulptur, die plötzlich wie ein lebendiges Mädchen wirkt und euch anlächelt. Mit der Rot-Grün-Brille, die ihr für bestimmte Bilder bekommen habt, merkt ihr nach einigem Hinsehen, wie sich eine dreidimensionale Wahrnehmung, ein räumliches Sehen einstellt. Auch

Happy Birthday!
Geburtstag im Explora: Eine Führung und ein gedeckter Tisch im Café des Museums für bis zu 20 Personen kostet 100 €.

FRANKFURT: WISSEN & KULTUR

schon für jüngere Kinder sehr schön sind die vielen Guckkästen mit Stereografien ganz unterschiedlicher Motive: Frankfurt um die Jahrhundertwende, der kleine Muck, Insekten, Schmetterlinge, Raupen, Bienen, Wespen ... Alles wirkt erstaunlich lebendig, so als würdet ihr aus nächster Nähe das Leben in einem Bienenstock oder Wespennest beobachten. Auch mit Schall und Klang könnt ihr verblüffende Erfahrungen machen und knifflige Spiele ausprobieren.

Aber natürlich kann alles, was so wundersam erscheint, durchaus mit den Gesetzen der Physik und den Fähigkeiten des menschlichen Gehirns erklärt werden.

Erfinder des Struwwelpeter: Das Heinrich-Hoffmann-Museum

Schubertstraße 20, 60325 Frankfurt am Main. ✆ 069/747969, Fax 742581. www.struwwelpeter-haus.de. info@struwwelpeter-haus.de. **Anfahrt:** U1 – 5 und Straba 11, 12 Willy-Brandt-Platz. **Zeiten:** Di – So 10 – 17 Uhr. **Preise:** 1 €; Kinder frei; Führungen n.Vb. Erw 2, Kinder 1,50 €.

▶ Zur Erinnerung an den Frankfurter Arzt (1809 – 1894), der als Autor des »Struwwelpeter« – weltberühmt wurde, wurde das Heinrich-Hoffmann-Museum in der Schubertstraße eingerichtet. Ausgestellt sind u.a. seltene und exotische Ausgaben des Struwwelpeters, witzige Struwwelpeter-Parodien sowie Bilder und Dokumente, die Heinrich Hoffmanns Leben als Arzt und Reformer der Psychiatrie in Frankfurt würdigen. Aber auch bissige Satiren des politisch engagierten Bürgers Hoffmann sind zu sehen. Soweit eher etwas für Erwachsene. Aber: Für Kindergärten, Hortgruppen und Schulklassen werden **Mitmach-Führungen** angeboten,

Ferienspiele werden angeboten, und 15 Kinder zwischen 5 und 10 Jahren können hier ihren Geburtstag feiern, Dauer 3 Std, 36 € + 16 € für eine Führung, falls erwünscht. Sept – April monatlich 1 – 5 **Aufführungen** verschiedener Kindertheater (Puppen-, Figurentheater). Erw. 4, Kinder 3,50 €.

die etwa 1 1/2 Std dauern. Eine Ton-Dia-Schau, Spielstationen, eine Struwwelpeter-Rallye und ein extra Spielzimmer mit Struwwelpeter-Kostümen warten auf Kinder. Ihr könnt euch verkleiden und Feuer-Paulinchen oder Hans-Guck-in-die-Luft spielen.

Fußabdrücke der Dinosaurier: Naturmuseum Senckenberg

Senckenberganlage 25, 60325 Frankfurt am Main. ℅ 069/7542-0, Fax 746238. www.senckenberg.de. **Anfahrt:** U4, 6, 7 und Straba 16 Bockenheimer Warte, Bus 32, 33, 50 Senckenbergmuseum. **Zeiten:** Mo, Di, Do, Fr 9 – 17, Mi 9 – 20, Sa, So, Fei 9 -18 Uhr; Mi 18 Uhr Führungen für Einzelbesucher zu ausgewählten Themen, So, Fei 10.30 Uhr allgemeine Führungen; Themen-Führungen für angemeldete Gruppen wie Schulklassen, Kindergärten und Familien. **Preise:** 5 €; Kinder 6 – 15 Jahre 2 €; preiswerte Familienkarte und Gruppentickets. **Infos:** Aktionsmappen, Kindermuseumsführer, Spiele.

▶ Das Senckenbergmuseum ist *das* Naturmuseum der Region. Jährlich kommen etwa 300.000 Besucher – in der Mehrheit übrigens Kinder und Jugendliche. Der große pädagogische Stab bietet jährlich ca. 4000 Führungen an!

Auf drei Etagen wird eine unglaubliche Menge von Ausstellungsstücken und Informationen geboten, die bei einem einzigen Besuch überhaupt nicht zu bewältigen sind. Das Museum zeigt die Entwicklung und heutige Vielfalt der Lebewesen auf der Erde, aber auch die geologische Verwandlung unserer Erde über Jahrmillionen.

Das **Erdgeschoss** ist der Erd- und Lebensgeschichte gewidmet und so ist die erste Begegnung im Museum auch die mit Dinosauriern, über deren Fußabdrücke ihr in den ersten Aus-

Happy Birthday!

Für 4- bis 7-Jährige gibt es einen *Dinosauriergeburtstag,* der für 6 – 8 Kinder 1 1/2 Std dauert und 55 € + Eintritt kostet. Für 7- bis 11-Jährige findet eine Führung statt zu einem Thema, das das Geburtstagskind auswählt und es wird ein Gipsabdruck von einem fossilen Lebewesen erstellt – Dauer 2 Std, 8 – 10 Kinder 55 € + Eintritt. Bei den 11- bis 14-Jährigen wird der 30.000. *Geburtstag des »Modernen Menschen«* mitgefeiert. Was der »Moderne Mensch« ist, erfahrt ihr in einer spannenden Führung. Ihr macht den Sprung in die Steinzeit und stellt etwas her – Dauer 2 1/2 Std, 8 – 10 Kinder, 75 € + Eintritt.

stellungsraum gelangt. Hier könnt ihr euch an einem Touch-Screen einen ersten Überblick über die Ausstellungen im Museum verschaffen, aber auch nähere Informationen über die Exponate. Spannend, per Knopfdruck den Ur-Sound eines Dinos zu hören oder diesen am Bildschirm in Bewegung zu setzen. Für Kinder ist die **Dinosaurier-Ausstellung** – die größte in ganz Deutschland übrigens – die zentrale Attraktion. Nicht minder interessant sind freilich die ägyptischen Mumien und die Fossilien der Urpferdchen aus der weltberühmten ↗ *Grube Messel.*

Ihr findet ein maßstabgerechtes Modell des **Planetensystems**, das ihr sogar in Bewegung setzen könnt. **Vulkanismus** wird erklärt und ihr könnt einen Vulkan ausbrechen lassen. Und verpasst nicht die Schlange Anakonda, die das Wasserschwein verschluckt hat oder die Pflasterzahnechse!

Im **Kino** des privaten Museums werden hauseigene Expeditionsfilme gezeigt.

Tipp: Ihr solltet euch frühzeitig das umfangreiche Ferienprogramm ansehen, das z.T. in Zusammenarbeit mit anderen Museen betrieben wird. Manche Veranstaltungen sind nämlich ganz schnell ausgebucht.

Von der Pferdebahn zur computergesteuerten U-Bahn

Verkehrsmuseum Schwanheim, Rheinlandstraße 133, 60529 Ffm-Schwanheim. ✆ 069/213-26251, Fax 213-22965. www.vgf-ffm.de. presse@vgf-ffm.de. **Anfahrt:** Straba 12, 19, Bus 51, 62 Rheinlandstraße. **Zeiten:** Sa, So, Fei 10 – 18 Uhr sowie n.Vb. **Preise:** 1,50 €; Kinder 0,80 €.

▶ In dem Museum neben dem unter Denkmalschutz stehenden Schwanheimer Bahnhofsgebäude könnt ihr alle Typen von Bussen, Straßen- und U-Bahnen sehen, die einmal im Frankfurter Stadtverkehr eingesetzt waren. Die bunte Palette reicht vom Pferdebahnwagen und Oldtimer-Omnibus bis zu ganz modernen U-Bahn-Fahr-

zeugen aus der jüngsten Vergangenheit. Viele davon könnt ihr auch betreten. Ganz toll ist die »Kinderfahrschule«, hier könnt ihr im Fahrerstand einer Straßenbahn an der Kurbel drehen, Signale geben, Weichen stellen – also richtig Straßenbahnfahrer spielen. Es gibt noch vieles andere in dem interessanten Museum zu sehen – also nix wie hin!

@ Kurzbeschreibungen, Anschriften und Webadressen weiterer Museen in Frankfurt findet ihr unter www.frankfurt.de.

Indianer am Main: Museum der Weltkulturen

Schaumainkai 29 – 37, 60594 Frankfurt am Main. ✆ 069/212-35391, Fax 212-30704. www.mdw.frankfurt.de. museum-weltkulturen@stadt-frankfurt.de. **Anfahrt:** U1 – 3 Schweizer Platz, Straba 15, 16 Schweizer Straße/Gartenstraße. **Zeiten:** Di, Do, Fr, So 10 – 17, Mi 10 – 20, Sa 14 – 24 Uhr, öffentliche Führungen zu verschiedenen Themen Mi 18, So 15 Uhr; Führungen für Schulklassen und Gruppen nach Voranmeldung; Führungen und Atelierkurse auch in Spanisch, Englisch, Französisch, Griechisch und Türkisch.
▶ Das Museum für Weltkulturen zeigt ausschließlich Sonderausstellungen, diese haben oft ferne, uns weitgehend unbekannte Kulturen zum Gegenstand. So waren in letzter Zeit die Ausstellungen »Aus Mythischen Zeiten. 300 Jahre Schamanismus in Westsibirien« und »Indian Times. Nachrichten aus dem roten Amerika« zu sehen.
Im Museum gibt es das **Interkulturelle Atelier IKAT,** das Kindern, Jugendlichen und Erwachsenen ein spannendes Begleitprogramm zu den Sonderausstellungen bietet; das Museum wird so mit allen Sinnen erlebbar und weckt Verständnis für andere Kulturen. Es umfasst Führungen, Atelierkurse und Workshops, Spiele im Museumsgarten, Kochkurse nach Rezepten an-

Happy Birthday!
Kinder ab 5 Jahre können ihren Geburtstag im Museum der Weltkulturen feiern. Für die Geburtstagsparty stehen verschiedene Angebote zur Auswahl. Dauer 2 1/2 Std, für max. 12 Kinder 110 € + Materialkosten, jede weitere Std 35 €. Info und Anmeldung Mi, Do 10 – 16 Uhr, ✆ 069/212-38362, Fax 069/212-30704, ikat@stadt-frankfurt.de.

derer Kulturen, Märchenstunden, Videovorführungen und Musikethnologie. In den Atelierkursen könnt ihr künstlerisch tätig werden und nach Ideen und Anregungen, die ihr in der Ausstellung gewonnen habt, mit unterschiedlichen Materialien und Techniken eigene Werkstücke gestalten. Auch im Rahmen der Ferienspiele werden spannende Aktivitäten geboten, die an aktuelle Ausstellungen anknüpfen.

Kunst und Handwerk aus Europa und Ostasien: MAK

Museum für angewandte Kunst, Schaumainkai 17, 60594 Frankfurt am Main. ✆ 069/212-34037, 212-38522 (Anmeldung u. Beratung), Fax 212-30703. www.mak.frankfurt.de. info@mak.frankfurt.de.
Anfahrt: U1 – 3 Schweizer Platz, Straba 15, 16 Schweizer Straße/Gartenstraße, Bus 46 Eiserner Steg.
Zeiten: Di – So 10 – 20, Führungen So 15.30 Uhr.
Preise: Monatskarte 1 Erw. und 1 Kind 5 €; Kinder ab 6 Jahre 2,50 €.

▶ Im Museum für angewandte Kunst, kurz MAK, werden Dinge des täglichen Lebens aus verschiedenen Kulturkreisen und Epochen gezeigt, die durch Schönheit und besonderes Design auffallen. Damit erfahrt ihr etwas über Lebensstile und Techniken vergangener Zeiten wie auch anderer Kulturen.

In den ständigen Ausstellungen gibt es Kunst und Handwerk aus Europa und Ostasien zu sehen. Ihr könnt Buchkunst und Grafik bestaunen und vor allem die Abteilung Design. Hier findet ihr Gebrauchsgegenstände wie Stühle, Schreibutensilien, Geschirr und Küchengerät, Handys, Uhren u.v.m., die interessant und mitunter ganz lustig anzusehen sind. Es gibt auch eine Abteilung *Digitalcraft* mit Internetseiten und Com-

Happy Birthday!
Ihr könnt euren Geburtstag im Museum feiern und in den Ferien Workshops belegen. Diese gehen thematisch von den Sonderausstellungen aus. Sie vermitteln einerseits traditionelle angewandte Kunst wie Töpfern, Papier schöpfen, Marmorieren, verschiedene Drucktechniken und Buchbinden sowie digitale angewandte Kunst mit und am Computer. Wie wäre es z.B. mit einem virtuellen Sandwich auf deiner Geburtstagsparty im Museum? Du kannst für deinen Geburtstag aber auch eine Piraten- oder Drachenparty wählen, töpfern oder einen Roboter bauen.

puterspielen. Das Museum wendet viel Platz und Energie auf für Sonderausstellungen.

Für Kids wird eine Menge getan. So bietet das Museum **Führungen und Aktionen** für Schulklassen und außerschulische Gruppen an, die je nach Alter der Teilnehmer ganz unterschiedlich gestaltet werden. In Zusammenarbeit mit Schulen werden auch nachmittags Kurse und Aktivitäten betrieben, die allerdings nur über die jeweilige Schule belegt werden können.

Tipp: Sonntags von 11 – 16 Uhr ist **Familientag**, hier können Kinder ab 4 Jahren – mit oder ohne Eltern – gegen eine Gebühr von 2 € aus Legosteinen Roboter bauen und programmieren. Die könnt ihr dann zu Hause nachbauen! An zwei Sonntagen im Monat gibt es um 15.30 Uhr Führungen für Kids mit anschließender Aktion, in der das Gesehene gestalterisch umgesetzt wird. Sogar eine **Geschmacksschule** für Kids zwischen 6 und 12 Jahren gibt es im Museum. Hier wird gekocht und natürlich zum Schluss gespeist. Der Geschmackssinn der Kinder für natürliche bzw. synthetische Lebensmittel soll dadurch geschärft werden, aber auch praktische Dinge der Nahrungsmittelzubereitung werden vermittelt.

Dicke, dünne, alte und neue Figuren: Zu Besuch im Liebieghaus

Museum Alter Plastiken, Schaumainkai 71, 60596 Frankfurt am Main. ✆ 069/212-38617, Fax 212-37881. www.liebieghaus.de. liebieghaus.amt45d@stadt-frankfurt.de. **Anfahrt:** U1 – 3 Schweizer Platz, Straßa 15, 16 Otto-Hahn-Platz, Bus 46 Städel. **Zeiten:** Di und Do – So 10 – 17 Uhr, Mi 10 – 20 Uhr; öffentliche Führungen zu bestimmten Themen Mi 18.30, So 11 Uhr, Eintritt + 1 €; ferner Führungen n.Vb. für Grup-

Happy Birthday!
Auch Kindergeburtstage können im Liebieghaus gefeiert werden. Das Angebot reicht vom Standard-Kindergeburtstag für Kinder ab 5 Jahre (Di – Fr, 2 1/2 Std 75 € + Materialkosten) bis zum ausgefallenen Fest für Kids ab 7 Jahre mit einer Verkleidungsaktion (Sa, 3 Std 90 €, ab 10 Kindern 180 €, + Materialkosten).

Hunger & Durst

Café im Liebieghaus,
✆ 069/635814, Di – Fr 11 – 20, Sa 11 – 18.30, So 10 – 20, in den Sommermonaten bereits ab 10 Uhr. Leckere Kuchen in idyllischer Lage.

pen sowie spezielle Führungen für Schulklassen mit anschließender praktischer Tätigkeit. **Infos:** Jahresprogramm für Kinder und Erwachsene im Internet und als Broschüre.

▶ Das Liebieghaus, in einer alten, ausgesprochen repräsentativen Villa zu Hause, ist ein auf Alte Plastik spezialisiertes Museum. Hier findet ihr Figuren, Statuen und Reliefs von der Antike bis zum 19. Jahrhundert, die Bildhauer aus Materialien wie Marmor, Sandstein, Bronze und Holz geschaffen haben. Diese Kunstwerke geben interessante Einblicke in das Leben und den Glauben der Menschen jener Zeit.

Das Liebieghaus lässt in einem spannenden **Programm** Menschen jeden Alters diese Kunst verstehen und sogar selbst kreativ werden. Es werden Kurse für Kinder, Jugendliche und Erwachsene sowie Wochenendkurse für Eltern und Kinder angeboten, wobei jeweils bestimmte Kunstwerke des Museums näher betrachtet und erklärt werden. Anschließend wird mit unterschiedlichen Materialien und Techniken etwas Eigenes gestaltet.

Internationale Kindernachmittage zielen darauf ab, beispielsweise griechischen, türkischen und italienischen Kindern die Bedeutung des Herkunftlandes ihrer Eltern für die Geschichte der Kunst zu verdeutlichen. Auf spielerisch-praktischer Ebene werden diese Kurse mit Geschichten, Suchspielen, Kunst zum Anfassen und vielem mehr, natürlich auch eigenen Kreationen, besonders spannend gestaltet.

In den **Ferien** gibt es verschiedene Angebote wie Bildhauerei, bei denen ihr mit Hammer und Meißel Stein bearbeitet (Kursgebühr für 4 Tage 60 €).

Von der Buschtrommel zum Internet: Museum für Kommunikation

Schaumainkai 53, 60596 Frankfurt am Main. ✆ 069/6060-0, Fax 6060-666. www.museumsstiftung.de. mk.frankfurt@mspt.de. **Anfahrt:** U1 – 3 Schweizer Platz, U4, 5 Willy-Brandt-Platz, Bus 46 Untermainbrücke. **Zeiten:** Di – Fr 9 – 17, Sa, So 11 – 19 Uhr, Führungen durch die Dauerausstellung nach Anmeldung unter Durchwahl -310. **Preise:** 2 €, Führung 30 € pro Gruppe; Kinder 6 – 16 Jahre 1 €, Schulklasse 25 €; Kinderwerkstatt Kinder 1,50 €, erw. Begleitperson 1 €. Café im Foyer.

▶ Vor dem Eingang des Museums begrüßt euch ein lustiges, durchsichtiges Pferd namens *Pre-ball-man*, mit Radios und verkabelten, ausgebauten Fernsehgeräten und in seinem Bauch, die in Neonfarben leuchten. Es stimmt auf das Thema Kommunikation ein, also auf das »Mitteilen, Verständigen, Verbinden«.

Das Museum zeigt im Untergeschoss in einer inhaltlich gut aufbereiteten und von audiovisuellen Medien hervorragend unterstützten Dauerausstellung – ganz neu konzipiert und erst im Juli 2004 wieder eröffnet – die **Geschichte der Kommunikation** von der Buschtrommel bis zu den neuen Medien. Ihr erfahrt hier, wie Nachrichten früher übermittelt wurden, wie sich Telefon, Funk und Fernsehen entwickelt haben und wie sie funktionieren. Es gibt viele technische Details zu sehen und auszuprobieren. Auch die Beförderung der Post und Reisen in der Postkutsche kann hier noch einmal erlebt werden.

Im **Kinderpostamt** können jüngere Kinder in Begleitung der Eltern oder mit einer Kindergruppe Post spielen – Briefe malen und schreiben, befördern, austragen oder empfangen.

Happy Birthday

Maximal 10 Kinder von 8 bis 12 Jahre können ihren Geburtstag im Museum für Kommunikation feiern. Ihr könnt Briefe versiegeln, wie die alten Ägypter auf echtem Papyrus schreiben, Leinentaschen mit im Computer geschaffenen Bildern, Comics und anderen Zeichen gestalten und vieles andere.

👀 *Pre-ball-man stammt von dem koreanischen Videokünstler Nam June Paik.*

Museumscafé, ✆ 069/
6060-406, mk.frank-
furt@mspt.de, Di – Fr
11 – 17, Sa, So 11 –
18.30 Uhr, spezielle An-
gebote für Gruppen
nach Vereinbarung mög-
lich.

*Die entschei-
dende Ent-
deckung für die Ent-
wicklung des Kinos
war, dass wenn man
eine Abfolge von Bil-
dern nur schnell ge-
nug zeigt, das Auge
einen zusammenhän-
genden Bewegungs-
ablauf wahrnimmt.
Wie beim Daumen-
kino. Was ist denn das
schon wieder? Dann
blättert mal durch
dieses Buch!*

Der große Knüller ist jedoch die **Kinderwerkstatt** im 1. Obergeschoss des Museums, wo ihr
auf vielfältige Weise verschiedene Formen der
Kommunikation selbst kennen lernen könnt.
Hier dürft ihr z.B. Gruß- und Glückwunsch-
karten, Briefpapier und -umschläge mittels verschiedener Drucktechniken gestalten, kleine
Texte mit Bleibuchstaben setzen und drucken,
aus Telefonkabeln Figuren, Schmuck und andere Kunstobjekte gestalten. Aber auch eine Com-
puterecke gibt es, wo ihr chatten und faxen sowie ein Bildtelefon ausprobieren dürft. Allerdings ist die Reichweite auf den Raum begrenzt.
Mit einem speziellen Computerprogramm
könnt ihr euch kleine, bunte Bilder gestalten,
ausdrucken und mit nach Hause nehmen. Die
Kinderwerkstatt ist gedacht für Kids ab 6 Jahre.
Ein spannendes Objekt ist für junge Technik-
fans auf jeden Fall noch die **Funkstation** im
zweiten Obergeschoss, die allerdings nur zu bestimmten Zeiten zugänglich ist.

Das Museum für Kommunikation bietet ein
breites **museumspädagogisches Programm** für
Vorschulklassen, Kindergruppen, Schulklassen
und auch Familien mit Kindern. Die Webseite
bietet einen detaillierten Überblick über Feri-
enaktionen, Kinderpostamt und Workshops.

Von der Laterna Magica zum Beamer: Deutsches Filmmuseum

Schaumainkai 41, 60596 Ffm-Sachsenhausen.
✆ 069/212-38830, 212-33369 (Führungen), Fax 212-
37881. www.deutsches-filmmuseum.de. info@deut-
sches-filmmuseum.de. **Anfahrt:** U1 – 3 Schweizer
Platz, Straba 15, 16 Gartenstraße/Schweizer Straße,
Bus 46 Untermainbrücke. **Zeiten:** Di, Do, Fr, So 10 –
17, Mi 10 – 20, Sa 14 – 20 Uhr, öffentliche Führungen

So 15 Uhr, ferner für Gruppen und Schulklassen Führungen nach Vereinbarung. **Preise:** Dauerausstellung 2,50, Sonderausstellung 4, Kombikarte 5,70 €; Kinder Dauerausstellung 1,30, Sonderausstellung 3, Kombikarte 3,70 €. **Infos:** An der Museumskasse sind das Heftchen »Didi und Dodo im Filmmuseum«, ein Suchspiel für die Dauerausstellung im 1. Stock und Bastelbögen für Lebensrad, Bildertrommel und Camera Obscura erhältlich.

▶ Das Deutsche Filmmuseum gibt in einer Dauerausstellung auf zwei Etagen einen anschaulichen Einblick in die Geschichte des Kinos und die Entwicklung der Filmproduktion. Ihr könnt zum einen die frühen Projektoren wie die Laterna Magica bestaunen und zum anderen die technisch raffinierten modernen Projektoren kennen lernen, mit denen die Filme heute im Kino auf die Leinwand geworfen werden. In Kinderaugenhöhe könnt ihr einen Blick in den Zauberkasten werfen und allerlei Knöpfe drücken. Ihr könnt sowohl sehen, wie die Aufnahmen für Filme in der Stummfilmzeit abliefen als auch wie es in der Hollywood-Tonfilmkulisse von 1941 zuging. In einer **Kamerawerkstatt** sind alle wichtigen Aufnahmegeräte versammelt. Natürlich erfahrt ihr auch eine Menge über Produzenten, Drehbuchautoren, Regisseure, Schauspieler, Filmarchitektur, Bühnenbild, Masken, Kostüme, Filmmusik, Labortechnik und vieles andere. Das alles ist für Kinder durchaus interessant, wenn Eltern ihnen einen kindgerechten Streifzug bieten können oder die Kinder an den objektbezogenen **Kinderführungen** des Museums teilnehmen, bei denen jeweils ein Exponat im Mittelpunkt steht wie die Laterna Magica als Beispiel früher Projektionskunst oder die Camera obscura als Vorläuferin der Fotografie.

Happy Birthday!
Es gibt drei tolle Kindergeburtstagangebote:
Erkundung der Dauerausstellung und Film im kleinen Kino. Ab 6 Jahre, max. 15 Pers., ca. 1 1/2 Std 31 € plus Eintritt.
Spielfilm drehen und gucken, Darsteller sind das Geburtstagskind und seine Gäste. Ab 11 Jahre, max. 10 Pers., ca. 2 1/2 Std, nur Mi, 120 €.
Blick in die Trickkiste des Films, anschließend dreht ihr einen eigenen Trickfilm. Ab 10 Jahre, max. 10 Pers., ca. 1 1/2 Std, nur Sa, 60 € plus Eintritt.

Noch spannender sind die mehrtägigen Workshops in den Sommerferien, die eine praktische Einführung in die Filmarbeit bieten, z.B. das Herstellen von Zeichentrick- oder Videofilmen, malen auf Film oder Fotografieren mit der Lochkamera (Kosten 40 € für 4 Tage).

Dagegen sind die **Sonderausstellungen** und sonstigen Einrichtungen des Filmmuseums ausschließlich etwas für erwachsene Spezialisten. Aber ach, fast hätte ich es vergessen, es gibt auch ein **Kinderkino** im Deutschen Filmmuseum.

Städelsches Kunstinstitut und Städtische Galerie

Schaumainkai 63, 60596 Frankfurt am Main. ℅ 069/605098-0, Fax 610163. www.staedelmuseum.de. info@staedelmuseum.de. **Anfahrt:** U1 – 3 Schweizer Platz, Straba 15, 16 Otto-Hahn-Platz, Bus 46 Städel. **Zeiten:** Di, Fr, Sa, So 10 – 17, Mi, Do 10 – 21 Uhr, Karfreitag und 1. Mai geschlossen, andere Feiertage bis auf Wäldchestag (10 – 13 Uhr) 10 – 17 Uhr, altersgerechte Führungen für Schulklassen und andere Kindergruppen n.Vb. unter ℅ 069/610163. Sogar Kinder führen Kinder, sie zeigen und erklären anderen Kindern ihre Lieblingsbilder. **Preise:** 8 €, Gruppen ab 20 Pers. 6 €; Kinder bis 12 Jahre frei, darüber wie Erwachsene; Familien bis 2 Erw. und mind. 1 Kind 10 €, Di freier Eintritt für Schulklassen.

▶ Das Städel ist ein Kunstinstitut und eine Galerie mit einer umfangreichen Sammlung zu allen europäischen Epochen der Malerei seit dem 14. Jahrhundert. Ferner präsentiert es eine große grafische Abteilung mit Zeichnungen vom Mittelalter bis zur Gegenwart und eine kleinere Skulpturenausstellung. Außerdem sind im Städel regelmäßig Sonderausstellungen zu sehen. Nun mögen sich Eltern fragen, ob das denn etwas für Kinder, insbesondere die jüngeren ist. Da kann ich euch jedoch beruhigen, das Städel tut einiges, um Kindern Kunst spannend und kreativ näher zu bringen. Ausprobieren könnt ihr das Städel zum Beispiel samstags, denn dann ist **Family Day** mit einem kinderspezifischen Tagesprogramm.

Tipp: Es werden im **Mal Atelier** Kurse für Kinder ab 4 Jahren angeboten, die aber frühzeitig ausgebucht sind. Schaut im Internet unter Veranstaltungen »Frühförderung Misch Mit« nach!

Schirn Kunsthalle

Römerberg, 60311 Frankfurt am Main. ✆ 069/ 299882-0, Fax 299882-240. www.schirn.de. welcome@schirn.de. **Anfahrt:** U4, 5 Römer, Straba 11, 12 Paulskirche. **Zeiten:** Di 10 – 19, Mi, Do 10 – 22, Fr – So 10 – 19 Uhr. **Preise:** Eintrittspreise richten sich nach den einzelnen Ausstellungen; Freier Eintritt für Kinder bis 8 Jahre und Mitglieder der Freunde der Schirn Kunsthalle e.V.

▶ Die Schirn ist kein Museum mit fester Ausstellung, sondern ein Veranstaltungsort für Kunst. Und als solches ist es eines der renommiertesten, das heißt berühmtesten Ausstellungshäuser Europas.

Zu jeder Ausstellung bietet sie spannende, vielfältige Formen der Kunstvermittlung für Familien, Kinder und Schulklassen an. In der Kinderstunde, jeden Sonntag um 15 Uhr parallel zur öffentlichen Führung für Erwachsene, können Kinder ab 6 Jahre die aktuelle Ausstellung entdecken. Spannende Geschichten, Führungen mit der Handpuppe Max oder Aktionen zum Mitmachen lassen den Schirn-Besuch zum Erlebnis werden. Kinder in Begleitung ihrer Eltern können sich an der Kasse eine Spielbox mit interes-

LiterARTour für Kids ist ein Angebot des Städels für Kinder zwischen 8 und 12 Jahre: In der Städelbibliothek warten spannende Kunstbücher, die zum Lesen anregen und Lust machen, Künstler und Kunstwerke zu entdecken. Das kindgerechte Angebot umfasst Lesungen für Kinder, Bildbetrachtungen im Museum, Workshops bei denen die Kinder inspiriert von Kunstgeschichten kreativ arbeiten können, Kunstspiele für Kinder und vieles mehr. Jeden Di 14 – 17 Uhr, in der Städelbibliothek, Eingang Holbeinstr. 1, Anmeldung unter ✆ 069/605098 -117.

santen Fakten, Fragen und Aktionen zur Ausstellung ausleihen. Darüber hinaus bieten **Fami-
lienworkshops** und **Ferienprojekte** in den
Oster-, Sommer- und Herbstferien eine ideen-
reiche Auseinandersetzung mit den Ausstel-
lungsinhalten. Fragt nach dem aktuellen Programm für Familien, Kinder und Schulklassen.

Selbst den Pinsel schwingen: Frankfurter Malakademie e.V.

Günter Maniewski, Zobelstraße 11, 60316 Ffm-
Ostend. ℗ 069/63152506, Fax 63152585. www.me-
taglyph.com/malakademie/. maniewski@aol.com.
Anfahrt: U6, 7 Zoo.

▶ Zu dem umfangreichen Kursprogramm gehört auch ein Kurs »Kinder malen« für 5- bis 9-
Jährige. Es wird gezeichnet, gemalt, gedruckt,
collagiert und modelliert. Der Kurs, der Sams-
tagvormittags stattfindet, ist auf 10 Kinder begrenzt.

**BÜHNE,
LEINWAND &
AKTIONEN**

Kino, Video & Radio

Kinos mit Kinderprogramm

Deutsches Filmmuseum, Schaumainkai 41,
℗ 069/212-38830, www.deutsches-filmmuse-
um.de, info@deutsches-filmmuseum.de, U1 –
3 Schweizer Platz, Straßenbahn 15, 16 Gar-
tenstraße/Schweizer Straße, Parkplatz Museumsufer, Fr ab 14.30, So ab 16 Uhr.

Berger Kino/Atelier, Bergerstraße 71, ℗ 069/
9450330, U4, Bus 34, 38, 43, 69, 103 Bornheim
Mitte, Parkhaus Bürgerhaus Bornheim.

Filmforum Höchst, Emmerich-Josef-Straße
46a, ℗ 069/212-45664, www.filmforum.neu-
es-theater.de, filmforum-hoechst@frank-

In den **Stadtteilen** in
Kinderhäusern und an-
deren Einrichtungen,
↗ »Frankfurter Flöhe«.

furt.de, Bus 51, 59 Emmerich-Josef-Straße, Fr, So ab 15 Uhr.

Werkstattkino Mal seh'n, Adlerflychtstraße 6 H, ✆ 069/5970845, www.malsehnkino.de, info@malsehnkino.de, U5 Musterschule, Fr 15, Sa, So 16 Uhr.

Filmtheater Valentin, Windhorststraße 84, ✆ 069/30886927, www.filmtheater-valentin.de, webmaster@filmtheater-valentin.de, S1, 2 Bhf Höchst, Bus 59 Windhorststraße.

Ein Highlight für alle jungen Kinofans ist das einwöchige internationale **Kinderfilmfestival Lucas** Ende September im Kino des Deutschen Filmmuseums und im Filmtheater Höchst, www.lucas-filmfestival.de.

Medienwerkstatt MEWI e.V.

Germaniastraße 89, 60389 Frankfurt am Main. ✆ 069/4692362, Fax 467011. www.mewi-ffm.de. info@mewi-ffm.de. **Anfahrt:** U4 Bornheim Mitte.

▶ In der Medienwerkstatt können Kinder und Jugendliche alles rund um die Produktion eines Filmes oder einer Fernsehreportage kennen lernen: Erarbeiten des Drehbuchs, journalistische Recherche, Kameraarbeit, Schauspielern und Studioschnitt.

Zum Angebot gehören u.a. **Video-Projektwochen** in allen Schulformen, Kinder- und Jugendeinrichtungen sowie »Frankie Tivi«, Fernsehen von Kindern für Kinder im Offenen Kanal Frankfurt/Offenbach, ein Projekt von 9- bis 11-Jährigen.

Tipp: Das Kino einmal im Monat ist stark gefragt. Termine und Filme auf der Website.

Beim Hessischen Rundfunk zu Besuch

hr-Kinderredaktion, Bertramstraße 8, 60320 Ffm-Dornbusch. ✆ 069/1553119 (Kinderführungen), www.hr-online.de/d/ihrsender/service. **Anfahrt:** Bus 32 Bertramstraße. **Zeiten:** Kinderführungen Termine n.Vb., Kindergruppen ab dem 2. Schuljahr, max. 25 Kinder.

▶ Die hr-Kinderredaktion bietet nach der Maxime »Radio und Fernsehen zum Anfassen« spezielle Kinderführungen. Das ist eine prima

Gelegenheit, mal zu sehen, wie ein Studio tatsächlich aussieht und wie es dort zugeht, oder mitzuhören, wenn gerade live gesendet wird. Ihr dürft sogar die Moderation einer Radiosendung proben und an einer richtigen Produktion mitmachen und auch dabei zusehen, wie die Aufnahmen anschließend bearbeitet werden, um sie sendegerecht zu machen. Wenn alles fertig ist, habt ihr schließlich den Riesenspaß zu erleben, wie eure Stimmen im Rundfunk klingen.

Theater mit und für Kinder

Grüne Soße

Löwengasse 27 K, 60385 Frankfurt am Main, ✆ 069/450554, Fax 450542. www.theatergruenesosse.de. Theatergruenesosse@t-online.de. **Anfahrt:** ↗ Theaterhaus. **Zeiten:** Anfang Okt – Ende Juni.

Seit 1998 besteht beim Theater Grüne Soße der **Jugendclub**, in dem junge Laiendarsteller mitspielen können.

▶ Die 1981 gegründete Theatergruppe macht »Kinder- und Jugendtheater mit engagiertem Programm für Kinder, Jugendliche und Erwachsene.« Sie hat regelmäßige Auftritte auf der Heimatbühne im Theaterhaus Frankfurt. Darüber hinaus spielt sie sozusagen »überall«: in Theatern, Bürgerhäusern und Stadthallen, Kulturzentren und Schulen, und zwar Stücke wie »Heinrich der Fünfte«, »Fliegenspiel«, »Strandläufer«, »Wintermärchen«, »Schlagmann« und »Hexenschuss«.

schauspielfrankfurt

Neue Mainzer Straße 17, 60311 Frankfurt am Main. www.schauspielfrankfurt.de. info@schauspielfrankfurt.de. **Anfahrt:** U1 – 5 Willy-Brandt-Platz. **Infos:** Anna Maslowski, Theaterpädagogik, ✆ 069/212-37588, anna.maslowski@schauspielfrankfurt.de.

▶ Das große Theater des Frankfurter Kultur-establishments ist zwar keine Hochburg des Kindertheaters, aber es ergeben sich doch einige interessante Aktivitäten für Kinder. So können 6- bis 12-Jährige auf einer Führung mal so richtig hinter die Kulissen gucken. Ferner gibt es unter dem Leitmotiv »Theater macht Schule« eine intensive Zusammenarbeit zwischen der Theaterpädagogik und Schulen. In diesem Rahmen werden z.B. Workshops zu Stücken, die Schulklassen im Schauspiel gesehen haben, durchgeführt. Außerdem gibt es Schulklassen-Führungen durch das Innenleben des Theaters.

 Die anstehenden Aktivitäten des **schauspielfrankfurts** werden auf der Internetseite angeführt. www.schauspielfrankfurt.de.

Theaterhaus Frankfurt

Kindertheater, Jugendtheater, Schützenstraße 12 HH, 60311 Ffm-City. ✆ 069/2998610, Fax 29986112. www.theaterhaus-frankfurt.de. info@theaterhaus-frankfurt.de. **Anfahrt:** U4, 5, S1 – 6, 8, 9 Konstablerwache, Straba 11, 12 AOK, 14 Hl.-Geist-Hospital, Bus 30, 36 Stadtwerke. **Zeiten:** Wochentage vor- und nachmittags Vorstellungen für Kindereinrichtungen, Wochenendvorstellungen und Familienprogramme. **Preise:** 8 €; Kind 5 €, Schulklassen und Kindereinrichtungen 4, ab der 7. Klasse 5 € pro Kopf.

▶ Das Theaterhaus-Ensemble aus drei Schauspielerinnen und zwei Schauspielern arbeitet seit dem Sommer 2000 an gastspielfähigen Kinder- und Jugendtheaterproduktionen. Im Zentrum seines Theaterschaffens steht das Projekt »Europäische Mythen für Kinder«.

In den zwei Sälen des Theaterhauses wird aber noch mehr Kindertheater geboten, denn hier haben die beiden altgedienten Kinder- und Jugendtheater **Klappmaul** (seit 1975) und **Grüne Soße** (seit 1981) ihre Heimatbühnen.

Tipp: In der Saison 2004/2005 könnt ihr zum letzten Mal das berühmte **Klappmaultheater** sehen – dann hören die Klappmäuler auf! www.klappmaul.de.

Frankfurter Flöhe

Kinder- und Jugendtheater in Kinder- und Jugendhäusern und sonstigen Einrichtungen, Schleiermacherstraße 7, 60316 Frankfurt am Main. ✆ 069/212-39001. **Preise:** 4 €; Kinder 2 €.

▶ Das Kinderbüro Frankfurt organisiert außerhalb der professionellen Bühnen, Schulen und Bibliotheken im Rahmen des Kinder-Kultur-Programms »Frankfurter Flöhe« ein breites und interessantes Kindertheaterangebot in den Frankfurter Kinder- und Jugendhäusern. Zu Gast sind renommierte Kindertheater-Ensembles aus ganz Deutschland. Einen Überblick könnt ihr euch in dem halbjährlich erscheinenden Kinder-Kulturprogramm Frankfurter Flöhe verschaffen.

Die Katakombe – Theater für Kinder am Zoo

Pfingstweidstraße 2, 60316 Ffm-Ostend. ✆ 069/491725, www.katakombe.de. info@katakombe.de.
Anfahrt: U6, 7, Straba 14, Bus 31 bis Zoo.
Preise: Kindertheater 15 €; Kinder 12 C; Gruppen (vormittags) 8 €. **Infos:** Eintrittskarte inkl. kostenlose Fahrt mit dem RMV.

▶ Das 1960 gegründete Theater ist heute in einem ehemaligen Kino in der Pfingstweidstraße zu Hause. Hauptsächlich spielt es für Erwachsene, jedoch gehören auch Kinderstücke zum Repertoire. Und zwar nicht bloß Weihnachtsmärchen als Nebenerwerb, sondern ein ganzjähriges Programm in Zusammenarbeit mit Schulen. In den Stücken geht es ganz konkret um den Alltag von Kindern. Zum Repertoire des Kindertheaters gehören »Jim Knopf und Lukas«; »Jim Knopf und die Wilde 13«, »Rotkäppchen« und »Grüner Mond von Alabama«.

Papageno Theater im Palmengarten

Siesmayerstraße 63, 60323 Ffm-Westend. ℡ 069/
515038, Ticket Hotline 1340400, Fax 95117740.
papageno.theater@t-online.de. Büro: Walter-Leiske-
Straße 36. **Anfahrt:** ↗ Palmengarten. **Zeiten:** Do, Sa,
So 16 Uhr, Fr nur Abendprogramm für Erwachsene, Eintritt in den Palmengarten ab 1 Std vor Vorstellungsbe-
ginn. **Preise:** nachmittags 11 – 14 €; Kinder 9 – 12 €;
10 % Ermäßigung für Familien ab 4 und Gruppen ab 10
Personen.

▶ Das Kindertheater Papageno im Palmengarten macht Musiktheater. Gespielt werden eine
Weihnachtsgeschichte und die klassischen
Stücke wie z.B. »Dornröschen«, »Aladin und
die Wunderlampe« oder »Oliver Twist«.

Gallus Theater

Kleyerstraße 15, 60326 Ffm-Gallus. ℡ 069/758060-
20, Fax 75806017. www.gallustheater.de. info@gal-
lustheater.de. **Anfahrt:** S3 – 6 Galluswarte, Straba 21
Kriegkstraße.

▶ Das Gallus Theater ist nicht nur für die Erwachsenen da. Auch auf Kinder wartet ein
reichhaltiges Programm, das von Kindertheater
über Tanz- und Puppentheater bis Figurentheater reicht. Die Vorstellungen sind häufig, dabei
stehen neben klassischen Märchen wie »Hänsel
und Gretel« auch Geschichten wie »Die Abenteuer von Mimi Maus und Fritz Ferkel« auf dem
Spielplan.

Frankfurter Figurentheater

Neue Fahrt 4b, 60437 Frankfurt am Main. ℡ 06101/
542156, Fax 542157. www.frafithe.de. theater@fra-
fithe.de.

▶ Das Theater ist oft auf Achse und tritt vor-
wiegend in Schulen und Kindergärten auf. So-

Tipp: Donnerstags, am
Papageno-Kindertag,
bekommen Kinder auf
allen Plätzen 30 % Er-
mäßigung, Schul- und
Kindergartengruppen
ab 20 Pers. 6,50 € pro
Kopf (2 Lehrer frei),
Frankfurt-Pass-Inhaber
50 % Ermäßigung.

 Neben dem Pa-
pageno Theater
befinden sich der Start-
platz des **Palmengar-
ten-Expresses** und ein
Spielplatz. Die Bootsan-
legestelle für den Pal-
mengarten-Weiher ist
auch nicht weit.

 Eine Kurzbe-
schreibung der
Stücke steht auf der
Website des Gallus
Theaters, www.gal-
lustheater.de.

weit es in der professionellen Theater-Öffentlichkeit – z.B. im Gallustheater – spielt, könnt ihr das über die Website erfahren.

Schultheaterstudio Frankfurt

Ernst-Reuter-Schule, Hammarskjöldring 17 a, 60437 Ffm-Nordweststadt. ℘ 069/212-32044, 212-30967, Fax 212-32046. www.schultheater-studio.de. schultheater@gmx.net. **Anfahrt:** U1 Nordwestzentrum.

@ Termine und sehr viel über die Angebote des Schultheaters findet ihr im Internet, www.schultheaterstudio.de.

▶ Das Schultheaterstudio ist eine sehr vielseitige Einrichtung. Ein Schwerpunkt ist Theaterpädagogik. In diesem Rahmen werden Lehrern entsprechende Kenntnisse in Grund-, Aufbau- und Spezialkursen vermittelt. Ferner können Schüler der Klassen 3 bis 10 in Theaterworkshops und Aktionstagen Theaterluft schnuppern. Ihr könnt hier auch alles – wirklich alles! – ausleihen, was ihr technisch für eure Aufführungen braucht. Das reicht von Podesten für Bühne und Zuschauerränge über Gerüstbauteile, Tonanlagen, Stoffe für das Bühnenbild bis zur kompletten Beleuchtung.

Ihr könnt aber auch im Schultheater regelmäßig Kinder- und Jugendtheater sehen, sogar in englischer Sprache!

Kinder- und Jugendtheater Frankfurt

Titusforum, Walter-Möller-Platz 2, 60439 Ffm-Nordweststadt. ℘ 06101/557424, www.kiju-theater.de. kijuthea@t-online.de. **Anfahrt:** U1 Nordwestzentrum. Parkhaus Nordwestzentrum. **Zeiten:** Aufführungen Mi – Sa 16 Uhr. **Preise:** 10 €; Kinder ab 3 Jahre 6 €; Ermäßigung für Gruppen ab 20 Pers., Kitas und Schulen. **Infos:** und Reservierungen Mi – Sa 9 – 13 Uhr.

Happy Birthday!
Geburtstagskinder haben freien Eintritt und im Foyer können Kinder sogar feiern – ihr könnt bis zu 50 Personen sein. Kuchen, Getränke und Dekoration müssen mitgebracht werden!

▶ Seit 1969 gibt es dieses Kinder- und Jugendtheater professioneller Schauspieler. Inszeniert werden Märchen und Kindergeschichten. Spielstätte ist seit 1970 das Bürgerhaus Nordwest-stadt. Letzteres wurde 1989 komplett moderni-siert, dabei wurde speziell für das Kinder- und Jugendtheater ein großer Theatersaal mit 300 Plätzen gebaut, seitdem heißt die Spielstätte *Titusforum*. Seit 1998 organisiert das Kinder- und Jugendtheater im Sommer zusätzlich »Festspiele« im Palmengarten.

Galli Theater

Basaltstraße 23, 60487 Ffm-Bockenheim. ✆ 069/970978-17, Fax -22. www.galli.de. theater.frankfurt@galli.de. **Anfahrt:** U6, U7 Leipziger Straße, Straba 16 Juliusstraße. **Zeiten:** Fast täglich unterschiedliche Spielzeiten, 10, 11, 14 oder 16 Uhr. **Preise:** 11/14/18 €; Kinder 8 €. **Infos:** Spielplan auch im Internet.

▶ Das kleine Bockenheimer Theater hat ein starkes Kindersegment im Angebot. Gespielt werden Grimmsche Märchen, Mythen, Clown-stücke und Pädagogisches Theater, Letzteres glücklicherweise ohne Zeigefinger. Es wird auch regelmäßig ein Weihnachtsstück geboten. Ein großer Hit für alle kleinen Theaterfans sind die fünftägigen **Theaterworkshops** in den Ferien. Da könnt ihr mit richtigen Schauspielern auf ei-ner echten Bühne nach Herzenslust Märchenfi-guren, Clowns und Tiere spielen. Die Work-shoptage schließen immer mit einer kleinen Aufführung.

Patü – Kindertheater, Erzähltheater, Clowntheater, komisches Theater

Axel Bornträger, Bachmannstraße 2 – 4, 60488 Ffm-Hausen. ✆ 069/57009085, www.patue-theater.de. info@patue-theater.de. **Anfahrt:** Für das OFF-OFF U6 Am Fischstein, U7 Große Nelkenstraße. Parkplatz beim Brentanobad.

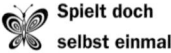

Spielt doch selbst einmal

Theater: entweder nach einem Märchen oder einer selbst ausgedachten Geschichte. Alle müssen die Story gut kennen, jeder bekommt eine Rolle oder Aufgabe, denn beim Theater gibt es noch mehr Berufe als nur Schauspieler: Kulissenbauer, Kostümschneider und natürlich jemand, der Regie führt, also immer sagt wie es weitergehen soll. Der Theaterdirektor muss für »volles Haus« sorgen, also für genügend Publikum. Kulissen könnt ihr aus beklebten und bemalten großen Pappkartons bauen, zum Verkleiden genügen oft schon ein paar alte Gardinen oder Hemden.

▶ Die Leute von Patü haben 1989 angefangen und sind seit 1992 im Rhein-Main-Gebiet. Sie machen hauptsächlich Kindertheater. Nach ihrer Vorstellung »Spielfreude pur. Ohne vierte Wand« muss das ohne Wände sein, d.h. die Truppe steht immer im Kontakt zum Kinderpublikum. Patü ist seit 1997 Mitbetreiber des OFF-OFF, damit verfügt es über einen Theaterraum im Frankfurter Kulturtempel *Brotfabrik*. Es ist zugleich aber sehr mobil. Spielstätte muss bei diesen Gastspielen nicht unbedingt eine Bühne sein, es wird auch in Bibliotheken in den engen Gängen zwischen Regalen oder im Freien gespielt.

Ihr könnt im Patü wunderbarerweise auch richtig Theater spielen lernen, es bietet nämlich **Theaterkurse** für Kinder und Erwachsene, entweder in Kombination mit dem Stück »König Machtnix« oder als eigenständiges Angebot, jeweils im OFF-OFF.

Neues Theater Höchst

Emmerich-Josef-Straße 46a, 65929 Ffm-Höchst.
✆ 069/339999-0, 069/339999-33, Fax 430247.
www.neues-theater.de. service@neues-theater.de.
Anfahrt: RE, RB, S1, 2 Bhf Höchst, dann 300 m Fußweg. Kostenloses Parken auf dem 50 m entfernten Höchster Marktplatz nach 18 Uhr. **Infos:** Programm als Heft und Website.

▶ Nur etwa einmal im Monat gastieren im Neuen Theater Höchst, in dem Kultur für Erwachsene mit einem umfangreichen und vielseitigen Programm eindeutig das Sagen hat, Kindertheatergruppen.

Musik & Tanz

Oper

Untermainanlage 11, 60311 Frankfurt am Main.
☎ 069/1340-0, www.oper-frankfurt.de. **Anfahrt:** U 6, 7
Alte Oper. **Preise:** Oper für Familien 1 Erw. voll zah-
lend, 3 Freikarten für Kinder und Jugendl. unter 18
Jahren; Werkstatt für Kinder 5 €.

▶ Die Oper ist keineswegs unnahbar für Kinder, im Gegenteil! So ist die **Werkstatt für Kinder** (3 – 10 Jahre) vor vielen Premieren eine fest
etablierte Aktivität. Dabei animiert eine Kinder-
musikpädagogin die Kleinen (3 – 6 Jahre) mit
Basteln, Spielen und Singen, während die Größeren (7 – 10 Jahre) in einem altersgemäßen Programm mit der anstehenden Oper vertraut gemacht werden und erstaunliche Dinge hinter
den Kulissen sehen können. Ganz neu ist das
Programm **Oper für Familien** (Kinder ab 10
Jahre), den Auftakt machte »Der Schatzgräber«
von Franz Schreker.

Tanz- und Theaterwerkstatt

Schneckenhofstraße 20 H, 60596 Ffm-Sachsenhausen. ☎ 069/616058, www.tanzundtheaterwerkstatt-
ffm.de. **Zeiten:** Büro Mo – Do 15 – 19.30 Uhr. **Preise:**
Kinder 50 Min 31 €, 1 Std 34 €, 1 1/4 Std 39 €, 1
1/2 Std 44€, 2 Std 57 €.

▶ Nicht nur Erwachsene können hier viele tolle
Tänze lernen, sogar aus Indien, dem Orient und
Afrika. Auch für Kinder – schon ab 1 – 2 Jahren
– gibt es zahlreiche Kurse. Ferner stehen Kin-
derballett und Tanztheater auf dem Programm.
* Eltern und Kind Kurs, Kinder 1 – 2 Jahre;
* Tänzerisch-rhythmische Vorstufe/Kreativer
  Kindertanz, ab 3 Jahre;
* Moderner Kindertanz, ab 4 – 5 Jahre;

- Kinderballett, ab 6 Jahren und älter;
- Tanztheater für Kinder. Geschichten tanzen, Schritte sprechen lassen, Kinder 8 – 12 Jahre;
- Funky for Kids/Funky, Hip Hop for Teens, ab 8 und ab 12 Jahren.

tanzszene — tanz und mehr

Schule für Bühnentanz, Andrea Popp, Kurfürstenstraße 60, 60486 Frankfurt am Main. ℭ 069/702020, Fax 700302. www.tanzszene.de. **Zeiten:** Büro Mo 18 – 21.30, Di – Do 16 – 21.30 Uhr. **Preise:** 1 Kurs pro Woche à 60 Min 33 € im Monat, 2 Kurse pro Woche à 60 Min 55 € pro Monat (Geschwisterrabatt).

▶ In dem breiten Angebot der Schule ist auch für Kinder Raum. Den ganz Kleinen wird der Spaß am Ausdruck und der Bewegung vermittelt. Die schon etwas Älteren erhalten eine Ausbildung im klassischen Ballett und speziellen Tänzen.

Tipp: Tanz für Mäuse (2- bis 3-jährige Kinder) mit Bezugsperson; modern-kreativer Kindertanz ab 3 1/2 Jahre; klassisches Ballett für Kinder ab 6 Jahre, Step (Tapdance) für Kinder ab 8, Jazz Dance für Kinder ab 10 Jahre.

Ferri & Perlaco

Kinder-Musik-Theater, Georg Feils, Metzstraße 8, 60487 Ffm-Bockenheim. ℭ 069/700759, Fax 7073648. www.ferri-kindertheater.de.

▶ Ferri macht seit fast 20 Jahren **Mitmach-Kinder-Musik-Theater** für Menschen ab 4 Jahre. Früher soll der Anteil des Erzählens größer gewesen sein, heute hält er es mehr mit der Musik. Manchmal tritt er allein auf, häufig aber auch mit den Musikern der Gruppe *Perlaco.* Auf jeden Fall ist das Publikum erwünschtermaßen so aktiv wie Ferri & Perlaco selbst: mit der Stimme oder mit Instrumenten, man tanzt oder spielt irgendwie mit – vor oder sogar auf der Bühne oder einfach im Publikum.

Ferri spielt auf Festivals, in Theatern, Kleinkunstbühnen, Stadthallen, in Kulturhäusern,

Schulen, Kindergärten, Bibliotheken, auf Straßen und Sommerfesten. In Frankfurt ist er häufig im Gallustheater, im Neuen Theater Höchst oder anderswo zu Gast.

Tipps für Bücherwürmer

Kinderbuch-Sonntage im Frankfurter Literaturhaus

Bockenheimer Landstraße 102, 60323 Frankfurt am Main. ✆ 069/756184-0, Fax 752141. www.literaturhaus-frankfurt.de. info@literaturhaus-frankfurt.de.
Anfahrt: U4 Bockenheimer Warte, U6, 7 Westend.
Preise: Kinder 2,50 €.

▶ An jedem 3. Sonntag im Monat lädt das Literaturhaus Kinder und Jugendliche zu Kinderbuch-Lesungen ein. Innerhalb kurzer Zeit hat sich hier so etwas wie ein »Jour fixe für junge Leseratten« entwickelt.

Kalbacher Kinderbuchmesse

Kinderverein Kalbach, Alte Turnhalle, Grubweg 5, 60437 Ffm-Kalbach. www.kalbacher-klapperschlange.de
▶ Seit 1985 findet an einem Wochenende Mitte November in der Kalbacher Turnhalle eine richtige Kinderbuchmesse mit einem lebendigen Kulturbegleitprogramm statt. Das Motto könnte lauten: lesen, zuhören, nachdenken, anschauen, diskutieren, Bücher lieben lernen und kaufen. Sogar ein eigener Literaturpreis wird vergeben.

Frankfurter LeseEule im Römer

Infos: Jugend- und Sozialamt, ✆ 069/212-36495.
▶ Diese Gemeinschaftsausstellung des Jugend- und Sozialamts, der Stadtbücherei, des Stadt-

Hunger & Durst
Café-Restaurant im Literaturhaus, ✆ 069/ 745550 (Reservierung), So – Fr 11 – 24 Uhr, indische, italienische, französische und deutsche Küche.

schulamtes, des Börsenvereins des Deutschen Buchhandels und Kinderschutzbundes, die neuerdings *LeseEule* heißt, präsentiert alljährlich im November den großen und kleinen Bücherwürmern im Römer die neue Kinder- und Jugendliteratur. Dazu gibt es ein vielseitiges Rahmenprogramm aus Autorenlesungen, Filmen und Theateraufführungen. Anschließend geht die LeseEule auf Tournee durch die Stadtteile.

Zentrale Kinder- und Jugendbibliothek

Stadtbücherei – die Medienzentrale, Arnsburger Straße 24, 60385 Ffm-Nordend. ℂ 069/21233631, www.stadtbuecherei.frankfurt.de. kibi@stadtbuecherei.frankfurt.de. **Anfahrt:** U4 Bornheim Mitte. **Zeiten:** Di, Mi, Fr 13 – 19, Do 13 – 17, Sa 10 – 13 Uhr, Mi 15 Uhr Äktschen für Kinder ab 4 Jahre, Fr 15 Uhr für Kinder ab 6 Jahre.

Die Zentrale Kinder- und Jugendbibliothek sowie die Stadtteilbüchereien bieten Kindern viele interessante Aktivitäten, ihr findet einen Überblick im monatlich erscheinenden Veranstaltungskalender.

▶ Die Bornheimer Kinder- und Jugendabteilung der Stadtbibliothek hat eine Sonderstellung unter Frankfurts Bibliotheken, sie bietet als einzige Kinder- und Jugendliteratur in großer Breite an. Die Stadtteilbüchereien sind damit nicht zu vergleichen, dazu ist deren Etat einfach zu bescheiden. Es gibt in der geräumigen und gut eingerichteten zentralen Kinder- und Jugendbibliothek aber nicht nur Bücher in großer Zahl, sondern auch Zeitschriften, CDs, CROMs und Spiele auszuleihen.

OFFENBACH & HANAU

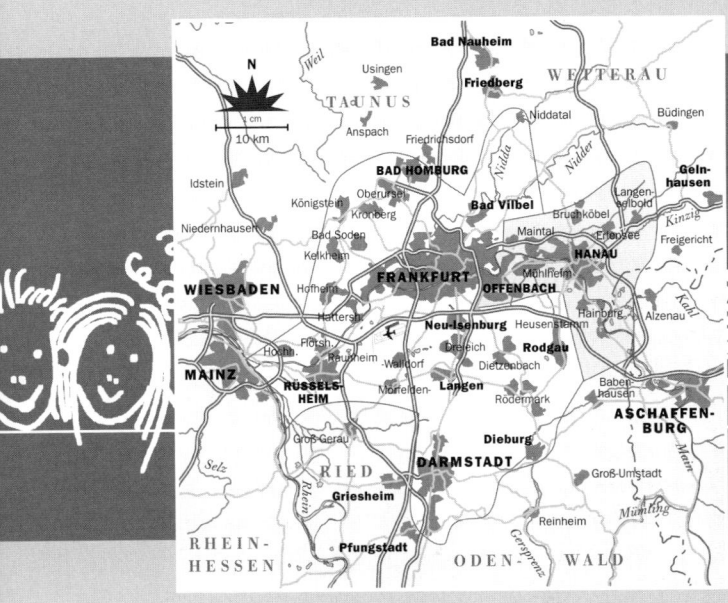

FRANKFURT: NATUR & SPORT

FRANKFURT: WISSEN & KULTUR

OFFENBACH & HANAU

VOR DER MAINMÜNDUNG

AM SÜDHANG DES TAUNUS

BAD VILBEL – NIDDATAL

DARMSTADT & UMGEBUNG

LANGEN – RODGAU

INFO & KARTEN

AB HESSI-SCHER GRENZE MAIN-ABWÄRTS

Der Untermain zwischen Seligenstadt und Offenbach ist zwar dicht bevölkert und stark industrialisiert, jedoch keineswegs lückenlos verbaut. Selbst Hanau und Offenbach sind längst nicht so schrecklich, wie es die Klischees glauben machen.

Zum Besuch von **Seligenstadt** gehört unbedingt ein Bummel durch die Altstadt mit ihren wunderbaren Fachwerkhäusern. Es gibt hier auch genug Lokale. Als Anlässe für Touren nach Seligenstadt bieten sich etwa der originelle Faschingszug, der heimelige Weihnachtsmarkt, einer der schönsten in Hessen, oder das urtümliche Geleitfest an.

Auch **Hochstadt** und **Steinheim** besitzen schöne Altstadtkerne.

Quer durch **Hanau** weist die Kinzig viele lauschige Fleckchen auf, im Westen und Nordwesten sind das Schloss Philippsruhe bzw. das Kurbad Wilhelmsbad von viel Grün umgeben, im Osten erstreckt sich über einige Kilometer der Auwald Bulau, in dem es stellenweise wie im Urwald aussieht. Auch auf dem Stadtgebiet von **Offenbach** existieren erholsame Landschaften, dazu zählen das Mainufer am Schloss Rumpenheim, der Schultheisweiher und der Wald südlich von Bieber. Und vergessen wir nicht, dass das Atomkraftwerk von Kahl abgebaut wird, die Hanauer Plutoniumfabrik Nukem nie in Betrieb ging und der Main sauberer geworden ist – dank des zähen Ringens einer wachsenden Zahl umweltfreundlich gesinnter Menschen.

Das Hanauer Puppenmuseum und das Offenbacher Lederwarenmuseum sind echte Attraktionen. Der Tierpark Klein-Auheim samt Forstmuseum gehört zum Besten auf diesem Gebiet im Rhein-Main-Gebiet.

Wer Aktivitäten weiter im Osten sucht, dem sei *Spessart mit Kindern* von Maria Bonifer empfohlen, Peter Meyer Verlag, 320 Seiten, 12,95 €.

Hanau. Geschichte, Kultur, Gegenwart, Hanau 2002, CoCon-Verlag, 182 Seiten.

OFFENBACH & HANAU

Zu **Freizeitattraktionen** der Region zwischen Seligenstadt und Offenbach gehören ferner über ein halbes Dutzend malerischer Badeseen sowie die Waldseen im Gelände der ehemaligen Dietesheimer Basaltsteinbrüche und der Main-Radweg. Sehenswürdigkeiten, die auch Kinderfantasien in Bewegung bringen, sind die Ronneburg, die Klosterruine Wolfgang, das Hanauer Wilhelmsbad, das Schloss Philippsruhe und die Mainschleusen von Kesselstadt und Klein-Krotzenburg.

TIPPS FÜR WASSER-RATTEN

Frei- & Hallenbäder

Waldschwimmbad Rosenhöhe

Erster Offenbacher Schwimmclub von 1896 e.V., Am Waldschwimmbad, OF-Rosenhöhe. ✆ 069/841169, www.offenbach.de. Am südlichen Stadtrand. **Anfahrt:** Bus OF105 Sportzentrum Rosenhöhe. **Zeiten:** 7.30 – 19.30 Uhr, Di, Do schon ab 6, Freibad Mai – Anfang Sept. **Preise:** 3 €, 10er-Karte 27 €; Kinder 1 1/2 – 6 Jahre 1 €, 10er-Karte 9 €, 7 – 18 Jahre 2, 10er-Karte 18 €.

▶ Offenbachs letztes Freibad ist ganz proper, aber ohne spektakuläre Einrichtungen. Das Schwimmerbecken ist in 8 Bahnen geteilt. Kleinkinder und Nichtschwimmer treiben ihre Späße im Plantsch- bzw. Nichtschwimmerbecken. Daneben liegen ein Kinderspielplatz und ein Beachvolleyballfeld. An allen Beckenrändern stehen Bänke. Die herrlich ruhige Schwimmbad-Oase Rosenhöhe bietet eine große Liegewiese mit mächtigen, weite Schatten werfenden Bäumen.

Fast hätte ich das vergessen: Ihr könnt auch im Winter hier baden, dann ist das Bad nämlich

Hunger & Durst

TC Waldschwimmbad Rosenhöhe, Ebsenweg, ✆ & Fax 069/846014, Mai – Sept 11 – 24, Okt. – April Di – So 16 – 24 Uhr, Lokal mir Biergarten, Hauptgerichte 4,60 – 21 €, mit bosnischen Grillspezialitäten.

dank einer großen Haube in ein Hallenbad verwandelt.

Freibad Lämmerspiel

Am Schwimmbad, Mühlheim-Lämmerspiel. ✆ 06108/6347. **Anfahrt:** Mo – Sa Bus OF31 Freibad. **Zeiten:** Juni – Aug bei schönem Wetter Mo – Fr 13 – 19, Sa, So 10 – 19 Uhr, Kassenschluss 18.30 Uhr.

▶ Das kleinste Freibad der Region kommt ganz bescheiden daher. Die ruhige Idylle können allerdings Flugzeuge stören. Das Kombibecken ist klein, das Plantschbecken noch viel kleiner und die Liegewiese auch nicht allzu groß. Am Imbiss-Kiosk könnt ihr euch gemütlich niederlassen.

Hallen- und Freibad Hanau

Heinrich-Fischer-Bad, Eugen-Kaiser-Straße 19, Hanau. ✆ 06181/295-970, Fax 295-971. www.hanau.de. baederbetrieb@hanau.de. **Anfahrt:** Bus 3 ab Marktplatz bis Heinrich-Fischer-Bad. **Zeiten:** Halle Okt – April Mo 12 – 15.30, nur Frauen 15.30 – 17 Uhr, Di 6.30 – 21.30, Mi, Fr 6.30 – 18, Do 6.30 – 20, Sa 8 – 18, So 8 – 13 Uhr; Freibad Mai – Sept Mo – Fr 6.30 – 21 Uhr, Sa, So, Fei 8 – 21 Uhr. **Preise:** 3 €, 5er-Karte 11 €, Jahr 135 €, Saison Freibad 44 €; Kinder ab 3 und Jugendliche 1,50 €, 5er-Karte 6, Jahr 80, Saisonkarte Freibad 25 €, Familien-Jahreskarte 265, Familien-Saisonkarte Freibad 90 €.

▶ Das Allwetterbad an der Kinzig ist das Hauptbad der Main-Kinzig-Stadt. Die großen Attraktionen auf dem ausgedehnten **Freibadgelände** sind der Sprungturm mit 3-, 5-, 7- und 10 m-Brett sowie die 73 m lange Riesenrutsche. Natürlich gibt es hier auch ein großes Sportbecken mit 8 Bahnen und ein stattliches Nichtschwimmerbecken mit Massagedüsen und

Hunger & Durst

Restaurant-Pizzeria,
Am Waldschwimmbad 6, ✆ & Fax 069/7836838, Okt – April Di Ruhetag, sonst täglich 11.30 – 22.30 Uhr. Mit Gartenlokal.

Happy Birthday!

Hier könnt ihr für 5 € pro Kind Kindergeburtstag im Wasser feiern. Infos und Anmeldung an der Kasse!
Außer Spielfesten bietet das Bad auch Babyschwimmen, Schwimm- und Tauchkurse!

Wasserkanonen. Kleinkinder haben selbstverständlich ihr Plantschbecken. Die Liegewiese ist weitläufig und dennoch an heißen Sommerwochenenden zu klein. Weiter gibt es im Freibad Spielplatz und Grillplatz.

Im Winter geht's dann in die **Halle**, wo freilich alles viel enger ist, denn das Kombibecken muss außer den Schwimmern und Springern auch den Nichtschwimmern Raum geben. Ansonsten stehen Sonnenbänke, Solarium und Sauna bereit. Für etwas Gemütlichkeit sorgt die Cafeteria.

Hallen- und Freibad Lindenaubad

An der Lindenau 4, Hanau-Großauheim. ✆ 06181/ 54825, www.hanau.de. baederbetrieb@stadtwerke-hanau.de. **Anfahrt:** Bus 6 ab Freiheitsplatz hält 300 m vor dem Bad. **Zeiten:** Hallenbad Okt – April Di – Do 6.30 – 21.30 Uhr, Fr 6.30 – 18 Uhr, Sa 8 – 18 Uhr, So 8 – 13 Uhr, Mai – Sept Di – Fr 6.30 – 10 Uhr; Freibad Mai – Sept Mo – Fr 6.30 – 21 Uhr, Sa, So, Fei 8 – 21 Uhr. **Preise:** ↗ Heinrich-Fischer-Bad.

▶ Das Frei- und Hallenbad Lindenau liegt im Sport- und Naherholungsgebiet von Großauheim. Im **Freien** warten auf euch ein 50 m langes Schwimmer- und ein kleines Nichtschwimmerbecken, in das ihr auf einer Großrutsche hinuntersausen könnt. Außerdem haben die Kleinen ihr Plantschbecken mit Sprudlern und ihren Spielplatz. Die Liegewiese ist groß und bietet auch genug Baumschatten für die heißen Tage. Es kann Tischtennis und Beachvolleyball gespielt werden.

In der **Halle** befinden sich ein Sportbecken mit Sprunganlage sowie ein Nichtschwimmerbecken mit Massagedüsen und Wasserspeier, ein Plantschbecken, Sonnenbänke, Sauna und Cafeteria.

Maintalbad Dörnigheim

Edmund-Seng-Straße 19, Maintal-Dörnigheim.
✆ 06181/945868-0, www.maintal.de. sport.freizeit@
stadt-maintal.de. **Anfahrt:** Bus HU22 und 23 Maintal-
bad. **Zeiten:** Sommer Mo, Di, Sa 8 – 20, Mi – Fr 8 –
21, So 8 – 19 Uhr, Winter Di 8 – 21.30, Mi 8 – 19.30,
Do 8 – 22.30, Fr 8 – 22, Sa 8 – 18, So 8 – 12 Uhr.
Preise: 3,50 €, 5er-Karte 15 €, 10er-Karte 30, Zweimonatskarte 36 €; Kinder 6 – 18 Jahre 1,75 €, 5er-
Karte 7,50 €, 10er-Karte 15, Zweimonatskarte 18 €;
günstiger Feierabendtarif für die letzten 90 Min.

▶ Das Dörnigheimer Freizeitbad ist gewappnet
für alle Jahreszeiten. Im **Freibad** erwartet euch
ein vielseitiges Kombibecken. Dem Schwimmerbereich könnt ihr euch von einer Sprunganlage (1-, 3- und 5-m-Brett) mit Höchstge-
schwindigkeit nähern. Auch in den Nichtschwimmersektor könnt ihr in rasender Talfahrt
– hier von der Breitrutsche – in die Wassermas-
sen eintauchen. Die Kleinen haben ihr Plantschbecken mit Minirutsche und einen kleinen Spielplatz. Die Liegewiese ist geräumig und zu
Genüge mit Bäumen bestanden. Für Abwechslung sorgen das Beachvolleyballfeld, der Bolzplatz mit Bande und Maschendrahtzaun sowie
die Tischtennisplatte.
In der kühlen Jahreszeit versorgt dieses Allwetterbad die winzigen, jungen und alten Wasser-
frösche von Maintal in der **Halle** mit einem großen und kleinen Schwimmbecken sowie einem
Babybecken.

Tipp: Schwimm- und
Schnorchelkurse, Spiel-
nachmittag am Freitag,
Babyschwimmen auf An-
frage.

Hunger & Durst

Speis und Trank be-
kommt ihr im Restau-
rant mit Terrasse. In
einer Grillecke am Rand
der Liegewiese könnt ihr
Würstchen zubereiten.

Freischwimmbad Seligenstadt

Am Schwimmbad 5, Seligenstadt. ✆ 06182/87-171,
www.seligenstadt.de. **Zeiten:** Mitte Mai – Mitte Sept 9
– 20 Uhr, letzter Einlass 19.30 Uhr. **Preise:** 3 €, 10er-
Karte 25, Saison 50 €; Kinder ab 3 Jahre 1,50 €,

10er-Karte 12,50, Saison 25 €; preiswerte Dauerkarte für kinderreiche Familien.

▶ Das Freibad am Südostrand von Seligenstadt hat ein gutes Angebot. Für die ganz Sportlichen gibt es das 50-m-Schwimmerbecken und das Springerbecken mit Sprungturm bis 5 m. Das Nichtschwimmerbecken ist durchaus interessant dank Bodensprudler, Massagedüsen, Wasserspeiern und Riesenwasserrutsche. Für die ganz kleinen Badegäste existiert ein separater Eltern-Kind-Bereich. Zum reichhaltigen Angebot auf der großen Liege- und Spielwiese gehören ein Bolzplatz, ein Rasen- und ein Beachvolleyballfeld, ein Streetballkorb und eine Tischtennisplatte. Ferner könnt ihr direkt neben dem Schwimmbad Minigolf spielen.

Kiosk mit kalten und warmen Speisen und Getränken vorhanden.

Städtisches Freibad Langenselbold

Schwimmbadstraße, Langenselbold. ✆ 06184/61121. **Anfahrt:** Bus HU54 Rathaus/Schloss, dann 5 Minuten zu Fuß. **Zeiten:** Mai – Aug 7 – 21 Uhr, 1.9. – 15.9. 7 – 19 Uhr. **Preise:** 3 €, 10er-Karte 18, Saison 34 €; Kinder 6 – 15 Jahre 1,50 €, 10er-Karte 8, Saisonkarte 16, Familien-Saisonkarte 60 €.

▶ Herzstück des Langenselbolder Freibades ist das Kombibecken, in das eine 70 m lange Riesenrutsche mündet. Die ganz kleinen Kids haben ihren Badespaß im terrassenförmig angelegten Plantschbecken. Die Liegewiese besteht aus einem flachen Teil und einem Hangstück. Schade, dass es arg wenig Bäume gibt. Das ansonsten recht gemütliche Bad besitzt einen Kinderspielplatz, ein Beachvolleyballfeld und einen Imbiss.

Tauchen lernen könnt ihr bei **Top Diver Crew,** PADI 5* Star Diver Center, William Ölsner, Gelnhäuser Straße 35; 63505 Langenselbold, ✆ 06184/ 63704, Fax 63704, TDC5star@aol.com. Der praktische Teil findet im Freibad Langenselbold statt.

Bagger- & Waldseen

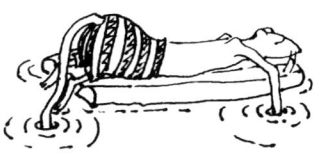

Wo Reiher und Kormorane zu Hause sind: Der Schultheisweiher

OF-Rumpenheim. www.offenbach.de. **Anfahrt:** Bus OF101, OF101N, OF107 Ahrendtstraße. **Rad:** Main-Radweg, Abzweigung nördlich vom Campingplatz Bürgel. **Zeiten:** Baden Mai – Sept. **Preise:** Eintritt frei.

▶ An der Südseite dieses Weihers, einer ehemaligen Kiesgrube, die jetzt malerisch von Bäumen gesäumt ist, befindet sich ein Sandstrand mit einer großen Liegewiese, zum Teil wird Fkk praktiziert. Die Nordhälfte ist als Naturschutzgebiet gesperrt. Baden und Luftmatratzen sind erlaubt, Dusche und WC sind auch vorhanden, es gibt aber keinen Kiosk. Ihr könnt den beschaulichen »Rumpenheimer See«, der nur 1 km vom Mainradweg entfernt ist, auch auf einem Rundweg umwandern oder umradeln.

Im Herbst und Winter, wenn die Badegäste längst gegangen sind, rasten oder überwintern hier Zugvögel. Dann dominiert das Stimmengewirr der zahlenmäßig überaus starken Enten- und Taucher-Communities. Zu sehen sind ferner Kormorane, Reiher und Gänsesäger. Das ist die Zeit, wo ihr mit dem Fernglas ausgerüstet erstaunliche Vogelbeobachtungen machen könnt.

Achtung! Der Schultheis-Weiher muss ab und zu wegen zu hoher Blaualgen-Konzentration für Badende gesperrt werden. Blaualgen gefährden besonders Kleinkinder! Infos über die Internetseite.

Lustig ist es, den Haubentauchern zuzusehen. Die schlanken Wasservögel mit der Häuptlingshaube können lange und weit tauchen. Könnt ihr auch so lang die Luft anhalten? Wo taucht der Haubentaucher wieder auf?

Ein Hauch von Riviera: Strandbad Birkensee

Wassersportclub Birkensee e.V., Forellenstraße 4, 63452 Hanau. ✆ 06181/16260, Fax 16260. Am Nordostrand von Hanau. **Anfahrt:** Ab Hanau Freiheitsplatz Bus 11 bis IKEA, 10 Min Fußweg. Von der A66 Hanau/Nord auf der B45 Richtung Hanau, an der 1. Ampel links ins Gewerbegebiet Nord/Oderstraße, nach 2 km wieder links in die Forellenstraße und die Auto-

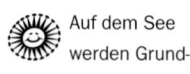 Auf dem See werden Grundkurse im **Windsurfing** veranstaltet, auch Kinder können teilnehmen. Ihr könnt den Windsurfgrundschein des VDWS erwerben: *Windsurfcenter Hanau*, Bernhard Hombach, Birkensee, 63452 Hanau, ✆ 06188/901155, Handy 0177/5752727, Windsurf-Center-Hanau@t-online.de, 3-stündiger Schnupperkurs 28 €, 14-stündiger Grundkurs inkl. Schulmaterial und Neopren 107 €, Sonderpreise für Kindergruppen.

bahn überqueren, hinter der Brücke Wegweiser zum Parkplatz. **Zeiten:** Mai – Sept 10 – 20 Uhr. **Preise:** 3,50 €; Kinder unter 10 Jahre 2,50 €. **Infos:** WC und Umkleideräume in ordentlichem Zustand.

▶ Der waldgesäumte Birkensee liegt nur 200 m von der A66 entfernt, dank Baumschutz kann das Gedröhne der Automobile erheblich vermindert werden. An der Südseite dieses beschaulichen Gewässers befindet sich ein heimeliges **Strandbad.** Es gibt einen schmalen Sandstreifen am Ufer, auf dem die ganz Kleinen Burgen bauen. Für sie ist auch ein Plantschbereich abgegrenzt. Wer gut schwimmen kann, kann weit hinausschwimmen oder mit dem Schlauchboot oder per Luftmatratze in See stechen. Auch Surfer und Segler sind auf einem dafür freigegebenen Abschnitt unterwegs. Im See leben allerlei Fische, darunter auch Marmorkarpfen, die durch ihren Appetit auf Algen die Wasserqualität hoch halten.

Unter den Bäumen der Liegewiese geht es ausgesprochen ruhig zu, da keine Ballspiele erlaubt sind. Viele ältere Kinder und Jugendliche empfinden das als langweilig, während Familien mit kleinen Kindern oder Erwachsene in gesetztem Alter voll des Lobes sind. Letztere schätzen es auch, auf der gemütlichen **Terrasse** zu sitzen, umgeben von Oleander, Bananenstauden und Hibiskus, und die kleinen Gerichte oder Kuchen zu verzehren, die der Kiosk bietet. Kleine Schleckermäulchen haben es mehr auf das Eis abgesehen.

Am gegenüberliegenden Seeufer gibt es noch das Spanische **Restaurant El Torro.**

Strandbad Bärensee, das Ferien- und Freizeitgewässer bei Hanau

Bruchköbel. ✆ 06181/12306, 1 km südwestlich von Erlensee-Rückingen. **Anfahrt:** VU-Bus 5904 Fliegerhorst, dann 10 – 15 Min zu Fuß. A66 Erlensee/Neuberg, B40 Richtung Erlensee, Wegweiser am Ortseingang. **Zeiten:** Mai – Sept 10 – 19 Uhr. **Preise:** 2 €; Kinder 6 – 18 Jahre 1,30 €.

▶ Der Bärensee gehört zu Bruchköbel, liegt aber viel näher bei Hanau und Erlensee. An ihm befinden sich ausgedehnte **Campingzonen**. Der Anteil der Dauergäste ist sehr hoch, viele verbringen hier das Wochenende, manche sogar die Sommerferien. Gleichzeitig wird der von Wald umgebene See an warmen Tagen von Ausflüglern gut besucht, denn das **Strandbad** im Südwesten lockt mit einem breiten Sandstrand und einem reichhaltigen Freizeitangebot, darunter auch allerlei für Kids: Spielplatz, Bolzplatz, Tischtennisplatten und Minigolfanlage. Das Volleyballfeld und die Eisstockschießanlage sind dagegen fest in Händen der Erwachsenen.

Über die Freizeitanlage führen zwar die Leitungen einer Starkstromtrasse, das scheint aber viele Badegäste kaum zu stören. Die Sanitäranlagen sind passabel, die Wasserqualität ist – von längeren Hitzeperioden abgesehen – gut. Der flache Badesee erwärmt sich rasch und kann bis zu 27 Grad erreichen.

Freizeit- und Erholungszentrum Kinzigsee

Langenselbold. **Anfahrt:** Ab Hanau Freiheitsplatz Bus HU54 bis Rathaus, von dort 15 Minuten Fußweg ausgeschildert. A66 Ausfahrt Langenselbold, Richtung Hasselroth, gleich nach der Ausfahrt links. **Zeiten:** 1.4. – 15.10. am Wochenende 9 – 18 Uhr, in den

 **»Ochs am Berg«** könnt ihr fast überall und mit beliebig viel Kindern spielen: Ihr braucht zwei maximal 30 m auseinander liegende Grundlinien. An der einen steht mit dem Rücken zum Spielfeld der Ochs, hinter der anderen alle übrigen Mitspieler. Die setzen nun mehr oder weniger schnell und vorsichtig einen Fuß vor den anderen, Hacke an Zehe! In dem Moment aber, in dem der Ochs sich plötzlich umdreht, müssen alle wie die Salzsäulen stehen bleiben. Wer sich noch bewegt, wird vom Ochsen zurück zur Linie geschickt. Also lasst den Ochsen nicht aus den Augen! Wer zuerst den Ochs unbemerkt erreicht hat und ihn abschlägt, hat gewonnen und wird der nächste Ochs am Berg.

Sommerferien auch Mo – Fr 10 – 17 Uhr. **Preise:** 1 €; Kinder 6 – 16 Jahre 0,50 €. **Infos:** Dauerkarten des Freibades können genutzt werden.

▶ In den letzten Sommern konnte der Kinzigsee nicht zum Baden freigegeben werden, weil das Wasser nicht sauber genug war. Solche Probleme haben die Surfer nicht, die am Westabschnitt des Sees ihr Quartier haben.

Das **Strandbad** am Nordostufer war immerhin geöffnet zum Sonnenbaden am langen Sandstrand und auf den ausgedehnten Liegewiesen sowie zum Spielen, wofür es gute Möglichkeiten bietet: Bolzplatz, Beachvolleyballfeld und ein variantenreicher Spielplatz (dummerweise ohne Sonnenschutz!), u.a. mit einer kleinen Tunnelrutsche, Schaukeln und vor allem viel Sand.

Am Eingang sind Toiletten, Umkleidekabinen und Freiluftduschen, im hinteren Teil des Strandbades gibt es einen kleinen Fkk-Bereich. Getränke und Eis bekommt ihr an der **Beach Bar** neben dem Kinderspielplatz, für mehr ist die **Villa Aurora** beim Eingang zuständig.

Freizeitoase Rodenbacher See

Strandbad Rodenbach, Am Auenweg, 63517 Rodenbach-Niederrodenbach. ✆ 06184/59933. **Anfahrt:** Ab Hanau Freiheitsplatz Bus HU53 bis Toom-Markt, 5 Minuten zum See. A66, Ausfahrt Langenselbold, Richtung Hasselroth, nach der Brücke rechts nach Rodenbach, am Ortseingang rechts direkt bei Toom. Die Parkplätze dürfen von Badeseebesuchern benutzt werden. **Zeiten:** 1.4. – 15.10., 15.5. – 31.5. Mo – Fr 12 – 18, Sa, So, Fei 10 – 18, Juni – Aug und während der Sommerferien 9 – 21, ab 1.9. Mo – Fr 12 – 18, Sa, So 10 – 18 Uhr. **Preise:** 1,80 €, 10er-Karte 15,30, Saison 28 €; Kinder 6 – 16 Jahre 1 €, 10er-Karte 8,70, Saison 18 €; günstige Familientarife.

▶ Das Strandbad in Rodenbach ist klein und fein. Es gibt saubere Sanitäranlagen, Umkleidekabinen und kalte Freiluftduschen, außerdem einen Kiosk mit Getränken, Eis und kleinen Speisen. Der flache See erwärmt sich im Sommer schnell. An den Sandstrand schließt sich eine ausgedehnte Liegewiese mit alten Bäumen an. Ein schöner Kleinkinderspielbereich liegt im Halbschatten. Die Älteren können Beachvolleyball, Tischtennis und Tischfußball spielen. Im Wasser gibt es eine Badeinsel mit Sprungbrett und einen markierten flachen Nichtschwimmerbereich. Am gegenüberliegenden Ufer schwimmen Seerosen.

Hunger & Durst

Kiosk mit Getränken, Eis und kleinen Gerichten, Tischen und Stühlen.

Camper, Badegäste und Naturfreunde plantschen im Badesee Mainflingen

Mainhausen-Mainflingen. www.mainhausen.de. Südwestlicher Ortsrand von Mainflingen, der nordöstliche von drei Seen: ein Anglersee, ein Badesee, ein Naturschutzgebiet. **Anfahrt:** Alpina-Bus 955, 956 bis Kettelerstraße. **Zeiten:** Mitte Mai – Mitte Sept 9 – 20 Uhr. **Preise:** 2,50 €, 10er-Karte 20, Saison 40 €; Kinder 1,50 €, 10er-Karte 10, Saison 20 €.

▶ Ein schöner See, große Abschnitte des Ufers säumen Bäume. Am Westrand ist das allerdings ganz anders, denn hier ist ein gemütliches Strandbad mit einem schmalen Sandstreifen eingerichtet. Für die ganz Kleinen und die Nichtschwimmer ist ein Sektor abgegrenzt. Die anderen können weit hinausschwimmen. Die Liegewiese bietet viel Platz zum Toben. Es gibt einen kleinen Kinderspielplatz, auch Tischtennis und Beachvolleyball kann gespielt werden. Am Kiosk mit Terrasse am See bekommt ihr Getränke und kleine Gerichte.

Ihr könnt am Badesee Mainflingen auch das Wochenende oder längere Ferien verbringen, dem Strandbad ist nämlich ein Campingplatz benachbart.

Wasserratten, Angler und Naturschützer lieben den Königssee

Mainhausen-Zellhausen. www.mainhausen.de. Am Nordrand von Zellhausen. **Zeiten:** Mitte Mai – Sept 9 – 20 Uhr. **Preise:** ↗ Badesee Mainflingen.

Ein Teil des Königssees wird von Bade- und Freizeitaktivitäten freigehalten. Am Nordufer existiert seit 1987 ein geschütztes Laich- und Brutbiotop.

▶ Der malerische, herrlich ruhig gelegene Königssee (15 ha) besitzt einen schönen Sandstrand. Das Wasser ist in einem guten Zustand, obwohl der beliebte Badesee an warmen Sommertagen bis zu 6000 Besucher anlockt. Kleinere Kinder können in einem abgegrenzten Bereich angstfrei Wasserfreuden genießen. Neben der großen Liegewiese gibt es für Kinder eigens eine Spielwiese. Die sanitären Einrichtungen sind in ordentlichem Zustand. Ein Kiosk bietet Getränke und ganz einfache Gerichte.

Die Badefreaks sind freilich nicht allein, die reichlich vorhandenen Weißfische, Karpfen, Zander und Forellen ziehen z.B. Angler an. Und die weite Seefläche mit ihren flotten Winden animiert die Surfer.

Badesee de luxe: Großkrotzenburger See

Strandbad Spessartblick, Freigericht/West, 63538 Großkrotzenburg. ☎ 06186/2250, www.grosskrotzen-burg.de. **Anfahrt:** Ab Bhf Großkrotzenburg (RB Frankfurt – Hanau – Aschaffenburg) 1 km nach Südosten an der Bahn entlang. **Zeiten:** Ganzjährig zugänglich, Badesaison Mitte Mai – Mitte Juni täglich 9 – 20 Uhr; Mitte Juni – Mitte Aug Mo – Fr 9 – 21, Sa, So 8 – 21 Uhr, Mitte Aug – Mitte Sept 9 – 20 Uhr, letzter Einlass 1 Stunde vor Schluss. **Preise:** 3 €, 10er-Karte 25, Saison 45 €; Kinder 6 – 18 Jahre 1 €, 10er-Karte 8, Saison 20 €; Familientageskarte 7, -saisonkarte 80 €.

▶ Das Strandbad am Nordufer des Großkrotzenburger Sees ist ein toller Freizeitflecken für Familien mit Kindern. Am Ufer zieht sich ein langer Sandstreifen hin, da lassen sich gut Burgen bauen. Es geht sehr flach in den See, so konnte ein recht großer Bereich für Nichtschwimmer abgegrenzt werden, der ja vor allem Kindern zugute kommt. Wer schon gut schwimmen kann, kann herrlich weit in den 18 m tiefen See hineinschwimmen, vielleicht bis zu den beiden Badeinseln.

Auf der riesigen Wiese unternehmen Kinder allerhand, am Nordrand befindet sich ein großer Spielbereich mit einer Hangelseilbahn und einem Wasserspielfeld. Von dort führt ein künstlicher Bachlauf zum Kinderspielplatz am Ostrand des Sandstrands hinüber – eine gute Gelegenheit, ein Schiffchen auf die Reise zu schicken. Ferner gibt es eine große Ballspielwiese mit Bolzplätzen, Beachvolleyball-, Basketball- und Badmintonanlagen, einen Minigolfplatz und einen Grillplatz.

Hungrige können sich am **Kiosk** oder im **Restaurant Eulenspiegel** bewirten lassen, es gibt saubere Sanitäranlagen, Warmduschen und Umkleidekabinen.

Campingsee Kahl

Königsberger Straße, 63796 Kahl am Main. ✆ 06188/94467, Fax 81268. **Anfahrt:** Bhf Kahl mit RE, RB Frankfurt – Hanau – Aschaffenburg. **Zeiten:** Mai – Sept 7 – 22 Uhr. **Preise:** 2 €, 10er-Karte 11, Saison 23 €; Kinder 6 – 17 Jahre 1 €, 10er-Karte 5,50, Saison 8 €.

▶ Der Badesee liegt mitten in einer ganz großen Campinganlage, in der sich zahlreiche Dauercamper häuslich eingerichtet haben. Der 1500 m lange Sandstrand ist gegen Eintritt jedermann zugänglich. An normalen Tagen findet ihr hier reichlich Platz und könnt die sanitären Einrichtungen ohne Wartezeiten nutzen, an ausgespro-

Beim Baden könnt ihr von einem Land ins andere schwimmen, denn der See liegt auf der Hessisch-Bayerischen Landesgrenze!

Minigolfanlage am Campingsee, ✆ 06188/81210, Mai – Sept 11 – 22 Uhr.

Hunger & Durst

Am Strand des Campingsees Kahl ist **Grillen** erlaubt. Snacks gibt es am **Kiosk**, größere Gerichte, Pasta und Pizza im **Restaurant Seeterrasse**.

In den Sommermonaten bietet der **Tauch-Club 1996 Kahl** im Waldseebad Tauchkurse an. Kinder können ab 8 Jahren teilnehmen.

chen schönen Wochenenden kann es dagegen sehr eng zugehen. Zwar bietet der Sandstrand wenig Schatten, der gut eingerichtete Spielplatz direkt an einer kleinen, flachen Badebucht liegt dagegen im Halbschatten. Hier dürft ihr euch auf Seilbahn, Karussell, Tischtennisplatte und Basketballkorb freuen.

Wasser, Wiese und Wald: Waldseebad

Am Sportfeld, Hanauer Landstraße, 63796 Kahl am Main. ✆ 06188/94468, Fax 81268. **Anfahrt:** RE, RB Frankfurt – Hanau – Aschaffenburg, Bhf Kahl. **Zeiten:** Mitte Mai – Mitte Sept 9 – 20 Uhr. **Preise:** Tageskarte 2 €, 10er-Karte 11, Saison 23 €; Kinder bis 6 frei, bis 17 Jahre Tageskarte 1 €, 10er-Karte 5,50, Saisonkarte 8 €.

▶ Das Waldseebad trägt seinen Namen zu Recht: Wer etwas sonnenempfindlich ist, findet in der gesamten Anlage viele Schatten spendende Bäume. Es gibt keinen Sandstrand, sondern recht steile Böschungen. Schwimmer gelangen über Stege ins Wasser der ehemaligen Braunkohlentagebaugrube. Oberhalb des Sees findet ihr eine Liegewiese, einen Kinderspiel- und Plantschbereich mit Wasserrutschkanal, Wasserpilz, Sandkasten, Karussell und Rutsche, eine Ballspielwiese, eine Tischtennisplatte, eine Bocciabahn und Freiluftschach. Zum Bad gehören gepflegte Sanitäranlagen, Duschen und Umkleidekabinen.

Es gibt einen **Grillplatz** und an einem **Kiosk** außer Pommes und Würstchen auch Döner und türkische Pizza zu kaufen.

Wassersport

Paddeln & Rudern auf dem Main

Für Kinder von 10 bis 14 Jahren ist das Rudern und Paddeln auf dem Main allemal eine spannende und herausfordernde Freizeitaktivität. Allerdings geht das nur, wenn ihr wirklich gut schwimmen könnt.

Hanauer Ruder-Club Hassia 1904 e.V., An der Ochsenwiese 1a, 63454 Hanau, ✆ 06181/254283 (Bootshaus), www.ruderclub-hassia.de

Hanauer Rudergesellschaft 1879 e.V., Am Mainkanal 22, 63450 Hanau, ✆ 06181/20545 (Bootshaus), www.hanauer-rg.de

Kanu-Klub Mühlheim e.V., ✆ 06108/68596, www.kanu-klub.de, kanu-klub@muehlheim.de, Bootshaus am Main.

Kanu-Club 1928 e.V., Rudolf Roth, Friedensstraße 6, 63071 Offenbach a.M., ✆ 069/859419.

Offenbacher Ruderverein 1874 e.V., Kurt-Jürgen Kramp, Starkenburger Straße 156, 60386 Ffm-Fechenheim, ✆ 069/871627, www.orv 1874.de, Bootshaus am Fechenheimer Leinpfad mit Lokal.

Offenbacher Rudergesellschaft Undine 1876 e.V., Gerhard Heil, Bettinastraße 13, 63067 Offenbach, ✆ 069/813030, gerh.heil@t-online.de, www.undine-offenbach.de, Bootshaus am Fechenheimer Leinpfad mit Lokal.

Boot fahren auf der Kinzig

Frey, Bootsschule, Bootsverleih, Yachtcharter, Philippsruher Allee, 63454 Hanau-Kesselstadt. Fax 06181/907274. Handy 0172/7219534. www.boots-schule.com. frey-yacht@t-online.de. An der Hellerbrücke und Kinzigmündung. **Zeiten:** April – Okt So und Fei 10 – 20 Uhr, Mo – Fr 13 – 19 Uhr, oder nach Vereinbarung. **Preise:** Tretboot für max. 5 Pers. 1 Std

13 €, Ruderboot für max. 4 Pers. 1 Std 10 € oder 5 – 6 Pers. 1 Std. 13 €, Kanu für max. 3 Pers. Std 8 €, Paddelboot für 1 bzw. 2 Pers. 1 Std 6 bzw. 8 €.

▶ Auf einem Boot die Kinzig entlangzupaddeln oder zu rudern ist ein Riesenspaß, ist die Kinzig in Hanau doch stellenweise total beschaulich. Ihr gleitet an Weiden entlang, im Wasser schwimmen Enten. Die Tour ist maximal 4 km lang und führt vom Startplatz an der Kinzigmündung bis zu den Kaiserteichen.

 Die Kinzig darf zum Schutz der Brut- und Laichplätze nicht vor dem 15. Juli befahren werden!

Surfen auf dem Kinzigsee

Surfshop am Kinzigsee, Jürgen Wolf, 63505 Langenselbold. ℡ 06184/4487, Fax 72738. Handy 0171/ 5700338. www.surfshopamkinzigsee.de. surfshop.kinzigsee@gmx.de. **Anfahrt:** ↗ Freizeitzentrum Kinzigsee. **Zeiten:** See offen April – Mitte Nov. **Preise:** Surfgebühr 90 Min 3 €, Tageskarte 6, Leihboards ab 7 €; Tageskarte für Kinder bis 14 Jahre 3 €.

▶ Segeln und Surfen auf dem Kinzigsee kostet eine Gebühr, die am Surfshop zu zahlen ist. Dort könnt ihr auch Bretter leihen.

Der Surfshop führt ferner verschiedene Kurse durch. Schnupper-Surfkurse für Kinder von 8 bis 12 Jahre sind unter der Woche (110 €), Kinder von 11 bis 14 Jahren dürfen mit Erwachsenen im Grundkurs am Wochenende loslegen (135 €).

Schiffsfahrten längs & quer

Schiffsausflug auf dem Main zwischen Offenbach und Seligenstadt

Preise: Primus-Linie Ffm oder OF – Seligenstadt 17,70 € hin und zurück, bis Aschaffenburg 22 €. **Infos:** ↗ auch Frankfurt.

▶ Der Abschnitt Offenbach – Seligenstadt wird von den Schiffen der **Primus-Linie** Frankfurt – Seligenstadt bzw. Aschaffenburg bedient. Angelegt wird in Frankfurt am Eisernen Steg, Offenbacher Schloss, Fechenheim, Dörnigheim/Mühlheim, Schloss Philippsruhe, Hanau-Steinheim und -Großauheim.

Ferner könnt ihr in Seligenstadt auch mit der **Aschaffenburger Personenschiffahrt** Rundfahrten unternehmen: Anfang Mai – Anfang Sept ca. 2 Sonntage im Monat. Ausflüge nach Aschaffenburg werden Anfang Mai – Anfang Sept zweimal im Monat, meist am So angeboten.

@ **Fahrpläne** der Primus-Linie im Internet unter www.primus-linie.de, Fahrpläne der Aschaffenburger Personenschiffahrt unter www.aschaffenburger-personenschiffahrt.de.

Autofähren im Raum Offenbach bis Seligenstadt

So mal eben kurz den Main überqueren, ist für viele Kinder ein schönes Erlebnis. Beobachten wie sich die Fähre mit Autos füllt, auf den Start warten und, wenn es endlich losgeht, sich schwankend auf das andere Ufer zuzubewegen, das ist durchaus spannend. An drei Orten könnt ihr dieses kleine Abenteuer unternehmen:

Offenbach-Rumpenheim – Maintal-Bischofsheim, Fußgänger 0,30, Radfahrer 0,40 und Pkw 1 €. April – Sept Mo – Sa 6 – 21, So, Fei 8 – 21 und Okt – März Mo – Sa 6 – 20.30, So, Fei 8 – 20.30 Uhr, am Rumpenheimer Ufer wartet die ↗ *Gaststätte zum Schiffchen* mit schönem Blick auf den Main.

Mühlheim-Dietesheim – Maintal-Dörnigheim, Zeiten: April – Okt Mo – Fr 5.30 – 21, Sa 5.30 – 22, So 7 – 22, Nov – März Mo – Sa 5.30 – 21, So 8 – 21 Uhr. Fußgänger 0,30, Radler 0,40 und Pkw 1 €, Wochen- und Monatskarten. Auf der Dörnigheimer Seite Spielplatz, Liegewiese und Bolzplatz, von der Terrasse des *Restaurants Mainlust* Blick auf den Fluss und die Fähre.

Seligenstadt – Karlstein, März – Okt Mo – Fr 6 – 20, Sa 7 – 20, So, Fei 9 – 20, Nov – Feb Mo – Fr 6 – 20, Sa 7 – 19, So, Fei 12 – 19 Uhr, Weihnachen – Neujahr Extra-Regelung, Personen ab 10 Jahre 0,50, Radfahrer 0,70, Pkw 2 €, Sammelkarte für 10 Fahrten 3,50 €.

RAUS IN DIE NATUR

Eine Infobroschüre zum Aktionstag »Kinzigtal total« gibt es bei der Fachgruppe Sport des Main-Kinzig-Kreises, ✆ 06052/854392. Darin erfahrt ihr alles über die Strecke, die Festprogramme in den einzelnen Orten, Pannendienst, Erste-Hilfe-Stationen und Sonderzüge. Weitere Informationsquelle: www.mkk.de.

Radeln & Skaten

Kinzigtal total — Radeltag auf abgasfreier Straße

Anfahrt: Ganz bequem mit Regionalexpressen und -bahnen Frankfurt – Hanau – Fulda sowie Sonderzügen.
Zeiten: 2. So im Sept 9 – 18 Uhr.

▶ Jedes Jahr im September findet unter dem Motto »Kinzigtal total – Vorfahrt fürs Fahrrad« ein riesiges Radelfest zwischen Kinzig-Quelle und Kinzig-Mündung statt. An diesem Tag könnt ihr auf gesperrten Bundes- und Landstraßenabschnitten völlig unbelästigt von Autoabgasen und Verkehrslärm von **Sterbfritz** bis nach **Hanau** durch das landschaftlich schöne Kinzigtal radeln – eine Strecke von 80 km. Die gesamte Route machen allerdings die wenigsten der etwa 200.000 Teilnehmer. Viele – vor allem auch Familien – beschränken sich auf mehr oder weniger lange Teilstrecken und genießen die festlich-fröhliche Atmosphäre und vielen Aktivitäten in den Orten und das reichliche gastronomische Angebot.

Von Schloss zu Schloss

Von Schloss Rumpenheim zum Schloss Philippsruhe und zurück. **Länge:** 13 km flache, leichte Rundtour am Main. **Anfahrt:** RB, RE Maintal-Ost oder S1, 2, 8, 9 Offenbach-Ost.

▶ Gestartet wird die Rundtour in **Rumpenheim** unterhalb des Schlosses an der Anlegestelle der Fähre. Ihr könnt natürlich auch in Dörnigheim, Mühlheim, Kesselstadt oder Steinheim beginnen.

Ihr radelt am Südufer flussaufwärts. Es geht zunächst durch Wiesen. Mit einem deutlichen Abstand zieht sich rechts der Hochwasserdamm hin. Nach 2,5 km seid ihr in Mühlheim. Auch hier verkehrt eine Fähre. Auf der anderen Seite liegt Dörnigheim – malerisch anzusehen. Während ihr am Ufer durch Wiesen ostwärts rollt, begleitet euch nun 1,5 km hinter einem Damm geschützt die Häuserfront von Mühlheim und Dietesheim. Kurz dahinter geht es auf der **Schleusenbrücke** über den Main. Wenn ihr Glück habt, liegt gerade ein Schiff in der Kammer und ihr könnt zusehen, wie es stromaufwärts gehoben oder stromabwärts gesenkt wird. Danach verläuft die Route noch 1,5 km am Nordufer mainaufwärts.

Vor **Schloss Phillipsruhe** befindet sich unterhalb des Schlossgartens ein toller Spielplatz mit Seilbahn, Rutschen, Kletternetz und Grillstelle. Ihr könnt den großzügig angelegten Park genießen, einen Streifzug durchs Schlossmuseum unternehmen und Hunger und Durst im Restaurant des Schlosses (mit Terrasse) oder im Museumscafé stillen.

Anschließend geht es wieder zur **Schleuse** zurück, ihr bleibt aber mainabwärts auf dem Norbufer. 2 km nach der Schleuse gibt es im

Hunger & Durst
Schlossterrasse
Philippsruhe, Blick auf den Fluss, eine der schönsten Terrassen des Untermains, Mischung aus Restaurant, Apfelweinschänke und Biergarten.

Uferbereich von Dörnigheim mehrere Lokale, Bolzplatz und Kinderspielbereich – also genügend Möglichkeiten für eine erholsame Pause. Danach sind es nur noch 2,5 km bis zur Anlegestelle der Fähre nach Rumpenheim, dem Start- und Zielort.

Main-Radweg 1: Von Seligenstadt nach Hanau-Steinheim

Länge: 14 km, stets flach durch Auwiesen, immer am westlichen Mainufer entlang flussabwärts. **Anfahrt:** Bhf Seligenstadt RB Hanau – Wiebelsbach-Heubach, RE Hanau – Groß-Umstadt.

▶ Ihr startet in **Seligenstadt** an der Anlegestelle der Mainfähre unterhalb der mächtigen Basilika. Es geht auf dem Main-Radweg flussabwärts gen Frankfurt. Am Anfang begleitet euch noch ein Stück das Fachwerkstädtchen Seligenstadt, das etwas höher liegt und sich zum Fluss hin schützt. 1,6 km nördlich seht ihr rechts über dem Fluss das ehemalige *Atomkraftwerk Kahl*, das bereits vom Netz genommen wurde und jetzt in mühevoller und riskanter Kleinarbeit entsorgt und abgebaut wird.

Es geht bis **Kleinkrotzenburg** durch Auwiesen. Der Ort ist mit dem nordwestlichen Nachbarn **Hainstadt** zusammengewachsen und jetzt auch als Verbandsgemeinde Hainburg verbandelt. Beide Orte werden vom Mainradweg lediglich gestreift. Am Nordrand von Kleinkrotzenburg befindet sich eine **Schleuse.** Im Hintergrund ist kilometerlang das riesige Kohlekraftwerk Staudinger zu sehen. Die Region zwischen Hainstadt und Steinheim ist dicht besiedelt, die Orte liegen nahe beieinander. Da der Radweg aber außerhalb verläuft, lässt er sich dennoch gemütlich radeln. 3 km nördlich von Hainstadt geht es

Hunger & Durst

Hotel-Restaurant Mainterrasse, Kleine Maingasse 18, Seligenstadt, ✆ 06182/92760, Fax 927677, 7.30 – 24 Uhr, am Mainufer, von der Terrasse Blick auf die Fähre.

an **Klein-Auheim** vorbei. Schön ist hier der Blick auf das gegenüberliegende Großauheim mit seiner malerischen Kirche. Bis zur mächtigen Eisenbahn- und Straßenbrücke am Nordrand von **Steinheim,** dem Etappenziel, sind es nun noch 5 km. Ihr fahrt am Ostrand des Hanauer Stadtteils entlang. Am Stadttor könnt ihr direkt oberhalb vom Radweg im **Biergarten** einkehren. Bevor ihr die besagte Brücke erreicht, ist noch der Hanauer Hafen mit Kränen und hohen Silos zu sehen. Bei der Brücke befindet sich übrigens die S-Bahnstation Steinheim – gut zu wissen fürs bequeme Weiterkommen.

Main-Radweg 2: Von Hanau-Steinheim nach Frankfurt

Länge: 20 km, stets flussabwärts auf dem flachen, aber abwechslungsreichen linksmainischen Radweg.

Anfahrt: S8, 9 Steinheim. Rückfahrt von Südbahnhof (S5, S6) oder Mühlberg (S1, S8 und 9).

▶ Die zweite Etappe der Main-Radroute Seligenstadt – Frankfurt beginnt an der Eisenbahn- und Straßenbrücke am Nordostrand von **Steinheim.** Auf den nächsten 4 km radelt ihr durch Auwiesen. Etwa auf halber Strecke taucht am Norduger das barocke Bauwerk von Schloss Philippsruhe auf. Kurz vor Dietesheim zweigt nach links die Route zu den nahe gelegenen Steinbruchseen ab – ein toller Abstecher. Gleich danach kommt die massive **Schleuse Dietesheim/Kesselstadt.** Anschließend fahrt ihr an Dietesheim entlang, das sich wie alle Orte bis Offenbach durch Damm und Mauer vor Hochwasser schützt. Es geht weiter durch Auwiesen bis zur Fähranlegestelle von **Mühlheim.** Hinter Mühlheim führt die Route wieder durch Mainwiesen, dann kommt **Rumpenheim.** Direkt am

Hunger & Durst

Gaststätte zum Schiff-chen, Rumpenheimer Mainufer, Schmiedegasse 8, ℰ 069/865501, Di – So warme Küche 11 – 23 Uhr, Mittagstisch, Schnitzel und Balkanküche.

Hunger & Durst

Capitano, Hafeninsel 26, Offenbach, ℰ 069/82365080, Di – So 17 – 24 Uhr, mit Sommerterrasse, Blick auf den Main, Kinderstühle, Mal- und Bastelsachen, Spiele für Schulkinder, Spielwiese. Speisen in kindgerechten Portionen, Hauptgerichte 4,20 – 14,80 €.

Achtung! Benutzung nur mit Schutzausrüstung! Aktivitäten ganz auf eigene Gefahr!

Ufer befindet sich das Rumpenheimer Schloss, daneben ist die *Gaststätte zum Schiffchen,* eine Fähre verbindet regelmäßig mit dem Nordufer. Danach radelt ihr auf der Strecke nach **Bürgel** ein letztes Mal durch Wiesen. Auf halbem Wege zweigt links die Route zum ↗ *Schultheisweiher* ab – ein weiterer reizvoller Abstecher. Das Bürgeler Mainufer erweist sich als ein gemütlicher Flecken mit Rasen und Bänken. Zum Einkehren bietet sich das Lokal des **Bootshauses des WSV 1926 Offenbach-Bürgel** an.

Kaum dass ihr an Bürgel vorbei seid, taucht auch schon **Offenbach** auf. Es geht ein langes Stück an einer Häuserfront entlang – zunächst ist das noch ordentlicher Radweg am Fluss. Dann kommt aber entlang des Hafens ein Abschnitt ohne Charme am Rand des verkehrsreichen Nordrings. Erst ab der Autobahnbrücke habt ihr wieder lärmfreien Flussradweg mit Grün. Bald nach der **Schleuse** taucht das *Ausflugslokal Gerbermühle* mit Biergarten auf. 500 m weiter schließlich passiert ihr das *Oberräder Ruderdorf* mit seinen einladenden Lokalen. Ihr seid jetzt in **Frankfurt.** Zuerst habt ihr den Osthafen im Blick, dann die riesige Halle des Großmarktes, wo bald die Europäische Zentralbank einziehen wird, bald darauf mehrstöckige neue Häuser und die Frankfurter Skyline. Und dann endet die Fahrradreise auch schon am Eisernen Steg.

Skaten in Nieder-Rodenbach

Am Auenweg. **Anfahrt:** Vom Bhf Hanau Bus 53 bis Toom-Markt, 5 Minuten Fußweg zum Skaterplatz, werktags stündlich, So, Fei nur 2 Verbindungen.

▶ Direkt neben dem Rodenbacher Strandbad befindet sich ein Skaterplatz mit Halfpipe und Funbox.

Spazieren & Wandern

Wandern am Main entlang und ins Hinterland

Im gesamten Flussabschnitt Seligenstadt – Offenbach könnt ihr am Mainufer schöne Kurzwanderungen unternehmen. Ihr teilt den Weg mit den Radlern, denn ihr seid auf dem Main-Radweg unterwegs. Als Alternative bietet sich auch abschnittsweise der Hochwasserschutzdamm an. Beides lässt sich natürlich auch kombinieren. Einige Tourenvorschläge:

Dörnigheim – Schloss Philippsruhe in Kesselstadt, 4 km, ganz leicht, immer am Main entlang, kinderwagentauglich. Von der Anlegestelle der Fähre am Dörnigheimer Mainufer (Lokale, Spiel- und Bolzplatz) immer am Main entlang flussaufwärts. Attraktionen sind nach 2,5 km die mächtige Schleuse von Dietesheim und kurz vor Schloss Philippsruhe ein toller Spielplatz mit Grillplatz. Im Schloss Philippsruhe könnte man das Historische Museum Hanau und das Papiertheatermuseum besuchen, Einkehrmöglichkeit: Café und Restaurant im Schloss.

Rumpenheim – Mühlheim und zurück, 6 km, ganz leicht, immer am Main entlang, kinderwagentauglich. Unterhalb vom Rumpenheimer Schloss setzt ihr mit der Fähre ans Nordufer über. Auf dem ehemaligen Leinpfad lauft ihr mainaufwärts nach Dörnigheim und schaukelt dann mit der dortigen Fähre zurück aufs Südufer bei Mühlheim. Der Mainradweg führt euch ganz bequem zum Rumpenheimer Schloss zurück. Einkehren könnt ihr am Rumpenheimer und Dörnigheimer Ufer, wo es auch einen Spiel- und Bolzplatz gibt.

Viele Anregungen bietet Joachim Schulmerich, *Hanauer Wanderungen – mit dem Stadtbus unterwegs,* Hanau 1998, 128 Seiten, CoCon-Verlag, 9,90 €. Die 27 ausgewählten Wanderungen sind zwar für Erwachsene konzipiert, einige Touren können in Teilstücken aber durchaus auch mit Kindern unternommen werden.

Dietesheim – Klein-Auheimer Fasanerie, 10 km. Von der Südseite der Dietesheimer Schleuse lauft ihr ganz kurz mainaufwärts und dann am Hinweisschild nach rechts Richtung Dietesheimer Seen, zunächst nach Süden zu den Kies- und Angelseen. Dann ganz lange Richtung Südosten: zuerst am Hansteinweiher entlang, 500 m dahinter erreicht die Route – fortan 1,5 km im Wald – die Steinbruchseen. Lange lauft ihr am Oberwaldsee entlang. Bald danach biegt ihr links ab und steuert immer geradeaus auf den Westrand von Steinheim zu. Dort lauft ihr durch weite Flur 3 km Richtung Süden zur Ausfahrt der B43 (letztes Stückchen Wald), dann K200 Richtung Klein-Auheim bis die Route rechts zur nahe gelegenen Fasanerie abzweigt. **Einkehren:** *Gasthaus am Grünen See Eck* oder *Restaurant Jagdhaus* beim Haupteingang der Fasanerie.

Im Auwald der Kleinen Bulau unterwegs – vier schöne Kurzwanderungen

Hanau. **Anfahrt:** Bus 2, 7 Kiefernweg.

▶ Zwischen Erlensee und dem Ostrand von Hanau bildet die Kinzig zahlreiche naturbelassene Schleifen mit Kies- und Sandbänken und Uferabbrüchen. Wenn Hochwasser kommt, darf es das Gelände ungehindert überfluten. Das sind die besten Voraussetzungen für ein urwaldhaftes Auwaldparadies. So finden wir im feuchten Uferbereich Weichholzaue aus Weiden und Erlen. Flussferner, wo es trockener ist, breitet sich dagegen Hartholzaue aus Stileichen, Eschen und Ulmen aus. Viele seltene Tier- und Pflanzenarten sind in dieser naturnahen Landschaft zu Hause, besonders die Gewässer liebenden Vogelarten und Amphibien sowie die Alt- und

Stadt Hanau, *Die Bulau im Bereich Hanau und Erlensee,* Informationen inklusive Wanderkarte, kostenlos bei der Information der Stadt Hanau erhältlich.

Totholz bewohnenden Käfer- und Vogelarten. Unter den 68 Brutvogelarten befinden sich alle 6 in Hessen vorkommenden Spechtarten (Bunt-, Grau-, Grün-, Mittel-, Klein- und Schwarzspecht), für die die Eichen hervorragende Lebensräume sind. In den Schwarzspechthöhlen kann man auch Fledermäuse, Eulen und Hohltauben entdecken. Aus der Vogelwelt sollten vielleicht noch der Pirol, der Eisvogel, der Kuckuck und die Waldschnepfe erwähnt werden. Wanderungen durch die Bulau sind im Frühjahr besonders schön, wenn Buschwindröschen, Lerchensporn oder Bärlauch wahre Blütenteppiche bilden.

In der **Kleinen Bulau** bei Hanau sind vier gemütliche, kurze Rundwanderungen recht brauchbar markiert.

1: Ab Neuhofstraße, Markierung schwarzer Käfer, 2,5 km, Wald, am Anfang und Ende Kinzig-Amazonien.

2: Ab Neuhofstraße, Markierung roter Vogel, 4,3 km, Wald, über die Hälfte des Weges am wildwüchsigen Kinzigufer entlang, Weichholzaue, umgestürzte Bäume, Totholz, die spannendste Bulau-Wanderung.

3: Ab Feuerbachstraße: Markierung blauer Schmetterling, 2,8 km, Wald, auch ein Stück an der Kinzig.

4: Ab Feuerbachstraße, Markierung braunes Eichhörnchen, 4,4 km, Wald, aber nicht am Kinzigufer entlang.

An der Rodau: Von Mühlheim zum Freibad Lämmerspiel

Länge: 5 km, großenteils Radweg, markiert, Bachtal, Wiesen, auch ein Waldstreifen, flach, leicht. **Anfahrt:** S8, 9 Mühlheim.

Schön wandert es sich auch im westlich der Rodau gelegenen Biebertal.

▶ Vom **S-Bhf Mühlheim** geht es zum 100 m westlich fließenden Rodaubach hinunter. Danach wandert ihr immer geradeaus im Tal des beschaulichen Baches aufwärts. Ihr haltet euch bis kurz vor Lämmerspiel links von dem quirligen Gewässer. Im Bereich von Mühlheim kommt die Route an zwei gut ausgestatteten Spielplätzen vorbei. Auf den ersten 3 km verläuft die Wanderung durch Wiesen. Dann folgt vor Lämmerspiel ein Waldabschnitt. Zum Schluss geht es via Bürgermeister-Beheim-Straße, Obertshauser Straße und Am Schwimmbad zum **Freibad Lämmerspiel,** dem Ziel der Wanderung.

Die Skizze »Erholungsgebiet Steinbrüche Mühlheim-Dietesheim« ist bei der Stadtverwaltung Mühlheim erhältlich.

Rundgang durch das Labyrinth der Dietesheimer Seenplatte

Mühlheim-Dietesheim. **Länge:** 4 km, Rundweg mit viel Wald. **Anfahrt:** S8, S9 bis Dietesheim.

▶ Ihr geht vom **S-Bhf Dietesheim** auf der Alleenstraße Am Wingertsweg zum 700 m südöstlich gelegenen Parkplatz für das Seengebiet.

STEINBRUCHSEEN

In die Seenlandschaft der 1982 aufgegebenen Basaltsteinbrüche ist unter kräftiger Mithilfe des Menschen eine vielfältige Tier- und Pflanzenwelt eingezogen. Sogar die steilen Felswände, die an vielen Stellen die Seen umgeben, sind bewohnt. In ihren Klüften und Höhlen hausen Eisvögel, Turmfalken und Fledermäuse. An den Ufern wurden mehrere Flachwasserbereiche geschaffen, die als Röhrichtzone mit Rohrkolben, Schilf und Schwertlilien bewachsen sind. Diese Zone ist auch Laichgebiet für Fische und Lebensraum für Wasservögel und seltene Libellen. In den feuchten Mulden im angrenzenden Wald haben sich stark bedrohte Froscharten, Kröten und Molche niedergelassen. Die Steinbrüche sind überhaupt ein ganz wichtiges Rückzugsgebiet für bedrohte Pflanzen und Tiere. ◀

Dort befinden sich eine **Grillhütte** mit viel Raum und ein Spielplatz.

Der **Rundweg** kann beginnen. 300 m südöstlich seid ihr am ersten großen Steinbruchgewässer, dem *Vogelsberger See*, der gegen den Uhrzeigersinn fast umrundet wird. Auf der West- und der Ostseite existiert jeweils ein Aussichtspunkt. Kurz hinter dem östlichen ist rechts nur wenige Meter entfernt eine Stelle mit toller Aussicht auf das zweite große Steinbruchgewässer, den *Oberwaldsee*. Der Rundweg überquert den engen Verbindungskanal zwischen beiden Seen. Es geht nun zum 450 m nördlich gelegenen Angel- und Baggersee *Hansteinweiher*. Die Route führt am Südufer des Gewässers entlang. Dahinter biegt ihr links ab zum nahen *Grünen See,* an dem sich das lauschige *Ausflugslokal* »Zum Grünen See Eck« befindet. Zum Schluss geht ihr in südwestlicher Richtung zum Parkplatz der Seenplatte hinüber. Anschließend kehrt ihr via Am Wingertsweg zum **S-Bhf Dietesheim** zurück.

Zum Aussichtsturm auf dem Buchberg

Langenselbold. **Länge:** 2 km einfach, stetig steigend, kinderwagentauglich. **Anfahrt:** RB, RE Bhf Langenselbold. A66, Ausfahrt Langenselbold Richtung Hasselroth, nach Brücke rechts Richtung Rodenbach und dann gleich links Wanderparkplatz am Buchberg.

▶ Ihr geht an der Nordseite des **Bhf Langenselbold** in westlicher Richtung zur ca. 300 m entfernten Brücke. Auf ihrer Südseite müsst ihr in die Straße nach Rodenbach. Kurz darauf taucht links der Wanderparkplatz am Buchberg auf, von dem es immer kräftig bergauf durch den Wald auf einem Schotterweg zum 1,5 km entfernten Buchberg hinaufgeht. Dort könnt ihr

Hunger & Durst
Gasthaus Zum Grünen See Eck, Am Hansteinweiher 75, Mühlheim, ✆ 06181/755312, im Sommer Di – So 11.30 – 21 Uhr, im Winter nur Sa, So, am Grünen See, toll gelegen, Terrasse über dem See, griechische Küche und Pizzeria.

**Gaststätte am Buch-
bergturm,** Ristorante &
Pizzeria, Am Buchberg,
Langenselbold,
☎ 06184/1201, Mo Ru-
hetag. Viele Pasta-
gerichte auch in Kinder-
portionen, Biergarten.

einkehren, einen Aussichtsturm besteigen und
einen Spielplatz testen.

Vom **Aussichtsturm** auf dem Buchberg besteht
ein sagenhafter Rundblick. Ihr seht die Skyline
von Frankfurt, die Türme der Ronneburg und
die Ausläufer von Odenwald, Taunus und Vogelsberg und noch vieles andere – also das
Rhein-Main-Gebiet aus der Vogelperspektive.
Gut, wenn ihr ein Fernglas dabei habt!

Rund um die Klosterruine Sankt Wolfgang

Rodenbach-Niederrodenbach. **Länge:** 6,4 km ebener
Rundweg, geeignet auch für Fahrrad, Inlineskates, Kinderwagen und Rollstuhl. **Anfahrt:** Ab Hanau Freiheitsplatz Bus HU53 bis Haltestelle Forstamt an der B43
kurz hinterm Autobahndreieck, von dort 15 Gehminuten zum Wanderparkplatz. A45, Ausfahrt Rodenbach
und von der B43 dem Wegweiser zum Forstamt Wolfgang folgend rechts zum Wanderparkplatz Klosterruine.
Rad: Radweg an der B43 bzw. an den Bahngleisen.

An der Kloster-
ruine Sankt
Wolfgang darf **gegrillt**
werden. Dazu braucht
ihr einen Erlaubnis-
schein des Forstamtes.
An der Ruine gibt es
eine Schutzhütte und
einen Lagerfeuerplatz,
Grillgerät müsst ihr
selbst mitbringen, Infos
unter ☎ 06181/95010.

▶ Am Wanderparkplatz **Klosterruine Sankt
Wolfgang** beginnt ein mit einem grünen Bu-
chenblatt markierter Rundweg. Unterwegs
kommt ihr nicht nur an so markanten Bäumen
wie Bergahorn, Flatterulme und asiatischem
Götterbaum vorbei, sondern auch an einer gru-
seligen Klosterruine, am Forstamt Wolfgang
und am *Naturschutzgebiet Rote Lache*. Für Abwechslung ist also reichlich gesorgt.

Naturerkundungen & Umwelt-Infozentren

Barfuß-Lehrpfad im Wildpark Alte Fasanerie

Hanau-Klein-Auheim. **Anfahrt:** RB von Hanau Hbf bis Klein-Auheim und 30 Minuten Spaziergang. B45 Ausfahrt Klein-Auheim, Wegweiser zur Fasanerie.

▶ Ein kleiner Leckerbissen für Kinder ist der etwa 30 m lange **Sinnespfad** des Klein-Auheimer Wildparks. Da geht es barfuß über Vogelsberger Basalt, Blätter, Kies, Kiefernzapfen, Balancierholz, Sand, Findlinge, Waldboden, Rinde und Holzpalisaden. Schade, dass der Weg so kurz ist und etwas entlegen liegt. In der Nähe befindet sich übrigens auch der **Gesteinspfad,** in dem Plutonit, Basalt, Vulkanit, Sandstein und Granit am Wegrand stehen. Und dann gibt es noch in nicht allzu großer Ferne eine **Sprunggrube,** in der markiert ist, wie weit unsere heimischen Tiere hüpfen können. Ihr könnt ja mal ausprobieren, ob ihr auch so weit wie Rehe oder Hasen springen könnt.

Forstmuseum im Wildpark Alte Fasanerie

Fasaneriestraße 106, 63456 Hanau-Klein-Auheim. ℂ 06181/69191, www.erlebnis-wildpark.de. **Anfahrt:** ↗ Wildpark. **Zeiten:** ↗ Wildpark.

▶ Ihr könnt in diesem ganz neuen Museum mit seinem umweltfreundlichen Solardach viel über den Wald erfahren – biologisch, ökologisch, wirtschaftlich, geschichtlich. Auch zum Thema Waldarbeit existiert eine gehaltvolle Ausstellung. Früher, als es nur Beil und Handsäge gab, war die »Holzernte« eine verdammt schwere und gefährliche Arbeit. Die Erfindung der Motorsäge brachte bereits eine gewaltige Erleichterung. Heute gibt es den »Voll-Harvester«, der den Waldarbeitern einen großen Teil der Arbeit abnimmt: Er fällt die Bäume, entastet sie und schneidet die Stämme transportgerecht. Andere Schwerpunkte sind: Geschichte der Flößerei, Harzgewinnung, der Wald als Lieferant von Bau- und Möbelholz, als Wasserspeicher und wichtiger Umweltfaktor.

Naturschule Hessen

Eichendorffstraße 16, 63477 Maintal-Dörnigheim. ✆ 06181/9080936, Fax 9080937. www.naturschule-hessen.de. kontakt@naturschule-hessen.de. **Anfahrt:** Bus HU23 Danziger Straße.

▶ Die Naturschule Hessen ist in der naturpädagogischen Fortbildung für Lehrer und Erzieher engagiert, bietet Abrufprogramme für Schulklassen und hat auch schöne naturkundliche Aktivitäten und Exkursionen für einzelne Kinder und Familien zu festen Terminen auf dem Programm. Für Kinder z.B:

- Insektenwerkstatt für Kinder. Das große Krabbeln;
- Kinder malen im Wald mit den Farben der Natur;
- Kleine Kunstwerke im Wald. Herbstlich willkommen;
- Solarmobil-Workshop für Erfinderinnen und Erfinder.

Für Familien beispielsweise:

- Familienausflug zu den grünen Frühlingspflanzen;
- Bekanntschaft mit dem Volk der Bienen;
- Pferdetrekking durch den Taunus;
- Forschungsreise auf dem Floß;
- Familie Feuerstein – Leben wie in der Steinzeit;

@ Dem Jahresprogramm sind viele Anregungen zu entnehmen. Das gibt es sowohl als Broschüre wie auch im Internet. www.naturschule-hessen.de

- Outdoor-Wochenende für Familien;
- Erlebnisspaziergang für die ganze Familie.

Und außerdem gibt es noch verschiedene Ferienspielangebote.

Reiten & Kutschfahrten

Gestüts- und Reitanlage Goldockerhof

Clara-Grein-Straße 400, 63075 OF-Rumpenheim.
✆ 069/868965, Fax 86777956. www.Goldockerhof.de. info@Goldockerhof.de. **Anfahrt:** Bus OF101 Schlosspark.

▶ Für Kinder gibt es auf der in Mainnähe gelegenen Reitanlage die Möglichkeit über Longenunterricht für Reitanfänger, Einsteigergruppenstunden nach dem Longenunterricht und Gruppenstunden in Dressur und Springen allmählich das Reiten zu lernen.

Reitverein Sonnhof Maintal e.V.

Reitschule Sonnhof, Otto-Hahn-Straße 5, 63477 Maintal-Dörnigheim. ✆ 06181/45776 (A. Gerbet), www.reit-verein-sonnhof.de. Im Gewerbegebiet Ost. **Preise:** Kinder bis 14 Jahre Aufnahmegebühr 10, Jahresbeitrag 20 €. **Infos:** ✆ 06181/9068401.

▶ Voltigierkurs für Kinder und Jugendliche in zwei Altersgruppen einmal wöchentlich, Kosten 20 € pro Monat.

Reit- und Fahrverein Seligenstadt und Umgebung

Aschaffenburger Straße 102, 63500 Seligenstadt.
✆ 06182/23400 (Rast), Fax 23400. www.reiten.de/Reit-Fahrverein-Seligenstadt/.

▶ Für die Kleinsten wird ab 4 Jahren Voltigierunterricht geboten. Wenn die Kinder etwas

Hunger & Durst

Reiterstube Goldockerhof, Speisegaststätte, Mo – Fr 15 – 23, Sa 11 – 22, So 11 – 20 Uhr, warme Küche Mo – Fr 17 – 22, Sa, So ab 12 Uhr, Hauptgerichte 5 – 15 €, Gartenterrasse, Biergarten.

Tipp: Besondere Angebote des Sonnhofs sind Geländeritte für Kinder, Ostereiersuchritt mit Ponys, Pfingst-Pony-Picknick-Ritt.

größer sind, können sie dann am Reitunterricht für Anfänger und Fortgeschrittene teilnehmen. Der Reit- und Fahrverein Seligenstadt verfügt über Ponyhof, Pensionsstall, Reitschule, Reitanlage, Reitsportanlage, Reitstall und Reithalle.

Interessengemeinschaft für Pony- und Pferdesport e.V.

Vereinsheim Reiterkate, Reitplatz am Fasanengarten, 63512 Hainstadt-Klein-Krotzenburg. ✆ 06182/7645, www.ippf.de.

▶ Jugend- und Kinderreitstunden auf dem Reitplatz am Vereinsheim: Info ✆ 06182/841883. Außerdem sind Fahrten mit der historischen Kutsche und dem Planwagen möglich.

Tier- & Erlebnisparks

Wildpark Alte Fasanerie

Hessische Landesforstverwaltung, Fasaneriestraße 106, 63456 Hanau-Klein-Auheim. ✆ 06181/69191, www.erlebnis-wildpark.de. **Anfahrt:** RB von Hanau Hbf bis Klein-Auheim und ein halbstündiger Spaziergang. B45 Ausfahrt Klein-Auheim, Wegweiser zur Fasanerie. **Zeiten:** April – Sept 9 – 17, Okt – März 9 – 16 Uhr. **Preise:** 3 €; Kinder 6 – 14 Jahre 1,50 €; Erwachsenengruppen ab 20 Personen 2 € pro Person, Schulklassen 1 €/Schüler.

 Einige Wildtierarten wie Elch und Wisent dürfen keinesfalls gefüttert werden! Den anderen Tieren nur das an der Kasse gekaufte **Futter** geben, sonst kriegen sie Bauchweh. Ein Päckchen kostet 1 €.

▶ Breite, gut ausgebaute Wege leiten euch durch die Wälder und Lichtungen der Alten Fasanerie. Bis auf den Eingangsbereich bestimmen ausgedehnte **Wildgehege** die Szene. Hier sind Damhirsch, Wildschwein, Rothirsch, Reh, Mufflon, Sikahirsch, Elch, Wisent, Luchs, Wolf, Fuchs, Dachs und Steinmarder zu Hause. Wenn ihr sie alle kennen lernen wollt, müsst ihr den 3,5 km langen großen Rundgang machen. Auf diesem kommt ihr auch am Sinneslehrpfad und am Gesteinslehrpfad vorbei und könnt ferner mit einem kleinen Umweg auch den Hochseilgarten mitnehmen.

Davon unterscheidet sich der **Eingangsbereich** ganz deutlich, denn hier dominieren Kleingehege und Volieren. In Ersteren könnt ihr Waschbären, Marderhunde, Iltisfrettchen, Füchse, aber auch die vom Aussterben bedrohten Haustiere Rhönschaf und Thüringer Waldziege bewundern. Hier befindet sich ferner ein kleiner Streichelzoo mit Ziegen. Die Volieren sind mit Tauben, Fasanen, Kolkraben, Schnee-Eulen u.a. bevölkert. Der Eingangsbereich, in dem sich auch ein **Spielplatz,** Bänke und Tische zum Picknick und das Forstmuseum befinden, ist der Teil des Tierparks, den die Familien mit kleineren Kindern zu Recht bevorzugen.

Zur Orientierung, d.h. nicht zuletzt auch zur Planung der Route für den Streifzug durch die Alte Fasanerie dient eine Karte im Eingangsbereich. Oder ihr markiert euch in der Karte des Führers »Erlebnis Wildpark« eine Rundtour.

Führungen durch den Wildpark Alte Fasanerie

Infozentrum, Wildparkschule & Fortbildungsstätte, Hessische Landesforstverwaltung, Fasaneriestraße 106, 63456 Hanau-Klein-Auheim. ℰ 06181/690676, www.erlebnis-wildpark.de. **Preise:** Führung 2 € je Schüler, Mindestpauschale 60 €.

▶ In der Alten Fasanerie gibt es eine Wildparkschule, dort können sich Schulklassen nach Anmeldung über die Tierarten im Park unterrichten lassen. Natürlich gehört dazu auch eine Führung, entweder zu einer bestimmten Tierart

Ein Falkner lädt Di – So um 15 Uhr beim Damwildgatter zur **Greifvogel-Flugschau**, Erw 1,50 €, Kinder 1 €.

Hunger & Durst

Nach Besichtigung des Parks und des Forstmuseums könnt ihr euch im Biergarten des gegenüberliegenden **Restaurants Jagdhaus** stärken. Dort gibt es ebenfalls einen Spielplatz. www.restaurant-jagdhaus.de, 12 – 24 Uhr, Mo – Fr 12 – 14 Uhr Mittagstisch, So 10 – 14 Uhr Brunch.

April – September finden mittwochs ab 18 Uhr kostenlose geführte Wanderungen durch den Wildpark statt.

oder je nach Jahreszeit: im Herbst zur Hirschbrunft oder im Frühjahr zu den Tierbabys. Außerdem ist eine Tierpark-Rallye möglich.

Waldzoo im Hainbachtal

Waldstraße 275, Offenbach. ☏ 069/852520. **Anfahrt:** Bus OF101, 102 Stadthalle. **Zeiten:** Di – So 10 – 18, im Winter jedoch nur 17 Uhr. **Preise:** 2 €; Kinder 3 – 14 Jahre 1,50 €; Gruppenermäßigung für Kindergärten und Schulklassen.

▶ In dem kleinen, von Wald umgebenen Zoo gegenüber der Stadthalle geht es sehr eng zu, viele Gehege sind beängstigend klein. Die meisten Bewohner zählen zur einheimischen Tierwelt, wie z.B. Huhn, Meerschweinchen, Kaninchen, deutsches Texelschaf, Wellensittich, Fasan und Höckerschwan. Aus dem europäischen Umfeld kommen das schottische Hochlandrind und das Shetland-Pony. Und da sind schließlich noch die Exoten, das Lama aus Lateinamerika, das Afrikanische Zwergschwein und das Bennettkänguru aus Australien. Die ganz kleinen Zoobesucher dürfen die Shetland-Ponys streicheln.

Happy Birthday!
Im Waldzoo gibt es auch Eis und Getränke und ihr könnt euren Geburtstag feiern.

Kahler Vogelpark

Vogel- und Aquarienfreunde e.V., Forststaße 11, 63796 Kahl am Main. ☏ 06188/445344, Fax 445438. www.kahl-main.de. **Anfahrt:** Ab Bhf Kahl nur wenige Meter zu Fuß. **Zeiten:** Ganzjährig von 10 Uhr bis Einbruch der Dunkelheit. Größere Gruppen telefonisch anmelden. **Preise:** freier Eintritt, Spende angemessen.

▶ Ganz schön »irre« Vögel gibt es hier, zumindest dem Namen nach: Molukkenkakadu, Humboldtpinguin, Sattelstorch, Flamingo, Gelbwangen-Amazone und Mohrenkopfpapa-

Besonders nett ist es, einmal bei der **Fütterung der kleinen Pinguine** zuzuschauen. Täglich ab 16 Uhr warten diese schon ganz ungeduldig auf ihre Fischportionen.

gei, um nur ein paar zu nennen. Rund 100 Vogelarten zwitschern, krähen, keifen, krakeelen und schreien im Park um die Wette – manche sind aber auch ganz still oder blicken schläfrig drein wie die Eulen. Die werden nämlich erst am Abend wach. Der Park ist nicht groß, das bewahrt die Kinder vor einem unerwünschten »riesigen« Rundmarsch, der leicht in Quengelei enden könnte. Die ganz Kleinen fühlen sich pudelwohl an dem von Schwänen, Enten und Gänsen bevölkerten Teich im Zentrum der Anlage. In naher Zukunft sollen sie auch einen Streichelzoo mit Schafen, kleinen Lamas, Ziegen und Zwergschweinen bekommen.

Hunger & Durst

Von der überdachten **Gaststättenterrasse** Blick auf den kleinen Spielplatz des Vogelparks. April – Okt Di – Sa ab 15.30, So, Fei ab 10 Uhr, Nov – März auch Di Ruhetag.

Historische Kuranlagen Wilhelmsbad

Hanau-Wilhelmsbad. 3 km nordwestlich vom Stadtzentrum. **Anfahrt:** RB oder ab Freiheitsplatz Bus 1 bis Bhf Wilhelmsbad. **Preise:** freier Eintritt. **Infos:** Plan und Beschreibung des Parks beim Info-Zentrum. Nov – Weihnachten und März Sa, So 13 – 17 Uhr, sonst Di – Sa 14 – 18, So 11.30 – 18 Uhr.

▶ 1709 entdeckten zwei Kräuterfrauen am Rand von Steinbrüchen, aus denen das Material für die Stadtmauer und die Tortürme kam, eine Heilquelle, die man ein Jahr später einfassen ließ. Dann dauerte es aber noch 67 Jahre, bis der in Hanau ansässige Erbprinz *Wilhelm von Kassel* auf die Idee kam, hier ein mondänes Kurbad für den Adel und reiche Bürger zu errichten. 1779 kamen die ersten Kurgäste. Es dauerte freilich noch weitere 6 Jahre bis all die prachtvollen Bauwerke wie das Kurhaus, das Spielkasino und das Comödienhaus sowie der Kurpark im Englischen Stil mit den vielen lustvollen Flecken wie dem Schneckenberg, dem Weiher, dem Karussell, dem Tunnel, der Schlucht und Teufels-

Kurhaus-Café, Mo – Sa 14 – 19, So 12 – 19 Uhr.

Parkexkurse des Puppenmuseums für Kinder:
»Ich sehe was, was Du nicht siehst«, Suchspiel durch den Wilhelmsbader Park mit Nachbereitung;
»Grusel in der Grotte«, Lesungen für Kinder in der Einsiedlergrotte in Wilhelmsbad;
»Es war einmal ein Prinz«, Kinderführungen durch das Museum Burgruine.
Anmeldung bei Heidrun.Merk@netsurf.de, ℂ & Fax 06181/ 9066295 und 595818.

brücke fertig waren. Der Jungfürst selbst ließ sich eine romantische Burgruine anlegen, die mit luxuriösen Wohnungen ausgestattet war. Das Wilhelmsbad wurde danach schnell zu einem der mondänsten Kurorte Deutschlands. Die Blütezeit war freilich kurz. Als das Wilhelmsbad 1865 ein für allemal geschlossen wurde, war es eigentlich schon eine Weile in Bedeutungslosigkeit versunken. Die schwache Heilquelle war versiegt, am Schluss verirrten sich nur noch ein paar Glücksspieler ins Casino.

Heute zieht das Wilhelmsbad aus ganz anderen Gründen ein großes Publikum an – 300.000 pro Jahr sollen es sein. Sie kommen, um die noch vollständig erhaltene Anlage eines berühmten Kurortes aus dem 18. Jahrhundert zu bewundern oder das interessante Kulturangebot des Comödienhauses zu nutzen oder sich auf Spaziergängen im alten Kurpark zu erholen.

Auch für Kinder gibt es genug Attraktionen. Sie können sich das faszinierende **Puppenmuseum** im Arkadenbau ansehen, im Comödienhaus Aufführungen des **Kindertheaters** erleben oder den Kurpark durchstreifen: am Weiher den Enten zuschauen, den Schneckenberg besteigen oder die Teufelsschlucht auf einer Hängebrücke überqueren.

Minigolf in Offenbach & Hanau

An folgenden Orten habe ich Minigolfplätze entdeckt (Ö = Öffnungszeiten):

Bruchköbel, *Bärensee,* Ö wie Strandbad, Erwachsene 1,50, Kinder 6 – 18 Jahre 0,80 €.

Bruchköbel, Frei- u. Hallenbad, Ö wie Freibad.

Großkrotzenburg, *Großkrotzenburger See,* Strandbad Spessartblick, Ö wie das Strandbad.

Hanau-Großauheim, *Lindenaubad,* Ö wie Freibad.

Karlstein, Ortsteil Großwelzheim auf dem *Campingplatz im Freizeitgebiet* am See.

Maintal, Ortsteil Bischofsheim, am Rand des Bischofsheimer Waldes, zwischen Gänseweiher und Eugen-Kaiser-Ring, Ö Ostern – Sept, Mo – Sa ab 14, So schon ab 10 Uhr, jeweils bis Einbruch der Dunkelheit.

Offenbach, *Leonhard-Eisnert-Park,* Waldstraße, unterhalb vom Stadion der Offenbacher Kickers, Erwachsene 2, Kinder 1 €.

Seligenstadt, neben dem Schwimmbad.

Leonhard-Eisnert-Park

Bieberer Straße, Offenbach. **Anfahrt:** Bus OF102, 102N bis Stadion Bieberer Berg.

▶ Dieser Park unterhalb vom Stadion der Offenbacher Kickers bietet die Möglichkeit zum Minigolf. Wegen des sehr bescheidenen Spielplatzes müsst ihr nicht unbedingt hierher. Ein Plus für heiße Sommertage sind dagegen die Wasserspielanlage und der Kiosk. Das Wegenetz bietet sich für kleinere Spaziergänge an, überwiegend im schattenreichen Laubwald. Sobald ihr ein Stück vom Eingang entfernt seid, macht sich sogar der Lärm der stark befahrenen Waldstraße kaum noch bemerkbar.

Hessens größter Hochseilgarten

Wildpark Alte Fasanerie, Fasaneriestraße 106, 63456 Hanau-Klein-Auheim. www.hochseilgarten-rhein-main.de. Beschilderung zum Ostende des Wildparks folgen. **Zeiten:** Einzelne Personen und kleine Gruppen So 9 – 13, 14 – 18 Uhr.

▶ Es ist atemberaubend, den Aktivisten zuzusehen, wie sie in dem Drahtseilgewirr zwischen

den 23 senkrechten, bis zu 12 m hohen Stämmen gewagt klettern und auf den Plattformen balancieren.

Grillplätze und -hütten

Bruchköbel, *Freizeitanlage Dicke Eiche,* im Stadtwald an einem Fischweiher, Grillanlage mit Stromanschluss, WC, zugänglich Mai – Sept, Anm. ☎ 06181/975-231.

Großkrotzenburg, Kahler Straße, Grillwiese, Anm. Bau- u. Liegenschaftsverwaltung, ☎ 06186/200953, Mietpreis pro Tag 25,56 €, Kaution 51,12 €.

Großkrotzenburg, *Strandbad Spessartblick,* ☎ 06186/2250, Grillplatz, Holzkohlegrill mit 16 Rosten, sanitäre Anlagen, Benutzung im Eintrittspreis für das Bad enthalten.

Hanau, *Heinrich-Fischer-Bad,* Eugen-Kaiser-Straße 19, 63452 Hanau, ☎ 06181/295-970, Holzkohlegrill mit 4 Grillplätzen, Wasseranschluss und sanitäre Anlagen, Benutzung im Eintrittspreis für das Bad enthalten.

Kahl, *Waldseebad,* ☎ 06188/94468, Grillplatz, 5 Holzkohlegrills, Wasseranschluss und sanitäre Anlagen, Benutzung im Preis des Bades enthalten.

Rodenbach, *Barbarossaquelle,* im Wald ca. 2 km südlich von Oberrodenbach Richtung Freigericht-Somborn, kleine Freizeitanlage an der Quelle, Weiher mit Seerosen und Entenhäuschen, Grillplatz, Holzhütte, Feuerstelle, Holztische; Grillgerät mitbringen.

Rodenbach, Ortsteil Oberrodenbach, am Wanderparkplatz Barbarossaquelle, Grillhütte mit Rosten, offene Feuerstelle, Schutzhütte, Holztische.

Rodenbach, *Klosterruine Sankt Wolfgang*, zwischen Niederrodenbach und Hanau-Wolfgang, ca. 500 m vom Wanderparkplatz Klosterruine an der B43, wildromantisches Ambiente in einer Klosterruine mit Turm und Brunnen, Grillplatz, Schutzhütte mit Feuerstelle und Holztischen, Grillgerät mitbringen.

Achtung! Die 3 Rodenbacher Grillhütten müssen gebucht werden beim Hessenforst, ✆ 06181/950190.

Bahnen, Schlösser, Burgen

Mit Volldampf in den Spessart

Museumseisenbahn e.V., Bahnhofstraße 2, 61138 Niederdorfelden. ✆ 06187/479245, Handy 0179/6783055. www.museumseisenbahn-hanau.de. info@museumseisenbahn-hanau.de. **Zeiten:** Kahlgrundbahn Oster-Mo, Himmelfahrt, 1. So im Nov, 1. So vor Nikolaus; hin 1 1/4, zurück 1 Stunde. **Preise:** Kahl – Schöllkrippen einfach 8 €, hin und zurück 12 €; Kinder 4 – 12 Jahre 4, hin und zurück 6 €; Familien (2 Erwachsene + 2 Kinder) 20, hin und zurück 30 €.
Infos: *Gemeindeverwaltung Kahl,* Referat für Kultur, Fremdenverkehr und Öffentlichkeitsarbeit, ✆ 06188/94475, *Fremdenverkehrsamt Gelnhausen,* ✆ 06051/830330.

▶ Historische **Dampfzugsonderfahrten** von Hanau nach Schöllkrippen wie auch von Gelnhausen nach Büdingen veranstaltet der Verein Museumseisenbahn e.V. mehrmals im Jahr. Dann könnt ihr durch den Kahlgrund im Vorspessart dampfen bzw. vom Spessart in den Vogelsberg. Besonders spannend ist es, während der Fahrt von Wagon zu Wagon über die offenen Plattformen zu laufen. Der Zug verfügt über einen Buffetwagen, in dem es Kaffee, Früchtetee und kalte Getränke, Kuchen und kleine Speisen gibt. Er hält auf allen Stationen,

HANDWERK UND GESCHICHTE

Tipp: An verschiedenen Terminen gibt es ein extra Kinderprogramm, wie z.B. die **Teddybärenfahrt** im November oder die **Nikolausfahrt** im Dezember!

so dass sich eine Zugfahrt prima mit einer Wanderung oder einer Radtour verbinden lässt.

Symmetrie pur: Schloss Philippsruhe

Philippsruher Allee 45, 63454 Hanau-Kesselstadt. ✆ 06181/20209, Fax 257939. www.museen-hanau.de. info@museen-hanau.de. **Anfahrt:** Ab Hbf Bus 10, ab Westbhf Bus 1, 10. Rad: Von Frankfurt, Offenbach, Dörnigheim und Seligenstadt bequeme Radwege. **Zeiten:** Di – So 11 – 18 Uhr. **Preise:** 1,50 €; Kinder bis 14 Jahre 1 €; Gruppen 0,75 €, Sa frei.

▶ Am Kesselstädter Mainufer steht das eindrucksvolle Barockschloss Philippsruhe, das erste deutsche Schloss, welches das Versailler Prachtschloss des französischen Sonnenkönigs zum Vorbild hatte. Dieses luxuriöse Bauwerk wurde 1701 – 1712 auf Befehl des absoluten Herrschers der Region errichtet, des Grafen *Philipp Reinhard von Hanau-Lichtenberg*. Generationen von Adeligen haben hier ihre verschwenderischen Feste gefeiert, während im einfachen Volk Schmalhans Küchenmeister war.

Das alles ist längst Geschichte, das Schloss ist heute ein Ort der Kultur und Freizeit, der jedem zugänglich ist. Im Schlossgebäude sind die Ausstellung zur ↗ **Stadtgeschichte** und das **Papiertheatermuseum** zu Hause. Ferner gibt es in diesem beeindruckenden Ambiente ein **Café** und ein **Restaurant** mit Terrasse zum Mainufer.

Im **Schlosshof** steht noch der große alte Springbrunnen. Der **Park** ist seit der Landesgartenschau 2002 wieder nach den Vorstellungen des frühen 18. Jahrhunderts angelegt, den streng geometrischen Formen des französischen Vorbildes. Im hinteren Teil des Schlossparks wurde ein Amphitheater angelegt, in dem unter freiem Himmel im Frühsommer die ↗ **Brüder-Grimm-**

🦉 *An vier Tagen in der Woche mussten die Bauern der Region, die Leibeigene des Grafen waren, von morgens 4 bis abends 7 Frondienste auf der Baustelle leisten. Sie bekamen keinen Lohn, sondern lediglich bescheidene Verpflegung. Die restlichen drei Tage hatten sie keineswegs frei, denn in dieser Zeit mussten sie die Arbeit auf den Feldern bewältigen. Von ihren Ernten mussten sie dem Adel etwas abgeben, der sie dafür eigentlich vor Feinden beschützen sollte. Aber Kriege gab es trotzdem.*

Märchen-Festspiele veranstaltet werden. Es
lässt sich im Park wunderbar spazieren gehen.
Nach dem Besuch des Schlosses und Parks können Kinder noch ihren Spaß haben auf dem tollen Spielplatz am Mainufer.

Die Ronneburg, Zeitreise ins Mittelalter

Ronneburg-Altwiedermus. ✆ 06048/950904, Fax
950906. www.burg-ronneburg.de. 8 km südwestlich
von Büdingen, auf einem Basaltsporn des südlichen
Vogelsberges. **Anfahrt:** Ab Hanau Freiheitsplatz Bus
5904 nach Ronneburg-Altwiedermus, Haltestelle unterhalb der Burg. A66 Ausfahrt Ronneburg, Richtung Ronneburg-Altwiedermus; vom Parkplatz unterhalb der
Burg 15 Minuten Fußweg. **Zeiten:** März – Nov Di – So
10 – 18 Uhr; an Wochenenden des 1. – 3. Advents 11
– 20 Uhr Weihnachtsmarkt. **Preise:** 3,50 €; Kinder 4 –
14 Jahre 2,50 €, Familien 11 €. **Infos:** Veranstaltungskalender anfordern. Anmeldung zu Führungen und museumspädagogischen Programmen ✆ 950905.

▶ Hoch über dem Dörfchen Altwiedermus erhebt sich die mächtige **Ronneburg.** Wahrzei-
chen dieses gut erhaltenen mittelalterlichen Bau-
werkes aus dem 13. Jahrhundert ist der 32 m hohe Bergfried. Die Burg ist auf dem Stand um
1500 restauriert, Mobiliar und Ausstattung der
Räume entsprechen den Gepflogenheiten jener
Zeit.

Besondere Attraktionen sind der 96 m tiefe
Brunnen mit dem riesigen Tretrad, das so aussieht als wäre es immer noch in Aktion, und die
große offene Feuerstelle der einstigen Burg-
küche, in der an Besuchertagen eine gewaltige
Flamme lodert.

Um dies und viele andere Dinge kennen zu lernen, nehmt ihr am besten an der spannenden
Führung teil, die durch die beiden Höfe, die

Ronneburg-Restaurant, Großer Burggarten, Kaminzimmer und Ritterkeller, Burggrafenmahl, serviert im Kerzenschein mit Fanfare und Minnesang, ✆ 06048/7130, www.restaurant-ronneburg.de, Mi – So ab 11 Uhr geöffnet, warme Küche 11.30 – 14, 17.30 – 21 Uhr, auch Gerichte für Kinder.

Happy Birthday! Für Kindergeburtstage gibt es verschiedene Angebote.

Kemenate mit den Herrenräumen, die auch als Museum fungieren, und den Bergfried führt. Von dort habt ihr einen ganz tollen Rundblick in das Ronneburger Hügelland.

Die Ronneburg ist längst zur **Erlebnisburg** geworden. Den vielen jungen und alten Mittelalterfans werden von März bis Dezember zahlreiche Aktivitäten angeboten: Mittelalter-Workshops mit Koch- und Bastelkursen, mittelalterliche Märkte und Feste, darunter auch ein großes Ritterfest speziell für Kinder. Es gibt auch eine **Falknerei**, wo ihr von März bis November fast täglich den fantastischen Flugkünsten der verwegenen Greifvögel zuschauen könnt (Flugvorführung mit Lehrvortrag Di – So 11 und 15 Uhr). Nicht weniger spannend ist es, an dem Hang vor dem Burgeingang den **Gleitschirmfliegern** bei ihren regelmäßig durchgeführten Schnupper- und Grundkursen (Termine unter www.hotsport.de) zuzusehen.

Museen

Wagengrab des Keltenfürsten

Haus der Stadtgeschichte, Herrnstraße 61, 63065 Offenbach. ✆ 069/8065-2446, www.offenbach.de.
Zeiten: Di 10 – 17, Mi 14 – 19, Do, Fr 10 – 17, Sa, So 11 – 16 Uhr, öffentliche Führungen siehe Tagespresse; Führungen für Schulklassen und andere Gruppen n.Vb. **Preise:** 2,50 €, Jahreskarte 10 €; Kinder 6 – 14 Jahe 1 €, Jahreskarte 5 €; Familien 5, Jahreskarte 20 €.

▶ Im Mittelpunkt steht die Offenbacher Stadtgeschichte von den Anfängen bis ins Industriezeitalter – Bronze- und Eisenzeit, römische Kaiserzeit, Frühmittelalter und Industrialisierung

sind besonders herausgehoben. In der Material-
fülle fallen besonders das Wagengrab eines Kel-
tenfürsten und das über 2 m hohe Puppenhaus
einer reichen Offenbacher Familie aus dem Jahre 1757 auf. Die Geschichte der Industrialisierung – wie könnte es in Offenbach auch anders
sein – widmet recht viel Raum der Lederindus-
trie.

Es macht Spaß, an den Touch-Screen-Monito-
ren alte Fotos aus Offenbach anzuschauen. Sie
sind übrigens alle mit einem abrufbaren Text
versehen, so dass ihr immer erfahrt, um was es
sich handelt.

2 Kreis Offenbach, Museumspädago-
gischer Führer für Stadt
und Kreis Offenbach,
Offenbach 1997, 48-
seitige Broschüre.

Feine Schriften

**Klingspor-Museum für internationale Buch- und
Schriftkunst,** Herrnstraße 80, 63065 Offenbach.
℡ 069/8065-2954, www.klingspor-museum.de. kling-
spormuseum@offenbach.de. **Zeiten:** Di 10 – 17, Mi
14 – 19, Do, Fr 10 – 17, Sa, So 11 – 16 Uhr. **Preise:**
2,50 €, Jahreskarte 10 €; Kinder 1 € bzw. 5 €.
Infos: Jahresprogramm auf der Website.

▶ Das Museum im Südflügel des **Büsing Palais**
ist auf Buchschriften und -gestaltung spezialisiert – also die Kunst, optisch schöne und interessante Bücher zu schaffen. Seine Sammlungen
umfassen illustrierte Bücher, Pressendrucke,
Malerbücher, Künstlerbücher, Schriftmuster-
bücher, Schriftproben, Handschriften und kalli-
grafische Blätter. Das ist eine ausgesprochen
vielseitige Welt. Etwa monatliche Ausstellungen
präsentieren stets interessante Bereiche und
Künstler.

Für Kinder von besonderem Interesse ist die all-
jährliche **Bilderbuchausstellung** »Bunte Kin-
derwelt« von Anfang Dezember bis Anfang
Februar. Das Spektrum dieser schönen Präsen-

*Kalligrafie
nennt man die
Kunst, besonders
schön zu schreiben.
Das Wort kommt aus
dem Griechischen –
von der sagenhaft
schönen Kallisto habt
ihr vielleicht schon
gehört. Bei der Kalli-
grafie jedenfalls
kommt es darauf an,
jeden einzelnen
Buchstaben schön zu
gestalten.*

tation reicht vom robusten, thematisch überaus einfachen Bildband für die ganz Kleinen bis zum schon recht vielschichtigen Werk über Teenieprobleme oder Umweltfragen für die Großen. Die Bücher sind nach Themen geordnet. Manche liegen unnahbar verschlossen in Vitrinen, andere einladend zum Schmökern auf Lesetischen, an denen ihr euch gemütlich auf Sitzkissen niederlassen könnt.

Lederwaren aus aller Welt

Deutsches Leder- und Schuhmuseum Offenbach, Frankfurter Straße 86, 63067 Offenbach. ✆ 069/ 829798-0, Fax 810900. www.ledermuseum.de. info@ledermuseum.de. **Anfahrt:** S1, 2, 8, 9 Ledermuseum, dann ein Stück zu Fuß, Bus OF105, 105N bis Ludwigstraße/Ledermuseum. **Zeiten:** 10 – 17 Uhr. **Preise:** 3 €, Gruppen 2,50 €; Kinder 1,50, Gruppen 1 €. **Infos:** zu Kindergeburtstagen, Workshops, Ferienprogrammen erfragen.

▶ Wer beim Deutschen Ledermuseum an eine Ausstellung von Taschen, Schuhen und weiterer Sachen aus Leder denkt und das vielleicht nicht so spannend findet, wird eine Überraschung erleben, denn das Ledermuseum, das seine Sammlung als einzigartig in der Welt preist, hat wirklich etwas zu bieten.

Zunächst könnt ihr euch in einem Raum im Erdgeschoss über die **Lederherstellung** informieren. In einer langen Vitrine stehen Miniaturmaschinen und die Arbeitsgänge der Lederherstellung sind nachgestellt. Die Maschinen können per Knopfdruck in Bewegung gesetzt werden.

Im 1. Obergeschoss befindet sich das **Schuhmuseum** und die riesige Sammlung von **Lederartikeln aus Europa,** die nach Bereichen wie

Was ist eigentlich Leder? Das Wort haben die Germanen und Kelten geprägt. Bezeichnet wird damit die von allen Haaren befreite, gegerbte und getrocknete Haut von Tieren. Die Haare werden weggeschabt, dann werden zum Gerben chemische Stoffe eingesetzt, die die einzelnen Hautfasern imprägnieren und haltbar machen. Nicht gegerbte, getrocknete Tierhäute werden zu Pergament. Das wurde einst als Papier verwendet. Aber das steht auf einem anderen Blatt …

Reise, Haushalt und Wohnen, Kleidung und Accessoirs, Geld, Kanzlei und Schriftverkehr und einigem mehr geordnet sind. Neben alltäglichen Dingen, die jeder kennt, sind darunter viele Glanzstücke mit Prägungen, vergoldet, bemalt und bestickt, mit edlen Beschlägen oder sonstigen Verzierungen. Erstaunlich, was alles aus Leder hergestellt wurde – sogar Tapeten und liturgische Kleidung.

Richtig spannend wird es im 2. Obergeschoss, wo die Ausstellung mit den **Sammlungen aus Asien, Afrika und Amerika** einen ethnologischen Charakter hat. Am Beispiel der Inuit, der Indianer Nordamerikas, sowie verschiedener Viehzüchter- und Bauernvölker Afrikas, aber auch der nordamerikanischen Cowboys werden Kleidung sowie Gebrauchs- und Kulturgegenstände gezeigt. Aber nicht nur die einzelnen Ausstellungsstücke aus Leder werden präsentiert, es wird vielmehr versucht, mittels ausführlicher Infotafeln, vor allem aber weiterer Alltagsgegenstände aus anderen Materialien (Textilien, Ton, Eisen, Holz), das Leben besagter Gruppen/Völker in seiner Gesamtheit verständlich zu machen. So sind z.B. ein eingerichtetes Strohhaus aus Westafrika und ein Wohnzelt der Tuareg zu sehen.

Tipp: Für Schulklassen und auch andere Gruppen bietet das Museum Führungen in Gesprächsform mit anschließender praktischer Tätigkeit an – Themen und Termine nach Absprache, individuelle Wünsche werden berücksichtigt. Wenn ihr euren Geburtstag im Museum feiern wollt, könnt ihr aus mehreren Angeboten ein Thema auswählen. Ihr schaut euch zunächst etwas im Museum um und gestaltet anschließend dazu etwas. Kosten: Gruppe bis 12 Kinder 80 €, jede weitere Person 5 €. Ferienspiele zu unterschiedlichen Themen finden ebenfalls statt – für 65 € pro Woche.

Modellbahn-Paradies

Dieselstraße 11, 63165 Mühlheim. ✆ 06108/67645, Fax 72886. www.modellbahn-paradies.com. info@modellbahn-paradies.com. **Zeiten:** an ausgewählten So 10 – 16 Uhr. **Preise:** 2 €; Kinder bis 90 cm frei, bis 14 Jahre 1 €. **Infos:** ✆ 06108/822795 und im Internet.

▶ Die vielleicht schönste Modelleisenbahn des Rhein-Main-Gebietes steht im Hinterzimmer des Mühlheimer Modellbahn-Fachgeschäfts von

Roman Hahn. Er hat sich eine anmutige Landschaft mit Bergen, Wäldern, Seen, Straßen, Tunnels und Brücken ausgedacht, durch die seine Züge (ICE, Güterzug und Regionalbahn, Dampfloks aus den 50er Jahren) auf einem ausgeklügelten Schienen- und Signalsystem rollen. Und das alles läuft über eine automatisierte Steuerung, denn der Erbauer hat auch noch entsprechende Computer-Software entwickelt.

Mit Spuki durch Hanau

Annegret Weng, Mit Spuki durch Hanau. Ein Stadtführer für Kinder und junggebliebene Erwachsene, Hanau 1996, 96 Seiten, CoCon Verlag.

Umweltzentrum Kinzigaue, Stadt Hanau, 63452 Hanau. ℰ 06181/3049148, Fax 3049152. www.umwelt-amt-hanau.de. Umweltzentrum@hanau-stadt.de.
Zeiten: Führungen für Schulklassen und Kindergruppen Termine n.Vb., max. 30 Pers., 35 €, Familienspaziergänge 1. So im Monat, Ki. 1, Erw. 2 €.

▶ Spuki (geboren 1557), das Schlossgespenst von Philippsruhe, erzählt Kindergruppen, Schulklassen und Familien auf Spaziergängen fantasievoll die Geschichte der Stadt. Die Streifzüge starten am Schlossgarten oder von der Stadtbibliothek am Schlossplatz.

Grafen und Revolutionäre: Das Historische Museum im Schloss Philippsruhe

Philippsruher Allee 45, 63454 Hanau-Kesselstadt. ℰ 06181/20209, Fax 257939. www.museum-hanau.de. museenverwaltung@hanau.de. **Anfahrt:** Ab Hbf Bus 10, ab Westbhf Bus 1 und 10. **Zeiten:** Di – So 11 – 18 Uhr. **Preise:** 1,50 €; Kinder bis 14 Jahre frei; Schüler, Studenten, Gruppen ab 10 Personen 0,75 €.

▶ Das Museum im Schloss Philippsruhe ist thematisch sehr breit angelegt. Außerdem ist der Rundgang auch dazu angetan, einige **Prachtzimmer** des Schlosses kennen zu lernen, wie den Speisesaal und die repräsentativen Säle der Bel-

Die »bel-etage« kommt aus dem Französischen und meint das »schöne Hauptgeschoss« eines Schlosses, also meistens die 1. Etage.

etage. Sehr informativ ist, was ihr zur **Geschichte der Stadt** sehen könnt. Erstaunlich, wie stark sich die Bürger im Kampf für Demokratie 1830 und 1948 engagierten. Die Ausstellung zur Industrialisierung in Hanau ist ein weiterer Glanzpunkt des Museums, dabei werden die Entwicklung der Hanauer Arbeiterbewegung und der Arbeitswelt der Frauen vorgestellt. Es gibt auch recht viel Kunst und Handwerk zu bewundern. Einen Raum solltet ihr auf jeden Fall nicht übergehen – er ist den in Hanau geborenen berühmten Märchensammlern **Wilhelm und Jakob Grimm** gewidmet. Ihr erfahrt hier so manches über ihr Leben, sogar Kleidungsstücke sind ausgestellt. Die beiden Professoren waren weit mehr als Märchensammler, mit ihrem »Deutschen Wörterbuch« schufen sie die Grundlagen für eine deutsche Hochsprache. Weil sie entschiedene Gegner der absoluten Monarchie waren, wurden sie mehrfach abgestraft. Ihr könnt euch auf einer Bank niederlassen und dem bekannten Märchen *Dornröschen* lauschen.

Die Grimmschen Märchen sind in über 160 Sprachen übersetzt worden. Sie sind nach der Bibel das meistgelesene Buch der Welt.

Und es gibt noch etwas Besonderes zu entdecken: das **Papiertheatermuseum** im Obergeschoss mit über 20 kompletten Papiertheatern aus dem 19. Jahrhundert und einer ganzjährig bespielten Papiertheaterbühne.

Puppen von der Antike bis zur Gegenwart

Hessisches Puppenmuseum, Parkpromenade 4, 63454 Hanau-Wilhelmsbad. ℗ 06181/86212, Fax 840076. www.hessisches-puppenmuseum.de. hesspuppenmuseum@aol.com. Im Arkadenbau der Kuranlage Wilhelmsbad. **Anfahrt:** Ab Freiheitsplatz Bus 1 bis Bhf Wilhelmsbad oder RB bis Wilhelmsbad, dann noch wenige hundert Meter zu Fuß. **Zeiten:** Di – So 10 – 12 und 14 – 17 Uhr. **Preise:** 2,50 €; Kinder 0,50 €; Fami-

Tipp: Führungen für Gruppen ab 8 Personen zu 13 Themen, so:

- Spielzeug der Antike;
- Puppen (Material, Herstellung, Handel);
- Gutes Spielzeug;
- Altes Spielzeug zum Anfassen.

Museumsshop mit Spielzeug und Literatur zum Thema, regelmäßige Bastelstunden und Workshops, **Puppen- und Bärenmärkte**, besondere **Spielaktionen** für Schulklassen und Kindergeburtstage mit spannenden Themen und Aktivitäten!

lie 5 €. **Infos:** Programm der abwechslungsreichen Veranstaltungsreihe für Kinder und Jugendliche anfordern, besonders toll: Kinder führen Kinder.

▶ Unglaublich, was sich zum Thema »5000 Jahre Puppen« für ein schönes Museum machen lässt. Die Wilhelmsbader Sammlung reicht von tönernen Puppen und Nachziehtieren aus der Antike über hölzerne Prinzessinnen aus dem 16. Jahrhundert, feine Porzellandamen um 1870, kostbare Puppenhäuser und Kaufläden aus dem 19. und Anfang des 20. Jahrhunderts, das Modell »Leben in einer japanischen Stadt« mit 493 Papierpüppchen, das »größte Miniaturkaufhaus der Welt« bis hin zu Barbies und Playmobilfiguren aus der Gegenwart. Und natürlich darf hier auch gespielt werden und es liegen Spiel- und Basteltipps aus.

Kochkünste der Steinzeit

Schloss Steinheim, Museum für Ortsgeschichte & Regionale Vor- und Frühgeschichte, Schlossstraße, 63456 Hanau-Steinheim. ✆ 06181/659701, www.museum-hanau.de. museenverwaltung@hanau.de. **Anfahrt:** S8 bis Hanau-Steinheim, Bus 4 Richtung Klein-Auheim bis Obertor. B43a nach Steinheim, Altstadtparkplatz und Parkplätze am Main. **Zeiten:** Ganzjährig Do – So 10 – 12 und 14 – 17 Uhr. **Preise:** Eintritt frei; Kindergeburtstage ab 60 €, museumspädagogisches Programm je nach Art und Dauer der Veranstaltung. **Infos:** Museumsverwaltung Hanau, ✆ 06181/20209.

▶ Im von einem 40 m hohen, zinnen- und türmchengekrönten Bergfried überragten Steinheimer Schloss zeigt die Stadt Hanau ihre archäologischen Schätze aus der Stein-, Bronze- und Römerzeit. Das Museum beschränkt sich freundlicherweise nicht auf eine trockene Präsentation, sondern gibt euch allerlei Möglichkeiten, richtig aktiv ein wenig diese Zeit zu erleben. So könnt ihr z.B. in den Kochtopf der Steinzeitmenschen schauen und Schmuck nach Steinzeitmode basteln, nach römischen Rezepten kochen und wie die Römer spielen, wenn ihr euch für kinderspezifische Erlebnisführungen anmeldet. Das muss übrigens mindestens 2 Wochen im Voraus geschehen, ihr könnt dafür sogar Termine außerhalb der Öffnungszeiten bekommen. Von März bis Oktober dürft ihr auch den **Bergfried** besteigen. Das solltet ihr unbedingt machen. Von da oben habt ihr nämlich einen ganz tollen Blick auf die Altstadt mit ihren vielen schönen Fachwerkhäusern und der Stadtmauer. Steinheim – seit 1974 Stadtteil von Hanau – ist nebenbei gesagt ein richtig altes Städtchen (Stadtrechte seit 1320). Nach langen Jahren baulichen Elends ist dank umfangreicher Restaurierung in jüngerer Zeit wieder ein wenig »alter Glanz« zurückgekehrt.

 In der Altstadt von **Steinheim** könnt ihr wunderbar bummeln, es gibt mehrere einladende und durchaus preiswerte Gartenlokale. Ganz nostalgisch ist's im **Gemäuer des Stadtwirtshauses,** dem ersten Gäste- und Schankhaus der Stadt Steinheim, das noch heute in Betrieb ist. Die Speisekarte lockt mit so geheimnisvollen Gerichten wie Steinheimer Apfelweinsuppe mit Käsekrüstchen oder Salmschnitzel nach Art der Steinheimer Fischerzunft.

Dampf aus alten Kesseln

Museum Großauheim, Museum für Landwirtschaft, Handwerk und Industrie, Pfortenwingert 4, 63457 Hanau-Großauheim. ✆ 06181/573763, www.museum-hanau.de. museenverwaltung@hanau.de. **Anfahrt:** RB nach Hanau-Großauheim oder Bus 8 ab Freiheitsplatz Hanau. B43 Abfahrt Großauheim. **Zeiten:** Ganzjährig Do – So 10 – 12 und 14 – 17 Uhr. **Preise:** freier Eintritt. **Infos:** Auskünfte und Anmeldung zu Dampfmaschinen-Veranstaltungen beim Förderverein Dampfmaschinen-Museum e.V., ✆ 06181/257939.

▶ Das Großauheimer Museum hat zwei große Schwerpunkte: der eine ist die Landwirtschaft und das Handwerk des Dorfes Großauheim, der andere ist die industrielle Entwicklung der

Tipp: Museumspädagogisches Programm mit Zeichen- und Modellierkursen für Kinder nach Anmeldung bei der Hanauer Museumsverwaltung, ✆ 06181/20209.

☀ Im Juli wird alljährlich anlässlich der **Großauheimer Dampftage** das Dampfzeitalter wieder lebendig: Dampfsägen, Steinbrecher, Buschholzhacken, Kornmühlen und Wasserpumpen in Verbindung mit den Antriebsmaschinen der Lokomotiven oder stationäre Dampfmaschinen. Dampfvorführungen im kleineren Stil am **Rochusmarkt** am letzten September-Wochenende.

Kleinstadt Großauheim. Es ist für Kinder bei verständlicher Führung durchaus spannend, mit welchen »seltsamen« Geräten und Fahrzeugen die Bauern früher arbeiteten – Sensen, Rechen, Pflüge, Eggen und Wagen aus Holz und Eisen – wie Bauernküchen eingerichtet waren oder Dorfschmieden und Wagnereien aussahen. Am Beispiel der Pflüge, Mäh- und Dreschmaschinen, Traktoren und Dampfmaschinen könnt ihr schließlich noch sehen, wie die landwirtschaftliche Arbeitsweise und Technik sich durch die Industrialisierung änderte.

In der Anfangsphase der industriellen Entwicklung war die gerade entdeckte Dampfkraft die treibende Kraft. Sie ermöglichte es erstmals, ortsunabhängig große Mengen Energie zu erzeugen, mit der gewaltige Räder und Maschinen in Bewegung gesetzt wurden. Genau das ist die Spezialität des Großauheimer Museums, das mit zahlreichen Maschinen und Kesseln einen hervorragenden Einblick in die Dampfmaschinentechnik bietet.

Klosterwelt und Mittelalter

Landschaftsmuseum Seligenstadt, Klosterhof 2, 63500 Seligenstadt. ✆ 06182/20455, www.seligenstadt.de. **Radweg:** Von Frankfurt, Hanau oder Aschaffenburg per Mainradweg, gute Radwegverbindung auch mit Babenhausen/Dieburg. **Zeiten:** März – Okt Di – So 10 – 18, Nov – Feb 10 – 17 Uhr; stündlich Führungen durch das Kloster möglich.

▶ Das ehemalige **Benediktinerkloster Seligenstadt** ist uralt, es wurde nämlich schon im frühen 9. Jahrhundert gegründet. Die eindrucksvolle Anlage aus Kirche, Wohn-, Verwaltungs- und Wirtschaftsgebäude stammt allerdings großenteils erst aus dem 17. Jahrhundert.

Im Konventsbau von 1685 ist das **Landschafts-museum** untergebracht. Hier könnt ihr sehr viel über die Geschichte und Kultur Seligenstadts und der Region erfahren. An einem Modell ist z.B. zu sehen, wie die Stadt vor 600 Jahren aussah und wie ihre mittalterlichen Befestigungen, die Stadtmauer und die Stadttore, angelegt waren. Ihr erfahrt in dem Museum auch einiges über das frühere Klosterleben, u.a. seht ihr die Einrichtung von Mönchszellen. Noch mehr könnt ihr durch die stündlichen Führungen erfahren, dabei ist u.a. die ehemalige Klosterküche zu sehen. Ihr solltet auch unbedingt in den tollen Kräutergarten des Klosters schauen.

Kinderspielsachen der Groß- und Urgroßeltern

Heimatmuseum Langenselbold, Verein für Geschichte und Heimatkunde Langenselbold e.V., Schlosspark, 63505 Langenselbold. ✆ 06184/3301. **Anfahrt:** Bus HU54 von Hanau, HU55, 59 von Bhf Langenselbold bis Rathaus. **Zeiten:** Am 1. So im Monat 13 – 17 Uhr, sonst und Führungen nach Vereinbarung. **Preise:** freier Eintritt.

▶ Der Langenselbolder Schlosspark ist eine kleine, schöne Anlage mit alten Bäumen und Rosensträuchern. Dort findet ihr in einem ehemaligen Wirtschaftsgebäude des Schlosses das Heimatmuseum, in dem nicht nur alte Werkzeuge, Haushalts- und landwirtschaftliche Geräte ausgestellt sind, sondern auch eine große Sammlung Kinderspielsachen, die euren (Ur-)Großeltern gehört haben könnten: Puppenwagen und -stuben, Schaukelpferde und Dreiräder. Beeindruckend sind auch die alte Schulstube mit den engen Holzbänken und der Tante-Emma-Laden.

Hunger & Durst
Restaurant Dragoner-bräu, am Schlosspark 8, mit Biergarten, Di – So ab 17 Uhr, So, Fei ab 11 Uhr, auch Kinder-gerichte, z.B. Reibeku-chen mit Apfelbrei.

Tipp: Das Schloss selbst ist leider nicht zu besichtigen.

BÜHNE, LEINWAND & AKTIONEN

Tipp: Das Programm informiert über Kurse, Wochenend- und Ferienprojekte.

Kino im Raum Offenbach-Hanau

Cinemaxx, Berliner Straße 210, Offenbach, ✆ 01805/24636299 (Kartenreservierung), www.cinemaxx.de;

Central-Kino-Center, Freiheitsplatz 12a, 63450 Hanau, ✆ 06181/24821, Fax 254186, www.kino-hanau.de, mehrere Säle, fast täglich auch für Kinder geeignete Filme.

Jugendkunstschule Offenbach

1. hessische Jugendkunstschule, Kurse und Projekte für Kinder, Jugendliche und Erwachsene, Friedrichstraße 16, 63065 Offenbach. ✆ 069/812397, Fax 826841. www.jugendkunstschule-offenbach.de. Jugendkunstschule-Offenbach@web.de.

▶ In der Jugendkunstschule können Kinder eine ganze Menge in Malerei und Grafik lernen. Die 4 bis 6 Jahre alten Vorschulkinder können ihre ersten Schritte im Malen und Gestalten machen, bei den älteren Kids gehen die Aktivitäten weit über die Grundtechniken des Malens und Zeichnens hinaus. So sind u.a. Kalligrafie, Seidenmalerei, Comics und Cartoons angesagt. Erstaunlich reichhaltig ist das Plastische Gestalten vertreten, dazu gehört die Arbeit mit Ton, Gips, Holz, Draht und die Herstellung von Schmuck. Es gibt ferner eine Fotowerkstatt. Auch Theater spielen, Marionettenbau und – spiel, Zaubern und Jonglieren könnt ihr hier erlernen.

Theaterclub Elmar

Birkenlohrstraße 19, 63069 Offenbach. ✆ 06108/60335 (Frau Reinhardt), www.theater-club-elmar.de. **Preise:** 8,50 €; Kinder 6,50 €.

▶ Das kleine, mobile Ensemble hat außer volkstümlichen Schwänken auch Kindertheater und Märchen im Programm. Allerdings gibt es nur wenige Vorstellungen. Spielstätten sind das Capitol und das Ledermuseum Offenbach sowie das Bürgerhaus Obertshausen.

JUKS — Jugendkunstschule Hanau

Volkshochschule Hanau, Ulanenplatz 4, 63452 Hanau. ✆ 06181/92380-22, www.vhs-hanau.de. fit@vhs-hanau.de.

▶ Im Rahmen der Volkshochschule betreibt die Stadt eine Jugendkunstschule, die Kindern ab 4 Jahren und Jugendlichen verschiedener Altersstufen eine Reihe von Kursen zum Malen, Zeichnen und Gestalten einschließlich Grafik-Design, Töpfern und der Herstellung von Schmuck bietet. Auch interessante Tänze und Theater spielen könnt ihr dort lernen.

Tipp: Eine Übersicht bietet das Programm der JUKS.

Kindertheater im Comödienhaus Wilhelmsbad

Parkpromenade 1, 63454 Hanau. ✆ 06181/99776-66, Fax 99776-67. **Anfahrt:** Vom Freiheitsplatz Bus 1 bis Bhf Wilhelmsbad, dann wenige hundert Meter zu Fuß.

▶ Im ausgedehnten Gebäudekomplex des ehemaligen Nobelkurorts Wilhelmsbad befindet sich außer dem weithin bekannten Puppenmuseum auch der Kulturtempel Comödienhaus. Von außen ist das ein ausgesprochen bescheidenes Bauwerk. Nichts – aber auch gar nichts – deutet darauf hin, dass euch im Innern ein stilvolles kleines Rokokotheater erwartet. 200 Besucher finden hier ein gemütliches Plätzchen. Auf dem gut gefüllten Veranstaltungskalender stehen Theater, Chanson, Kabarett, Kammeroper, Operetten-Kabarett, Komödie, Konzerte und Lesungen – und durchaus regelmäßig Kindertheater und Erzählcafé für Kinder. Ihr könnt

Ihr findet die Kinderveranstaltungen des Comödienhauses in dem halbjährlich erscheinenden »programm kinderkultur« der Stadt Hanau, in dem noch viele andere, für Kulturkids interessante Termine angeführt sind, wie die Vorlesestunden und Lesungen der Stadtbibliothek, das Kindertheater der Stadtteilbibliothek Großauheim und die vielen museumspädagogischen Aktivitäten der Hanauer Museen.

den Besuch mit einem Spaziergang im Park des Wilhelmsbades verbinden.

Brüder-Grimm-Märchenfestspiele

Park Schloss Philippsruhe, Philippsruher Allee 45, 63456 Hanau-Kesselstadt. ✆ 06181/24670 (Festspielbüro), www.brueder-grimm-maerchenfestspiele.de. Am Mainufer. **Anfahrt:** ➚ Schoss Philippsruhe.

▶ Seit 1985 finden alljährlich von Mitte Mai bis Anfang Juli im Amphitheater in der romantischen Kulisse des Schlossparks mit dem barocken Schloss Philippsruhe im Hintergrund die Brüder-Grimm-Märchenfestspiele statt. Das ist eine Riesenveranstaltung zu der über 75.000 Kinder und Erwachsene aus allen Winkeln des Rhein-Main-Gebietes herbeiströmen. Es stehen Grimmsche Märchen wie *Schneewittchen, Rotkäppchen* und *Die 6 Schwäne* sowie das Musical *Die Schöne und das Biest* auf dem Programm. Die alten Märchen werden – mehr oder weniger geglückt – in eigenwillige zeitgemäße Versionen übersetzt.

JUZ Sandgasse

Sandgasse 26, 63065 Offenbach. ✆ 069/8065-3967 (Leitung), www.jugendamt-of.de/juz.sandgasse. juz.sandgasse@jugendamt-of.de. **Anfahrt:** S8, 9 bis Marktplatz, Ausgang Schlossstraße.

▶ Für Kinder und Jugendliche *der* Freizeit-Treff in Offenbach. Das Angebot ist groß:
- Spiel, Action, Unterhaltung, Bewirtung;
- Kinder- und Jugend-Kulturprogramm;
- Beratung in allen Lebensfragen, Hausaufgabenhilfe;
- Elterntreffs mit Kinderbetreuung;
- buntes Jahresprogramm mit Festen, Ausflügen, Seminaren und Freizeiten.

VOR DER MAINMÜNDUNG

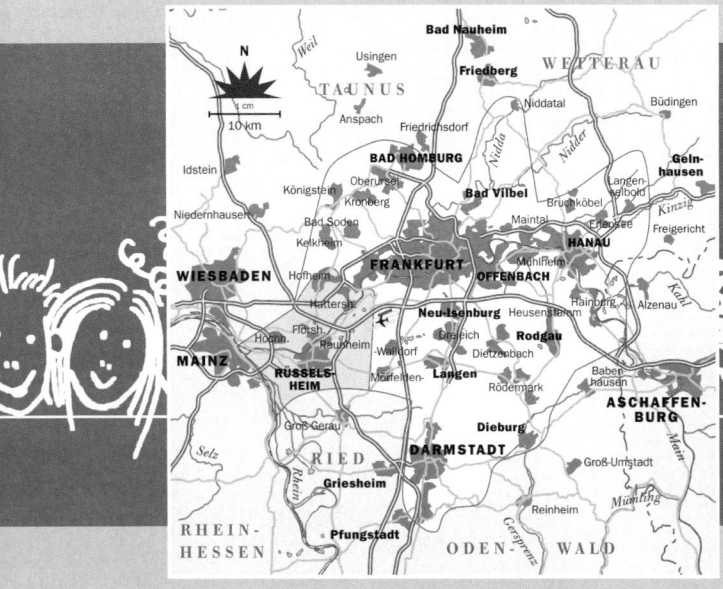

FRANKFURT: NATUR & SPORT

FRANKFURT: WISSEN & KULTUR

OFFENBACH & HANAU

VOR DER MAINMÜNDUNG ◄

AM SÜDHANG DES TAUNUS

BAD VILBEL – NIDDATAL

DARMSTADT & UMGEBUNG

LANGEN – RODGAU

INFO & KARTEN

Untermain nennt man den Main zwischen Aschaffenburg und seiner Mündung in den Rhein bei Kostheim gegenüber von Mainz. In dieser Griffmarke geht es jedoch speziell um den Abschnitt Kelsterbach – Kostheim, also um den unteren Untermain. Alles klar?

Diese Region ist wie alle Gebiete am Untermain dicht besiedelt und stark industrialisiert. Eine Sonderstellung nimmt dabei Rüsselsheim mit den riesigen Werkanlagen von Opel ein.

Dennoch gibt es auch hier vielerorts fast idyllische Flecken, die zum Wandern und Radeln, Picknicken oder Grillen, Baden oder Paddeln einladen, wie die Flussufer von Flörsheim-Keramag bis Kostheim und von Raunheim bis Rüsselsheim sowie die Insel Maaraue gegenüber von Mainz. Nicht alles wird vom Fluss bestimmt, und es gibt sogar echte Berge, wie die Flörsheimer Schweiz und die Weinhänge von Hochheim beweisen! Die Wickerbachaue, die ehemaligen Weilbacher Kiesgruben und der Mönchbruch bei Rüsselsheim laden zu tollen Naturentdeckungen ein. Und das Baden kommt natürlich hier auch nicht zu kurz, gibt es doch reichlich Schwimmbäder und Baggerseen. Das hervorragend eingerichtete Industriemuseum in der Rüsselsheimer Festung ist nicht nur bei Regenwetter ein toller Ausflug.

DER MAIN KURZ VORM RHEIN

Eine gute Hilfe für Radler und Wanderer sind die beiden kostenlosen Freizeitkarten des Regionalparks RheinMain:

Regionalpark Rhein-Main, Das Pilotprojekt Hattersheim, Flörsheim, Hochheim. Diese Freizeitkarte für das Gebiet nördlich des Untermains im genauen Maßstab 1:15.000 gibt es bei den Stadtverwaltungen Hattersheim, Flörsheim und Hochheim und beim Planungsverband Frankfurt/Rhein-Main, Bürgerservice, Am Hauptbahnhof 18, 60329 Frankfurt, ☏ 069/2577-1500, Fax -1501, www.pvfrm.de, service@pvfrm.de. Der Regionalpark im *Südwesten Teil 1,* West ist erhältlich u.a. bei der Stadt Rüsselsheim.

VOR DER MAINMÜNDUNG

TIPPS FÜR WASSER-RATTEN

Tipp: Im Hallenbad Hochheim werden für Kinder ab 6 Jahre Schwimmkurse angeboten.

Frei- & Hallenbäder

Hallenbad Hochheim

Breslauer Ring 19 b, 65239 Hochheim. ℗ 06146/909913, Fax 900-199. www.hochheim.de. **Anfahrt:** ESWE-Bus 46 Wasserturm, FKE-Bus 826 bis Bad. Am nördlichen Stadtrand neben der Feuerwache. **Zeiten:** Mo 8 – 14, 15 – 17, Di und Mi 8 – 21, Do 8 – 13, 14 – 17, Fr 13.30 – 21, Sa, So 8 – 12 Uhr; Mo 14 – 15 und Do 13 – 14 nur für Frauen. Einlass bis 1 Stunde vor Betriebsschluss. **Preise:** Tageskarte 2,60 €, Halbjahreskarte 75, Jahreskarte 125 €; Kinder bis 16 Jahre Tageskarte 1,50 €, Halbjahreskarte 45, Jahreskarte 75 €; Gruppen ab 10 Personen 2,30 €, Kinder 1,30 € pro Person.

▶ Das Schwimmerbecken ist 25 x 10 m groß. Es gibt ferner ein Nichtschwimmerbecken sowie Sprungbrett und Sprungturm. Die Wassertemperatur beträgt 28 Grad. Im Sommer steht zusätzlich eine Liegewiese zur Verfügung. Es gibt auch einen Spielplatz und ein Bistro.

Hallen- und Freizeitbad »An der Lache« Rüsselsheim

Hans-Sachs-Straße 57, 65428 Rüsselsheim. ℗ 06142/64028, 64029, www.ruesselsheim.de. Freizeitbad-Ruesselsheim@t-online.de. **Anfahrt:** Vom Bhf Bus 11 bis Hallenbad. **Zeiten:** Mai – Sept Mo – So 10 – 20, Hallenbad jedoch nur Di, Mi 13 – 20, Do 13 – 19, Fr 13 – 20, Sa, So, Fei 10 – 18 Uhr, Okt – April Di, Mi 13 – 21, Do 13 – 19, Fr 13 – 21, Sa, So, Fei 10 – 18 Uhr, in den Ferien ab 10 Uhr. Kassenschluss 1 Std vor Betriebsende; Bad geschlossen 1.1., Karfreitag, Oster-So und -Mo, 1.5., 3.10., 24. – 26. und 31.12. **Preise:** Tageskarte 4, Punktekarte zu 60 Punkten 30,60 €; Kinder ab 4 Jahre und Jugendliche 2 €; verschiedene Ermäßigungen.

▶ Im Hallen- und Freizeitbad »An der Lache« könnt ihr bei jeder Witterung und zu allen Jahreszeiten baden. Der **Hallenbadbereich** verfügt über ein Schwimmerbecken von 25 x 15 m mit Sprunganlage, ein Lehrschwimmbecken und ein Plantschbecken mit bunten Spielfiguren. In der Erlebnishalle gibt es einen Schwimmkanal mit Strömung, Massage- und Sprudeldüsen, Schwallwasserduschen, 70-m-Röhrenrutsche, Whirlpool und eine Verbindung zum Außenbecken, das mit Whirlpool, Sitzecken, Wasserspielen und integrierter Rutsche ausgestattet ist. Außerdem gibt es noch Sonnenbänke, Sauna und Massage.

Zu dem großen Schwimmbad-Komplex gehört ferner ein beheiztes **Freibad.** Hier gibt es je ein Schwimmer- und Nichtschwimmerbecken, beide mit 50 x 21 bzw. 40 x 20 m richtig groß. Letzteres ist mit Wasserpilz, Wasserkanone und Rutsche versehen. Es gibt selbstverständlich auch einen Spielplatz und eine Cafeteria.

Freizeitbad Kelsterbach

Kirschenallee 52 – 54, 65451 Kelsterbach. ℗ 06107/ 773281, 773341 (Sport- und Badeamt), www.kelsterbach.de. **Anfahrt:** S8, 9 bis Kelsterbach, dann Bus 74 bis Sportpark. Am nordöstlichen Stadtrand. **Zeiten:** Hallenbad Mitte Sept – Mitte Mai Di, Mi, Fr 10 – 21, Do 10 – 18, Sa 8 – 18, So 8 – 12 Uhr; Freibad Mitte Mai – Mitte Sept Mo 13 – 20, Di – Fr 9 – 20, Sa, So 8 – 20 Uhr. Einlass bis 1 Stunde vor Betriebsschluss. Fr und Sa sind in beiden Bädern Warmbadetag. **Preise:** Tageskarte 3,50 €, 10er-Karte 30,50, Jahreskarte 102, Feierabendtarif ab 2 Stunden vor Schluss 1,50 €; Kinder 5 – 16 Jahre Tageskarte 1,50 €, 10er-Karte 12, Jahreskarte 51 €; Familien-Jahreskarte je Elternteil 61 €, 1./2. Kind 20 €, jedes weitere Kind 10 €.

▶ Kombination von Hallen- und Freibad. Im Hallenbad existieren je ein Schwimmer- und Nichtschwimmerbecken, 2 Whirlpools und eine Schleuse zum Außenbereich. Das Freibad verfügt über Schwimmerbecken mit Wellenbetrieb, Sprung- und Nichtschwimmerbecken, Plantschbecken, Eltern-Kind-Bereich, Strömungskanal, Rutsche, Abenteuer-, Kinder- und Jugendbecken sowie Liegewiese, Kiosk und Restaurant. Zufahrt, Umkleidekabine, WC und Dusche sind gehbehindertenfreundlich angelegt.

Parkbad Kriftel

Freizeitpark, Parkstraße, Kriftel. ✆ 06192/ 47198, 4004-40, -41, -42 (Bürgeramt), www.kriftel.de. buergeramt@kriftel.de. **Anfahrt:** FKE-Bus 810. A66, in Kriftel ausgeschildert, Parkplatz am Gelände. **Zeiten:** Mai – Sept 8 – 20, Kassenschluss 19.30 Uhr, Mi schon ab 7 Uhr, Abendtarif ab 18 Uhr. **Preise:** 2,50 €, Abendtarif 1,30 €, 10er-Karte 20 €, Jahreskarte 30 €; Kinder unter 18 Jahre 1,30 €, Abendtarif 0,50 €, 10er-Karte 10 €, Jahreskarte 15 €; Familienjahreskarte pro Erw 23 €, 1. Kind 11 €, 2. Kind 5 €, weitere Kinder frei.

Hunger & Durst

Im Eingangsbereich des Freibades befindet sich ein **Kiosk**, der auch für die Besucher des Freizeitparks zugänglich ist.

▶ Das Freibad im südlichen Stadtgebiet am Schwarzbach ist ruhig und schön gelegen. Direkt daneben befindet sich ein Freizeitpark mit Bolzplatz, 2 Halfpipes, einem tollen Spielplatz, Minigolfplatz und einem Wasserlehrpfad. Das Kombibecken bietet Wasserratten aller Altersklassen und Bedürfnisse viel Vergnügen. Der Schwimmbereich ist in 6 Bahnen gegliedert, in den Nichtschwimmerbereich führt eine Rutsche, in das integrierte Springerbecken könnt ihr aus 1 und 3 m Höhe hinuntersausen.

Der beliebte Eltern-Kind-Bereich mit Plantschbecken und Matschplatz wird von Sonnenschirmen überschattet. Am Rand der geräumigen, reichlich mit Bäumen bestandenen Liegewiese liegen drei Beachvolleyballfelder. Ferner gibt es zwei Tischtennisplatten.

Badespaß am Badesee

Badesee und Waldschwimmbad Rüsselsheim

℡ 06142/52900, www.ruesselsheim.de. **Anfahrt:** Bus 51, 52 Böcklinstraße. In Rüsselsheim von der B43 Richtung Raunheim, dann rechts in die Bonner Straße/Waldstraße, dort ausgeschildert. **Zeiten:** Mitte Mai – Mitte Sept Mo – So 10 – 20 Uhr, Sa, So bereits ab 8 Uhr, Kassenschluss 1 Std vor Betriebsende. **Preise:** Tageskarte 2 €, ab 18.30 Uhr 1 €, 60 Punkte-Karte 30,60 €; Kinder und Jugendliche 1 €; Gruppentarife.

▶ Der 2,8 ha große Baggersee im Kiefernwald am Ostrand von Rüsselsheim ist seit 1972 ein beliebtes Schwimmbad. Im Eingangsbereich existiert ein schmaler Sandstrandstreifen. Ansonsten ist das Seeufer naturbelassen mit Schilf und Weiden. Damit da nichts zerstört wird, sind an verschiedenen Stellen Einstiegstreppen angelegt. In dem idyllischen See, in dem Barsche, Rotaugen und Hechte zu Hause sind, tummeln sich an sonnigen Sommertagen nicht nur viele Schwimmer, sondern auch zahlreiche kleine Kapitäne mit ihren Schlauchbooten. Gute Spielmöglichkeiten und viel Raum zum Herumtollen bieten sich auf dem Bolzplatz, dem Kinderspielplatz und der ausgedehnten Liegewiese. Es gibt auch Tischtennisplatten und ein Beachvolleyballfeld.

Wenn es euch dennoch ein wenig langweilig wird, unternehmt ihr mal zur Auflockerung die Rundwanderung um den idyllischen See, zu

Hunger & Durst

Hunger und Durst könnt ihr am **Kiosk** stillen. Es gibt auch fest installierte Grillplätze.

dessen festem Vogelbestand Blässhühner und Teichenten zählen, zu denen sich mitunter auch Graugänse und Kormorane gesellen.

Waldsee bei Raunheim

✆ 06142/22346, www.raunheim.de. 1 km nordöstlich von Raunheim. **Anfahrt:** VU-Bus 79 bis Gottfried-Keller-Straße, dann 1 km zu Fuß. Vom Zentrum via Haßlocher/Aschaffenburger Straße; am Eingang Parkplatz. **Zeiten:** Mitte Mai – Anfang Sept Mo – Fr 10 – 20, Sa, So, Fei 8 – 20 Uhr. **Preise:** Tageskarte 2, 10er-Karte 12 €; Kinder und Jugendliche 6 – 17 Jahre 1 €, 10er-Karte 6 €. **Infos:** Windsurfen Tag 4 €, Saison 75 €.

▶ Der 8 ha große und 4 – 7 m tiefe See ist von Wald umgeben. Auf einer Seite wird immer noch gebaggert, ansonsten ist er aber in den Händen von Surfern, Anglern und Badenden. Das malerische Gewässer wäre ein wahres Freizeitparadies, wenn es nicht in einer Flugschneise des Frankfurter Flughafens läge.

An der Südostseite des Sees befindet sich ein Sandstrand. Noch nicht oder unsicher schwimmende Kinder können sich in einem abgegrenzten Bereich tummeln. Dort steht auch eine Rutsche. Spielbedürfnisse können zudem auf dem Spielplatz mit Spielschiff und der großen Liegewiese befriedigt werden. Erwähnenswert ist schließlich noch das Beachvolleyballfeld.

Hunger & Durst

Am Waldsee gibt es einen **Strandbad-Imbiss** mit Tischen und Stühlen im Freien.

Aktiv und passiv Boot fahren

Wassersportverein Undine Rüsselsheim

Bootshaus unterhalb der Mainbrücke, 65428 Rüsselsheim. ✆ 06142/44299.

▶ Der Verein unterhält unter anderem Kinder- und Jugendabteilungen.

Hessische Kanuschule

Bildungswerk für Paddel-, Bewegungs- und Reisekultur e.V., Obergasse 15, 65428 Rüsselsheim. ✆ 06142/34900, Fax 31559. www.bootberg.de. bwkanu@t-online.de.

▶ Ihr könnt in dieser Kanuschule auf Altrhein, Lahn oder anderen Gewässern das Kajak- und Kanadierfahren erlernen. Ihr könnt mit euren Eltern in den Sommerferien nach Slowenien (Soča) oder Österreich (Hallstätter See) ins Familiencamp bzw. den Kanu-Familienurlaub gehen. Es gibt noch allerlei andere Angebote. Die Kanuschule Hessen ist am umweltsensiblen Kanusport orientiert. Sie hat ihre Vorstellungen in »10 Hinweisen für ein Kanufahren mit Einsicht« formuliert.

Tipp: Programm sowohl im Internet als auch als Broschüre erhältlich.

Flörsheimer Ruderverein 08 e.V.

Bootshaus am Mainufer, Dr.-Georg-von-Opel-Anlage 1, 65439 Flörsheim am Main. ✆ 06145/7381. **Anfahrt:** Bushaltestelle St.-Gallus-Kirche, 350 m Fußweg.

▶ Die Kinderrudergruppe des Vereins trainiert dreimal wöchentlich am Nachmittag – im Sommer auf dem Main, im Winter in der Turnhalle oder im Kraftraum.

Kanu-Club Kelsterbach

Bootshaus am Mainufer, 65451 Kelsterbach. ✆ 06107/61467 (Rüdiger Golitz), 8290, www.kanu-club-kelsterbach.de.

▶ In der Kinder- und Jugendabteilung können Club-Mitglieder jeden Montag ab 17 Uhr am Paddeltraining teilnehmen.

Boot fahren auf dem Ginsheimer Altrhein

www.gigu.de. **Anfahrt:** Bus MVG54, 60, KVK72, MVG92, L3 bis Friedrich-Ebert-Platz. **Rad:** S-Bahn Gus-

Hunger & Durst

Restaurant im Boots-haus am Main, Konrad-Adenauer-Ufer 25, ✆ 06145/6440, mit Terrasse und Mainblick, Do – Di ab 16.30, im Winter 1 Std später.

VOR DER MAINMÜNDUNG

Ristorante-Pizzeria Napolimania, Dammstraße 33, ✆ & Fax 06144/32053, nahe Fähre.

Pizzeria Calabrisella, Hauptstraße 19, ✆ 06144/3880, auch nicht weit von der Fähre.

RAUS IN DIE NATUR

tavsburg, Radweg zum Ginsheimer Altrhein. **Zeiten:** Fähre April – Mitte Okt Mo – Fr 1., 2., 3. Fahrt 10, 11, 12 Uhr, nachmittags 14 – 19 Uhr halbstündlich, Sa, So, Fei 10 – 12, 13 – 19 halbstündlich, letzte Fahrt 22 Uhr, Mitte Okt – März Mo – Fr 1., 2., 3. Fahrt 11, 14, 16 Uhr, Sa, So, Fel 1., 2., 3. Fahrt 11.30 – 12, 14, 16 Uhr. **Preise:** Ruderboot 1 Std 6 €, Tretboot 1/2 Std 5, 1 Std 9,50 €, Kajak 2 Std. 18 €. **Infos:** für die Fähre www.hofgut-nonnenau.de, ✆ 06144/2346, Fax 3349845.

▶ Das Ginsheimer Altrheinufer ist im Sommer voller Leben. Hier fährt nicht nur die beliebte Fähre Johanna zur Rheinhalbinsel Nonnenau hinüber, hier ist auch ein Boots- und Kajakverleih aktiv, der bei Familien mit Kindern reichlich Zuspruch findet.

Personenfähre Okriftel – Kelsterbach

Kapazität 20 Personen, Mitnahme von Rad oder Kinderwagen möglich. **Zeiten:** April – Okt Sa, So, Fei 9 – 19.45 Uhr. **Preise:** 0,40 €; Kinder 4 – 10 Jahre 0,30 €.

▶ Früher gab es zahlreiche Fähren über den Untermain. Die Brücken haben sie überflüssig gemacht. Nur diese eine ist übriggeblieben.

Radeln & Skaten

Radtouren im Untermain-Gebiet

▶ Es ist möglich, auf beiden Mainseiten von der Frankfurter Stadtgrenze bis zur Mündung in den Rhein zu radeln. Allerdings ist das nicht überall ein Vergnügen, da einige Abschnitte an verkehrsreichen Straßen entlangführten. Für **Familien mit Kindern** von 7 bis 10 Jahre zu empfehlen sind die Strecken Raunheim – Rüsselsheim und Hochheim – Maaraue. Sportliche und verkehrserfahrene Kinder zwischen 10 und 12 Jahren können auf dem Nordufer Hattersheim – Okriftel – Flörsheim – Kostheim – Maaraue und auf dem Südufer Raunheim – Rüsselsheim – Bischofsheim – Maaraue fahren.

Auch im **Hinterland des Untermains** gibt es viele Möglichkeiten zu schönen Radtouren. Während ihr es nördlich vom Main im Übergang zum Taunus immer wieder mit Steigungen zu tun habt, sofern ihr nicht an Bächen entlangfahrt, ist das Land südlich vom Untermain durchweg tischeben, also ideales Gelände für Familien mit Kindern – sofern nicht der Wind von vorne kommt.

Hochheim – Maaraue – Bahnhof Mainz-Kastel

Hochheim. **Länge:** 7 km flacher, ganz leichter Radweg.
Anfahrt: Hochheim mit S1 Wiesbaden – Flörsheim – Frankfurt – Rödermark, Rückreise ab Mainz-Kastel mit S1 und 9.

▶ Die Tour beginnt am **Bahnhof Hochheim.** Es geht schnurstracks zum nahen Mainufer hinunter. Dort wartet zunächst einmal ein Spielplatz auf euch. Anschließend radelt ihr flussabwärts Richtung Mainz/Wiesbaden. Auf den nächsten Kilometern verläuft der Radweg auf dem Hochwasserdamm. Nach 1 km Fahrt solltet ihr den Abstecher zur wenige hundert Meter südlich gelegenen **Schleuse Kostheim** unternehmen. Es ist schon interessant, von hoch oben zuzuschauen, wie die Frachtschiffe in der Schleusenkammer Höhenunterschiede überwinden.

Nach insgesamt 3 km Fahrt wird Kostheim gestreift, hier geht es auf die **Insel Maaraue.** Zuerst verläuft unsere Route noch 1 km am Main

GeoMap, *Rhein-Main*, 1:50.000, 6,60 €. Diese Karte eignet sich für alle beschriebenen Radtouren im Untermain-Gebiet.

Der Weg ist zugleich auch eine schöne Wanderung!

Hunger & Durst
Rhein-Main-Terrasse, Kostheim-Maaraue, am Main, täglich ab 11 Uhr, Pizza, Pasta und anderes.

Hunger & Durst

Bootshaus, Kostheim-
Maaraue, am Rhein,
☎ 06134/22439, Di –
Sa ab 15, So, Fei ab
11.30 Uhr, prächtiger
Blick auf Mainz.

Hunger & Durst

Dorotheenhof, Am Wei-
her 49, ☎ 06146/
3722, Anfang März –
Anfang Juni, Anfang
Sept – Ende Nov Mi –
Sa ab 17 Uhr, So, Fei
schon ab 16 Uhr,
Straußwirtschaft, auch
Sitzplätze im Freien,
Kinderspielplatz, Hof-
fest Ende Juli.

abwärts, dann rollt ihr 2 km am Rheinufer entlang. Am Nordende der Insel wird der Rhein-
arm Floßhafen überquert. Kurz dahinter erreicht ihr den **Bahnhof Mainz-Kastel:** Die
Rückreise kann beginnen.

Sportliche 11- oder 12-Jährige, denen diese sehr
leichte Tour viel zu kurz ist, können natürlich
auch schon in Frankfurt Sindlingen oder Okriftel beginnen. Sie müssen damit freilich in Kauf
nehmen, dass man in Okriftel, Eddersheim und
Flörsheim jeweils das Mainufer verlassen und
auf Autostraßen fahren muss.

Spiel- und Grillplätze gibt es am Hochheimer
Mainufer und auf der Maaraue, auf Letzterer
auch ein Freibad.

Zur Aussichtskanzel »Vogelnest« und zum Spielpark Hochheim

Hochheim. **Länge:** 9 km, flach bis auf den Anstieg am
Anfang, Flur, offenes Gelände, auf landwirtschaftlichen
Nutzwegen. **Anfahrt:** S1 Hochheim.

▶ Vom **S-Bahnhof Hochheim** geht es stark
bergauf zum 600 m entfernten Weinstädtchen.
Kurz davor zweigt die Route links ab. Sie verläuft nun ziemlich Höhe haltend an dem malerischen alten Ortsteil entlang. Schließlich geht es
rechts aufwärts in die Stadt hinein. Ihr haltet
euch kurz links auf der Mainzer Straße, dann
geht es rechts Am Daubhaus hinein und anschließend über Königsberger Ring und Am
Weiher an den Nordwestrand von Hochheim.
Dort passiert die Route einen tollen Spielplatz
und führt in nordwestlicher Richtung durch die
Felder. 600 m hinter dem Spielplatz überquert
ihr die B40 und radelt danach an dem dicht bewachsenen Kasbach entlang. Aber bereits nach
600 m zweigt die Route rechts ab und verläuft

nun auf einer erst jüngst angelegten Allee. 500 m weiter lohnt es sich, links einen Abstecher zu dem **Aussichtsturm** mit dem *Vogelnestabschluss* am Südrand des *NSG Silbersees* zu machen. Ihr fahrt danach auf der Alleenstraße weiter gen Osten. Nach 400 m bietet sich links ein weiterer spannender Abstecher, denn nur wenige hundert Meter nördlich befindet sich der Spielpark Hochheim, einer der originellsten Spielplätze des Rhein-Main-Gebietes. Ihr fahrt anschließend noch die Alleenstraße zu Ende und kehrt dann – nun immer Richtung Süden radelnd – via Massenheimer Landstraße, Breslauer Ring, Frankfurter Straße, Hintergasse und Bahnhofstraße zum **S-Bahnhof Hochheim** zurück.

Hunger & Durst

Gutsausschank Linden-hof, Massenheimer Landstraße, ℡ 06146/ 9155, www.weingut-lindenhof.de, März – Mai und Sept – Nov Fr, Sa ab 17, So, Fei ab 16 Uhr, Straußwirtschaft, Hoffeste Mitte Juli und Mitte September.

Ein schönes Stück Regionalpark RheinMain

Vom Bhf Eddersheim via Speierlingallee, Naturschutzgebiet Weilbacher Kiesgruben, Naturschutzhaus und Kurpark Bad Weilbach zum Bhf Flörsheim. **Länge:** 11 km, ein starker Anstieg, meist Panoramaweg, abwechslungsreich. **Anfahrt:** S1 Eddersheim, zurück ab S-Bhf Flörsheim.

▶ Die Tour beginnt auf der Nordseite des **S-Bahnhofs Eddersheim.** Es geht rechts in den Wald. Anschließend radelt ihr 2,3 km ziemlich geradeaus gen Nordosten, die letzten 800 m verlaufen am Waldrand. Dann steigt ihr links zum 400 m oberhalb stehenden, riesigen ehemaligen Farbrührer der Farbwerke Höchst auf. Dort wendet sich die Route Richtung Südwesten. Es geht nun auf der 800 m langen **Speierlingallee** zum Kunstwerk Rabe und zum **Naturschutzgebiet Weilbacher Kiesgruben.** Dann radelt ihr 600 m in Richtung Südwesten an diesem Gebiet

entlang. Von zwei Aussichtstürmen ist es möglich, einen Blick in dieses faszinierende Rekultivierungsbiotop zu werfen. Ihr biegt dann rechts ab und fahrt zum Aussiedlerhof Erhard hinüber. Hier lohnt es sich, einen Abstecher zu dem 600 m nördlich gelegenen **Naturschutzhaus Weilbacher Kiesgruben** zu unternehmen. Nach der Rückkehr fahrt ihr anschließend in südwestlicher Richtung auf der Regionalparkstrecke nach Weilbach und durch Weilbach. Südwestlich dieses Flörsheimer Ortsteils könnt ihr euch den tollen Rundblick von der Aussichtsbastion neben der A3 gönnen. Die Route führt anschließend durch den einstigen Kurort **Bad Weilbach**. Es geht direkt am beschaulichen ehemaligen **Kurpark** vorbei. Ihr passiert anschließend noch auf der Höhe ein kleines Gehege und eine Streuobstwiese, bevor es links kräftig bergab nach Flörsheim und dem **S-Bahnhof Flörsheim**, knapp 2 km im Südosten, hinuntergeht.

Radtour Raunheim – Rüsselsheim – Flörsheim

Raunheim. **Länge:** 7 km, flacher, ganz leichter Radweg. **Anfahrt:** S8 und 9 Raunheim; zurück mit S1 ab Flörsheim.

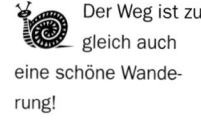 Der Weg ist zugleich auch eine schöne Wanderung!

▶ Die Tour führt vom Anfangs- und Schlussabschnitt abgesehen immer am Fluss entlang. Ihr startet am **S-Bahnhof Raunheim**. Es geht zuerst zum nördlich gelegenen Mainufer. Dann radelt ihr auf dem Uferweg flussabwärts mit dem Blick auf das malerisch über dem anderen Ufer gelegene Flörsheim. Nach 4 km Fahrt geht es unter der großen Opelbrücke hindurch nach Rüsselsheim. Auf dem schönen Abschnitt bis zum *Restaurant Mainterrasse* geht es an Bootshäusern, an der Burg mit dem hervorragenden

Industriemuseum, Bolzplätzen und dem Stadtpark vorbei. Ihr könnt hier also viel unternehmen. Danach kehrt ihr auf dem Uferweg zur Opelbrücke zurück und wechselt auf das nördliche Ufer. Anschließend geht es noch ca. 1 km am **Flörsheimer Ufer** flussaufwärts vorbei an Spielplatz, Liegewiesen und Lokalen – also guten Möglichkeiten zum Spielen und Einkehren. Zum Schluss begebt ihr euch vom Konrad-Adenauer-Ufer via Obermainstraße und Bahnhofstraße zum **S-Bhf Flörsheim.**

Spazieren & Wandern

Es macht schon Spaß am Untermain entlangzuwandern, es gibt ja nicht nur Industriegebiete, sondern auch noch Abschnitte, in denen von Vegetation und Vogelwelt noch fast Ursprüngliches fortlebt. Im Gebüsch rascheln Vögel, das macht auch Kindern Freude. Außerdem könnt ihr im Hinterland Streifzüge durch wunderbare Naturschutzgebiete unternehmen, beispielsweise die Weilbacher Kiesgruben und den Mönchbruch.

Durch die Wickerbachaue von Massenheim nach Wicker

Massenheim. **Anfahrt:** ESWE-Bus 46 bis An der Herrenscheuer in Massenheim, Rückweg ab Tor zum Rheingau in Wicker mit MTV-Bus 819 (nur Mo – Sa).

▶ Ihr geht in **Massenheim** auf der Untergasse Richtung Hochheim zum Tal des Wickerbaches hinunter. Anschließend führt die Route 1,5 km immer ziemlich geradeaus in diesem beschaulichen Tal abwärts: links Weinberg, rechts Wiesen und der Bach mit viel Grün. Beim Weidenpavillon geht ihr dann nach rechts, überquert den

Hunger & Durst

Mit Blick auf den Main:
Restaurant Mainterrassen, oberhalb des Rüsselsheimer Ufers,
✆ 06142/162777, täglich 11.30 – 23 Uhr.
Bootshaus in Flörsheim, Konrad-Adenauer-Ufer 25, Flörsheim,
✆ 06145/6440, Do – Di im Sommer ab 16 Uhr, Sa bei schönem Wetter schon ab 11, So ab 11.30 Uhr.
Zum Hirsch, Konrad-Adenauer-Ufer 19, Flörsheim, ✆ 06145/2873, Wild- und Fischgerichte.

VOR DER MAINMÜNDUNG

Hunger & Durst

Gutsausschank Johanneshof, ✆ 06145/ 2610, Di – Sa 16 – 23, So, Fei 12 – 23 Uhr, mit Biergarten.

Wickerbach und schlagt kurz darauf beim **Johanneshof** nach links wieder die vertraute Richtung talabwärts ein. Auf halbem Weg zur Weidenmühle passiert die Route einen großen Streuobstgarten. An der Weidenmühle haltet ihr euch sodann links, überquert den Wickerbach und steigt Richtung Wicker auf. Dabei führt der Weg bald ziemlich nahe an der **Flörsheimer Warte** vorbei, nach dem Johanneshof eine weitere Möglichkeit zum Einkehren. Der letzte Abschnitt verläuft via Am Steinweg und Taunusstraße zum »Tor zum Rheingau«.

Gemütliches Spazieren am Mainufer & im Park »Freiherr von Verna« in Rüsselsheim

Anfahrt: Bus 1, 6, 11, 31, 32, 41, 42, 51, 52 Marktplatz, S8, 9 Bhf Rüsselsheim, dann 500 m via Markt- und Mainstraße durch die Innenstadt.

▶ Das Rüsselsheimer **Mainufer** ist immer einen Spaziergang wert. Ihr könnt diesen bis nach Raunheim oder Flörsheim ausdehnen. Die Kinder können sich auf diversen Bolzplätzen von Rüsselsheim, Raunheim und Flörsheim austoben. Am Flörsheimer Ufer gibt es zudem einen Spielplatz.

Der kleine **Stadtpark** zwischen Marktplatz und Festung bietet gute Möglichkeiten zum Spazierengehen mit kleinen Kindern. Er ist auch für Kinderwagen geeignet. Für ein wenig Spaß und Abwechslung sorgen ein kleiner Teich und die Vogelvoliere.

Durch die Flörsheimer Schweiz

Flörsheim-Wicker. **Länge:** 4 km, leicht, bergab oder flach; Wicker – Flörsheimer Warte – Wiesenmühle – Kalkbrennofen – Flörsheim-Keramag. **Anfahrt:** MTV-Bus

819 in Wicker, Flörsheimer Straße, **Rückweg:** FKE-Bus 610, 809 von Keramag/Falkenberg.

▶ Ihr startet vom Südostende der Flörsheimer Straße am südöstlichen Ortsrand von Wicker und geht auf dem Landwehrweg in südwestlicher Richtung ziemlich Höhe haltend zur Flörsheimer Warte hinüber, einem schmalen hohen Turm. Die Route führt durch die Lage *Flörsheimer Herrnberg.* Es besteht ein wunderbarer Ausblick auf Flörsheim und den Untermain. Nach 1,1 km seid ihr an der **Flörsheimer Warte,** wo ihr von April bis Oktober am Wochenende einkehren könnt. Von nun an geht es recht stark bergab. Die Route führt durch die landschaftlich schöne Flörsheimer Schweiz. 1,4 km unterhalb der Flörsheimer Warte erreicht ihr die *St.-Anna-Kapelle.* Es geht nun auf einer Treppe zur **Wiesenmühle** hinunter. Direkt daneben befindet sich eine Feuchtwiese, die ihr vom sicheren Steg aus beobachten könnt. Am linken Ufer des Wickerbaches, der von dichten Hecken umgeben ist, lauft ihr gut 1 km hinab zur **Obermühle,** wo sich – wie bei der Wiesenmühle – schon lange das Mühlrad nicht mehr zum Mahlen dreht. Bevor die Wanderroute in die breite Hochheimer Straße mündet, tauchen als letztes Highlight die wieder hergestellten **Kalkbrennöfen** aus dem 18. Jahrhundert auf. Danach ist es nicht mehr weit bis zur Bushaltestelle.

Zur Schleuse von Eddersheim

Kelsterbach. **Länge:** 6 km, flach, ganz leicht. **Anfahrt:** S8, 9 Kelsterbach, zurück mit S1 ab Eddersheim.

▶ In Kelsterbach geht es vom S-Bahnhof zum Mainufer hinüber. Danach wandert ihr stets am Main entlang auf dem Radweg flussabwärts. Auf

Hunger & Durst

Gutsausschank Flörsheimer Warte, April – Okt Sa 15 – 22, So 11.30 – 22 Uhr, Ofenkartoffeln mit Kräuterquark, Elsässer Flammkuchen, Schnitzel Weinbergs Art.

Hunger & Durst

Gasthof Wiesenmühle »Flörsheimer Schweiz«, Wiesenmühle 11, Flörsheim, ✆ 06145/7166 und 1083, www.gasthof-wiesenmuehle.de, Mi – So sowie Fei 11 – 23 Uhr, mit großer Terrasse, kleinem Kinderspielplatz, Babywickeltisch. Lamm, Wild, vor Weihnachten Ente und Gans, auch Gerichte für Vegetarier, Speisen für Kinder, eigener Weinanbau und selbst gekelterter Apfelwein, selbst gebackener Kuchen, hausgemachtes Eis.

dem gegenüberliegenden Ufer taucht bald da-
rauf Okriftel auf. Schließlich wird die **Staustufe
Eddersheim** erreicht. Hier überquert ihr den
Fluss und schaut zu, was mit den Schiffen in der
Schleuse geschieht. Am Eddersheimer Ufer geht
ihr nach links die Mainuferanlagen abwärts, wo
Lokale und ein Spielplatz zur Rast einladen.
Rechts von der Schleuse existiert ferner ein
Bolzplatz. Nach Rast und Spiel begebt ihr euch
zum S-Bahnhof Eddersheim.

Von Ginsheim zum Hof Langenau und zurück

Länge: 6 km, flach und leicht. **Anfahrt:** Bus MVG54,
60, KVK72, MVG92, L3 Friedrich-Ebert-Platz/Ginsheim.

▶ Es beginnt mit einem Abenteuer: Von der Anlegestelle der Ginsheimer Altrheinfähre setzt ihr
auf die andere Seite des Altrheins über, eine kurze Fahrt, die Kindern Spaß macht. Anschließend
wandert ihr dann auf der absolut flachen Halb-
insel Nonnenau südwärts – immer geradeaus,
zuerst durch ein Wäldchen, dann durch Acker-
flur. Bis zum *Hofgut Langenau* sind es 3 km.
Hier bekommt ihr Getränke und kleine Gerichte und könnt euch auf dem kleinen Sandstrand
am Rheinufer niederlassen. Im Sommer ist der
Hof reichlich von Radlern, Wanderern und Ru-
derern bevölkert.

Es geht dann auf demselben Weg wieder zurück.
Bei der Anlegestelle der Fähre in Ginsheim
könnt ihr auch Tret- oder Ruderboot fahren.
Für alle Nudel- und Pizzafans ist das *Ristorante
Napolimania* am Ginsheimer Ufer (↗ Boot fah-
ren auf dem Ginnheimer Altrhein) eine große
Versuchung.

Naturerkundung & Umwelt-Infozentren

Die Planeten am Schwarzbach

Von Okriftel auf dem Planetenweg zum Freizeitpark Kriftel, Hattersheim-Okriftel. **Länge:** 6,5 km, erst am Main, dann am Schwarzbach entlang, flach, leicht, abwechslungsreiche Bachroute identisch mit dem Planetenweg.
Anfahrt: S1 bis Hattersheim, ab Bahnhof-Südseite FKE-Bus 833 bis Langgasse in Okriftel; S2 ab Kriftel.

▶ Von der Bushaltestelle in der Okrifteler Langgasse lauft ihr zum nahen Mainufer. Dort führt die Route an dem breiten Fluss aufwärts bis zur 800 m entfernten Einmündung des Schwarzbaches. Hier verlasst ihr den Strom und folgt auf einem Radweg dem schmalen – abschnittsweise beschaulichen – Taunus-Gewässer bis zum Ziel dieser Wanderung, dem Freizeitpark Kriftel. Es geht zunächst durch ein Wäldchen, rechts steht

PLANETENWEG AM SCHWARZBACH

Die Schüler und Schülerinnen der Astronomie AG der Weingartenschule in Kriftel haben 1997/98 am Schwarzbachabschnitt Freizeitpark Kriftel – Mainufer Okriftel einen Planetenweg (Markierung: Saturnsymbol) angelegt. Dabei wird unser 6 Mrd. km großes Sonnensystem – die Sonne und ihre 9 Planeten – im Maßstab 1:1 Milliarde auf einer Strecke von 6 km abgebildet.

Die Modelle der einzelnen Planeten sind als Halbkugeln auf Bronzetafeln dargestellt. Daneben stehen Infos mit zusätzlichen Erklärungen. Die ersten drei (Merkur, Venus, Erde) findet ihr noch innerhalb des Parks, d.h. »ziemlich dicht« an der Sonne. Der Mars liegt an seinem Ausgang. Auf Jupiter stoßt ihr noch am Schwarzbach in Kriftel, auf den Saturn hinter der Autobahnunterführung in Hattersheim. Der Uranus hat seinen Platz am Eingang zum Regionalpark Rhein-Main kurz hinter der S-Bahn-Trasse in Hattersheim, der Neptun liegt idyllisch direkt am Schwarzbachwehr. Endstation ist schließlich der Pluto am Okrifteler Mainufer. Mehr dazu unter www.planetenweg.de. ◀

ein riesiges Hochhaus. Nach 700 m kommt ihr an einem Wehr vorbei, um das in weitem Bogen eine *Fischausstiegsrinne* führt, durch die aus dem Main kommende Fische auf dem Weg zu ihren Laichplätzen im Oberlauf dieses Hindernis überwinden. Dann taucht auch bald **Hattersheim** auf, der Schwarzbach-Radweg durchquert das Städtchen in Nordwest-Richtung, wobei ihr relativ wenig davon zu sehen bekommt. Am Ende taucht direkt vor der A66 rechts das Freibad Hattersheim auf. Direkt hinter dieser stark befahrenen Straße beginnt **Kriftel**. Auch von diesem betriebsamen Städtchen bekommt ihr nicht viel mit. Nach 5,5 km Wanderung am Schwarzbach trefft ihr am gut ausgestatteten Freizeitpark Kriftel ein, wo außer dem Spielgelände auch ein gemütliches Freibad lockt. Den Rückweg könnt ihr vom nahe gelegenen **S-Bahnhof Kriftel** oder – 2 km weiter am Bach entlang – vom **S-Bhf Hofheim** antreten.

Naturschutzgebiet Mönchbruch bei Rüsselsheim

Anfahrt: KVK-Bus 77 Bhf Rüsselsheim – Walldorf bis Mönchbruch. A67 Ausfahrt Rüsselsheim Ost, B486 zum Jagdschloss Mönchbruch, Parkplätze vorhanden. Rad: Markierte Radwegverbindungen mit Rüsselsheim, Trebur, Groß-Gerau und Walldorf.

▸ Dieses ausgedehnte Naturschutzgebiet (937 ha) grenzt direkt an den Flughafen. Es besteht aus Erlenbrüchen, Erlen-Eschen-Sumpf-Wäldern und Eichen-Hainbuchen-Wäldern, weiten Wiesen mit Wassergräben, Tümpeln und Teichen. Die Flora und Fauna sind sehr artenreich: Es gibt hier 540 wild wachsende Pflanzenarten, von denen 60 auf der Roten Liste der bedrohten Arten stehen, und 175 Pilzarten. 76 Brutvogel-

Reinhard Ebert, Hans Welzenbach, *Mönchbruch. Entwicklung eines Naturschutzgebietes.* Verlag Bender & Welzenbach.

arten notierte das 1993 beim Regierungspräsidenten in Darmstadt vorgelegte Schutzwürdigkeitsgutachten. Dank eines ausgebauten Wegenetzes könnt ihr in diesem ökologischen Kleinod wunderbar wandern und radeln. Da das Gelände vollständig flach ist, ist dies auch für kleinere Kinder ein gut geeignetes Terrain.

Am **Eingang** neben dem **Jagdschloss Mönchbruch** ist ein großer Plan aufgestellt, mit dem ihr die Rundtour zusammenstellen könnt.

Am Südwestrand könnt ihr im **Biergarten** der **Mönchbrucher Mühle** einkehren. Um dem Straßenlärm ein wenig zu entkommen, ist es ratsam, sich im hinteren Teil niederzulassen.

Horlachegraben und Naturfreundehaus

NFH, Langseeweg, 65428 Rüsselsheim. ℰ 06142/
53818, www.naturfreunde-ruesselsheim.de. **Anfahrt:**
RE, S8, 9 Rüsselsheim, dann Bus 51, 52 bis Böcklinstraße, zum NFH 600 m am Horlachegraben entlang.
Infos: Das moderne Haus mit seinen Selbstversorgerküchen und Tagungsräumen eignet sich auch bestens für Jugendfreizeiten.

▶ Über ein langes Stück zieht sich am Ostrand von Rüsselsheim dieser breite, naturbelassene Wassergraben – Rest eines früheren Altmainarms übrigens – hin. Er steht unter Naturschutz, weil an ihm einige seltene Pflanzen- und Tierarten zu Hause sind, worauf der Gewässerlehrpfad hinweist. Es durchaus denkbar, das ihr einen Eisvogel oder Graureiher auf Fischjagd beobachten könnt.

Diese gemütliche **Kurzwanderung** beginnt an der Ecke Waldweg/Lukas-Cranach-Straße und führt auf der linken Seite des beschaulichen Horlachegrabens in südöstlicher Richtung entlang. Das ist eine sehr beliebte Jogging-, Wan-

 Die **Naturfreunde Rüsselsheim** sind eine gute Adresse für Familien mit Kindern. Es gibt eine Kindergruppe, die sich am letzten Samstag im Monat um 15 Uhr im Naturfreundehaus zu spannenden Aktivitäten trifft. Info: Heike Pockrandt, ℰ 06135/ 757574.

der- und Radelroute, niemand muss sich hier einsam fühlen. Nach knapp 1,5 km biegt ihr links ein und seid kurz darauf am **Naturfreundehaus**, das gerade so im Wald liegt. Dieses bietet einen ganz tollen kleinen Sinneserlebnispfad und auch der Spielpatz ist o.k. An den Tagen, an denen es geöffnet ist (Sa, So 14 – 18 Uhr, Nov – März nur So), könnt ihr auch Getränke und vielleicht Kuchen bekommen, leider aber keine warme Küche. Andererseits hat aber niemand etwas dagegen, wenn ihr die leckeren Sachen aus eurem Proviantkorb auspackt. Bei schönem Wetter bieten sich die Tische im Freien an.

Naturschutzhaus und -gebiet Weilbacher Kiesgruben und Bauerngarten

Frankfurter Straße 74, 65439 Flörsheim-Weilbach. ℂ 06145/936360, Fax 936369. www.weilbacher-kiesgruben.de. naturschutzhaus@weilbacher-kiesgruben.de. **Anfahrt:** Bus 809 Hochheim – Flörsheim bis Alter Friedhof in Weilbach. **Zeiten:** Mo, Mi, Do 9 – 16, Di 9 – 18, Fr 9 – 12, an ausgewählten So Ende April – Anfang Okt 11 – 17. **Infos:** Im Internet Lehr- & Lernprogramm, Jahresprogramm. Familienangebote für Kinder ab 6 Jahre und ihre erwachsenen Begleiter, Priorität auf spielerischem Entdecken in der Natur; Lernangebote für Kindergärten und Schulklassen.

▶ Das **Naturschutzhaus Weilbacher Kiesgruben,** wenige hundert Meter nordöstlich von Weilbach, hat sich in den letzten Jahren zu *dem* Zentrum der Natur- und Umweltbildung des Rhein-Main-Gebietes entwickelt. Es bietet dank zweier Seminarräume, einem Labor, einem Werkraum, einem Naturerlebnis- und Ausstellungsraum sowie einem Gewächshaus die Voraussetzungen für Seminare, Unterrichtsgänge und Veranstaltungen verschiedenster Art.

Direkt am Haus befindet sich eine biologisch bewirtschaftete **Gartenanlage mit Bauerngarten,** Lehmofen, Kräutergarten, Steingarten und Nisthilfenwand. Es ist empfehlenswert, eine Führung durch die Gartenanlage mitzumachen, nur so könnt ihr auch die längst vergessenen Gemüse-, Getreide-, Faser- und Färbepflanzen des Bauerngartens kennen lernen.

Ein weiteres Highlight des Naturschutzhauses ist das nur wenige Meter östlich gelegene **Naturlehrgebiet** in einer offen gelassenen Kiesgrube. Hier hat sich in wenigen Jahren unter Mithilfe des Naturschutzhauses eine artenreiche Tier- und Pflanzenwelt aus Feucht- und Trockenbiotopen gebildet.

Eine echte Naturperle liegt 1,5 km südöstlich: Der von Wald umgebene **See** in der ehemals größten Kiesgrube des Weilbacher Terrains ist zu Recht unter Naturschutz gestellt und darf nicht betreten werden. Auf einem Rundweg mit vier Aussichtstürmen habt ihr jedoch einen Einblick in das Gelände. Zu den Bewohnern des Gebietes zählen 26 von 29 der am Untermain lebenden Libellenarten und neben Kröten, Molchen und Eidechsen selten gewordene Vogelarten wie die Beutelmeise, der gelbe Pirol und der Steinschmätzer, der an seinem gekreuzten Schnabel zu erkennen ist.

»Wir legen bei unseren Angeboten großen Wert darauf, die Teilnehmer Natur direkt erleben und verstehen zu lassen sowie ihnen Anregungen für das eigene Handeln zu geben. Unsere Veranstaltungen und Projekte zielen darauf ab, Lebensweisen und -räume zu verändern. Dazu zählen bewusster Umgang mit Müll und Abfall, gesunde Ernährung mit regionalen, ökologischen und fair gehandelten Lebensmitteln, lebendige Außengeländegestaltung von Kindergärten und Schulen sowie regionale Ferienangebote.« (Naturschutzhaus)

Kiesgrubenlandschaften am nördlichen Untermain

GRKW Gesellschaft zur Rekultivierung der Kiesgrubenlandschaft, Geschäftsstelle, Wickerer Weg 8 – 10, 65439 Flörsheim-Weilbach. ℰ 06145/52428. **Anfahrt:** FKE-Bus 809 Alter Friedhof.

▶ In den 1960er und 1970er Jahren wurde in zwei Gebieten der Untermain-Region in großem Stil Kies gebaggert: die **Hochheimer und Massenheimer Kiesgruben** im Dreieck zwischen Hochheim, Delkenheim und Massenheim im Westen und die **Weilbacher Kiesgruben** im Dreieck zwischen Weilbach, Marxheim und Eddersheim im Osten. Ab den 1970er Jahren wurden viele inzwischen erschöpfte Gruben aufgegeben. Dabei wurde in Wildwestmanier keinerlei Anstrengung zur Rekultivierung des abbaugeschädigten Geländes unternommen, vielmehr entstanden zusätzliche Schäden durch den Missbrauch als Müllhalden und wilde Badeseen. Die Situation änderte sich erst ab 1980 durch die Gründung der GRKW, der Gesellschaft für Rekultivierung der Kiesgrubenlandschaft Weilbach. Seitdem wurde viel unternommen, um die Schäden zu beseitigen und der Natur alle Möglichkeiten zur Wiederbesiedlung zu lassen. Dabei sind mehrere Biotope mit für die Region einzigartigen Tier- und Pflanzengesellschaften entstanden.

Im Bereich der *Hochheimer und Massenheimer Kiesgrubenlandschaft* sind im Westen und Osten jeweils ein Baggersee als Naturschutzgebiet auf dem Weg zum Vogelparadies. Im Süden des **Silbersees,** des westlichen NSG, ist für die Naturbeobachtung ein eigentümlicher 10 m hoher Aussichtsturm mit einem »Vogelnest« als Abschluss errichtet worden. Zwischen den beiden NSG wurde in allerjüngster Zeit ein origineller Spielpark angelegt. Nördlich vom östlichen NSG, dem **Massenheimer Kiesgrubensee,** gibt es nun einen Golfplatz. Andererseits wird aber im Hochheimer Bereich noch Kies ausgebeutet und die größte ehemalige Grube – bei Massenheim – ist zur riesigen Mülldeponie Wicker geworden.

Auch im Bereich der *Weilbacher Kiesgruben-landschaft* ist ein Grubensee als Naturschutzgebiet belassen. Ferner ist hier mit den Naturschutzhaus eine hochkarätige Institution der Umweltweltbildung und erlebnisorientierten Naturerfahrung aufgebaut worden. Eine Grube ließ man offen und zum Naturlehrgebiet reifen. Eine andere Grube wurde aufgefüllt und zum Naherholungsgebiet gestaltet. Es gibt auch hier noch einen Bereich, in dem nach wie vor Kies abgebaut wird.

Naturlehrgebiet in einer ehemaligen Weilbacher Kiesgrube

GRKW-Naturschutzhaus, Frankfurter Straße 74, 65439 Flörsheim-Weilbach. ✆ 06145/936360, Fax 936369. www.weilbacher-kiesgruben.de. naturschutzhaus@weilbacher-kiesgruben.de. **Anfahrt:** ↗ Naturschutzhaus. **Zeiten:** frei zugänglich.

▶ Direkt östlich neben dem Naturschutzhaus Weilbacher Kiesgrube ließ die GRKW (Gesellschaft zur Rekultivierung der Weilbacher Kiesgrubenlandschaft mbH) eine Ex-Kiesgrube offen. Mittlerweile hat sich, aus allen Winkeln des Untermains kommend, eine illustre Tier- und Pflanzenwelt eingefunden. Die Leute vom Naturschutzzentrum haben ein wenig ordnend eingegriffen, z.B. die Teiche so angelegt, dass sie nicht austrocknen und eine Steilwand aufgeschnitten, um zu zeigen, wie die Naturgeschichte der Untermainregion verlaufen ist. Ihr könnt diesen breiten Kessel, in dem ganz nahe beieinander sehr unterschiedliche Biotope entstanden sind, auf einem Entdeckungspfad durchqueren und sehen, welche verschiedenen Vögel die Hecken, Teiche und Steilwände bevölkern, ob Molche und Kröten in den Teichen leben

Bevor ihr das Naturlehrgebiet besucht, ist es hilfreich, sich schon einmal im Erlebnisraum auf eine spielerische Entdeckungsreise in die Welt der Weilbacher Kiesgruben zu begeben. Ein sehr anregender Begleiter für unterwegs ist die gut gemachte Broschüre des Naturschutzhauses: »Der Natur auf der Spur, Entdeckungsspaziergang durch die Weilbacher Kiesgruben, Raten, Lösen, Malen«, 28 Seiten.

oder sich Eidechsen an Sommertagen auf erhitzten Steinen sonnen.

Wickerer Weinwanderweg

Flörsheim-Wicker. www.floersheim-main.de. **Länge:** 3 km, leichte Rundwanderung durch Rebfelder und Weindorf, toller Ausblick auf die Mainebene, Einkehrmöglichkeit: Flörsheimer Warte sowie in Wicker.

Anfahrt: MTV-Bus 819 Flörsheimer Straße.

▶ Der Weinwanderweg ist als Rundtour angelegt. Er führt zunächst vom »Tor zum Rheingau« im Westteil von Wicker am Nonnberg, der bekannten Weinlage, vorbei über den Steinweg zur Otto-Schwabe-Ruhe hinunter und zur benachbarten Flörsheimer Warte hinüber. Dann geht es auf dem alten Landwehrweg (streckenweise Weinlaubengang) wieder – ebenfalls durch Weinberg – zum Südostrand des Weinortes hinauf. Anschließend streift ihr in nordwestlicher Richtung durch einen größeren Teil von Wicker. Am Ende geht es schließlich auf der Taunusstraße zum »Tor zum Rheingau« zurück. Die Route führt an 9 Stationen mit 23 Infotafeln zum Thema Weinbau und Wein vorbei.

PS: In der Gemarkung Wicker liegt der östlichste Wingert, der die Gebietsbezeichnung »Rheingau« tragen darf. Deshalb beginnt hier die »Rheingauer Riesling Route«.

Am »Tor zum Rheingau« ist die Route auf einer Tafel skizziert. Am besten markiert ihr sie auf eurem Plan.

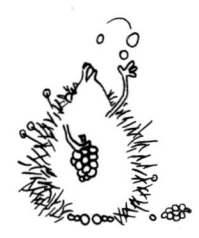

Tipp: Die RSG bietet: Reitschule, Voltigieren, Fahrsport, Ausbildung, Ferienkurse, Ausreiten, Reiten und Fahren trotz Handicap, Pensionsbetrieb.

Reiten, Sport & Spiel

Reitsportzentrum Wiesenhof

RSG Eddersheim am Main e.V., Im Gotthelf 20, 65795 Hattersheim-Eddersheim. ✆ 06145/545871, Fax 545872. www.rsg-wiesenhof.de. info@rsg-wiesenhof.de. Am Südwestrand von Eddersheim am Main.

Anfahrt: FKE-Bus 834 Im Gotthelf. **Preise:** Mitglieds-
beitrag pro Jahr 51 sowie Aufnahmegebühr von 51 €,
Familien 72 €; bis 18 Jahre Aufnahmegebühr und Mit-
gliedsbeitrag pro Jahr je 41 €, Reitstunden 11 € für
Vielreiter bzw. 16 € für Gelegenheitsreiter.

▶ Das Reitsportzentrum der RSG Eddersheim
ist ein kleines Reitparadies für Kinder. Sie können hier das ABC des Reitens lernen vom
Schnupperkurs bis zum Fortgeschrittenen-
Know-how. Dazu gehören z.B. der Erwerb des
Kleinen und Großen Hufeisens, des Reiterpas-
ses und der Reitabzeichen Klasse III und IV.
Das Gelände umfasst zwei Reithallen und einen
Außenreitplatz, Reiterstübchen, Schulungsraum
und 32 moderne Pferdeboxen. Den 330 Mitgliedern – in der Mehrheit Kinder und Jugendliche
– stehen 16 Reitlehrer und 19 Lehrpferde vom
Pony bis zum Großpferd zur Verfügung.

Hunger & Durst

Mönchhof, Mönchhof-
straße 5, Eddersheim,
nahe Mainufer, gediege-
ne bürgerliche Küche.

Minigolf im Untermaingebiet

An folgenden Orten habe ich Minigolfplätze
entdeckt:

Flörsheim, *Family-Golf-Anlage,* Am Wickerbach 3, ☏ 06145/2061, Mo – Fr ab 16, Sa, So
ab 11 Uhr.

Kriftel, am Parkbad, ↗ Freizeitpark Kriftel.

Spielpark Hochheim

Anfahrt: Vom Breslauer Ring 1,2 km auf der Norden-
städter Straße, dann rechts ca. 500 m.

▶ Im Herbst 2003 wurde 1,5 km nördlich von
Hochheim ein großer und variantenreicher
Spielpark eröffnet. Auf einem Hügel könnt ihr
euch auf einer Balancieranlage versuchen, auf einer steilen Rutsche abfahren und euch wie Tar-
zan per Seil über einen Graben schwingen. Zu
Füßen des Spielplatzberges erstreckt sich ein

weites Spielgelände mit einem langen Hangel-seil, einem hohen Sandhaufen, tollen Schaukeln und vielen anderen Dingen. Der Spielpark hat für Kinder aller Jahrgänge etwas zu bieten.

Ostpark Rüsselsheim

Anfahrt: Bus 31, 32 Waldfriedhof.

▶ Dieser mit 40 ha ziemlich große Park im Osten von Rüsselsheim ist das meistbesuchte Naherholungsgebiet der Stadt. Kinder können auf den **Spielplätzen,** dem **Naturlehrpfad,** den vielen Wegen, die sich zum Radeln und Wandern anbieten, eine Menge unternehmen. Schön ist das Gemisch aus Wald und Lichtungen. Es gibt auch einen Weiher. In einem **Gehege** ist Damwild zu Hause. Es gibt einen urigen **Biergarten** (✆ 06142/562528). Ferner lockt das nahe gelegene Waldschwimmbad. Einfach schade, dass der benachbarte Rhein-Main-Flughafen für reichlich Lärm sorgt.

 Der Naturlehr-pfad führt auf einem 2 km langen Rundkurs durch den nördlichen Teil des Ost-parks – das ist zugleich eine gemütliche Wande-rung durch Wald und Wiesen. Themen der In-fotafeln sind u.a. »Le-bensraum Stadt«, »Öko-system Wald«, »Vögel am Wasser«, »Blumen-wiese«, »Schmetterlin-ge« und »Stieleiche«.

Freizeitpark Kriftel

Kapellenstraße/Parkstraße, 65830 Kriftel. www.krif-tel.de. **Anfahrt:** FKE-Bus 810. In Kriftel Richtung Schwarzbachhallen/Parkbad, P am Gelände. Rad: Schwarzbach-Radweg Hofheim – Okriftel. **Zeiten:** frei zugänglich. **Preise:** Minigolf 1 €, Kinder und Jugend-liche 0,50 €.

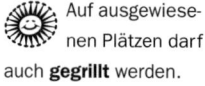 Auf ausgewiese-nen Plätzen darf auch **gegrillt** werden.

▶ Der Freizeitpark am Schwarzbach ist allemal für einen abwechslungsreichen Nachmittag gut. Ihr habt die Wahl zwischen Rollschuhbahn mit Halfpipe und Ramp, zwei Bolzplätzen, einer Minigolfanlage (Schläger an der Kasse des Freibads nebenan) und einem Spielplatz mit Kletterturm.

Grillplätze und -hütten am Untermain

Hattersheim, Grillstellen am *Schieferstein*, im Ortsteil Okriftel an der *Sandstraße* (Schutzhütte aus Holz mit Grillmöglichkeit und Abfalleimer) sowie am Bolzplatz am *Wolfsweg.* Info Stadtverwaltung Hattersheim, ✆ 06190/9701-74.

Hochheim, Grillplatz am *Mainufer,* nahe am Bootshaus des Kanuvereins und Spielplatz, Grilltisch auf gepflastertem Rondell, Bänke und Tische; Grillhütte am *Käsbach,* zwei Grills, Bänke und Stühle, WC, von Büschen und Bäumen umgeben, in der Nähe Bolzplatz.

Hofheim, Auskünfte erteilt das Bürgerbüro der Stadt Hofheim, ✆ 06192/ 202270.

Bahnen & Betriebe

Reisespaß mit kleinen Eisenbahnen

Dampfbahnclub Rhein-Main, Auf der Mainspitze, 65462 Ginsheim-Gustavsburg. www.dbc-rhein-main.de. walter@zkb-wab.de. **Anfahrt:** S8 Gustavsburg. **Zeiten:** Fahrtage April – Okt letzter So im Monat 10 – 17 Uhr. **Preise:** Fahrpreis 0,50 €. **Infos:** Bruno Müller, Leibnizstraße 40 – 42, 55118 Mainz, ✆ 06131/677815; Walter A. Bornath, Risselsteinweg 34, 65931 Frankfurt, ✆ 069/364763, Fax 36009831.

▶ Auf dem Vereinsgelände im Bereich der Mainspitze hat der rührige Dampfbahnclub Rhein-Main eine Kleinbahnanlage mit 1100 m Gleisstrecke, 15 Weichen, einer Kreuzungsweiche, zwei Kreuzungen, einer Drehscheibe und verschiedenen Abstellgleisen aufgebaut. Die Spurweiten liegen bei 127 und 184 mm. Dampf-,

Dampfbahnfest mit zahlreichen Gastfahrzeugen am letzten So im September.

Diesel- und E-Loks sind hier geräuschvoll unterwegs. Ihre Wagen sind so groß, dass selbst große Passagiere Platz nehmen können.

Opel live GmbH

Das Marken- und Kommunikationszentrum der Adam Opel AG, Friedrich-Lutzmann-Ring 2, 65428 Rüsselsheim. ℂ 06142/765600, Fax 765619. www.opel-live.de. Opel.Live.Reservierung@de.opel.com. **Anfahrt:** RE, S8, 9 Rüsselsheim, dann knapp 10 Minuten Fußweg. **Zeiten:** Führungen für Familien und Einzelpersonen Mo – Fr 11 und 15 Uhr, an produktionsfreien Tagen sowie gesetzlichen Feiertagen in Hessen keine Werkstouren; angemeldete Gruppen ab 10 Pers. auch n.Vb. **Preise:** Eintritt frei.

▶ Es ist allemal eine spannende Sache, im verglasten Tram-Mobil mal gut zwei Stunden durch die Werkshallen von Opel zu schaukeln und zu beobachten, wie Autos entstehen (Rohkarosseriebau, Presswerk, Endmontage). Andererseits: Das ist natürlich zugleich die Werbeveranstaltung eines Autokonzerns, da haben nun mal kritische Bestandsaufnahmen der Umweltfolgen des Autoverkehrs und der gesellschaftlichen Kosten von Verkehrsunfällen keinen Platz.

Kinder sind von den Abgasen des Autoverkehrs besonders betroffen. Nach einer Studie des Instituts für Umwelthygiene aus Düsseldorf und des Hygieneinstituts der TH Aachen wurde im Blut von Kölner Schulkindern 60 – 70 % mehr Benzol festgestellt als bei ihren Altersgenossen in ländlichen Regionen, was das Leukämie-Risiko stark erhöht.

Museen, Kultur & Events

Museum der Stadt Rüsselsheim

Festung, Hauptmann-Scheuermann-Weg 4, 65428 Rüsselsheim. ℂ 06142/83-2950, Fax 83-2965. www.stadt-ruesselsheim.de. **Zeiten:** Di – Fr 9 – 12.30, 14.30 – 17, Sa, So 10 – 12, 14 – 17 Uhr; Führungen für Gruppen. **Preise:** 1,50 €, Familien 4, Gruppen bis 25 Personen 15, Führungen 25 €; Kinder bis 6 Jahre Eintritt frei, Jugendliche 1, Gruppen 10 €; am 1. Sa des Monats Eintritt frei. **Infos:** Stadtführung ab dem Museum für max. 30 Personen 50 €.

▶ Das Museum ist technisch hervorragend ausgestattet. Die Ausstellungen sind didaktisch sehr gut aufgebaut. Einen Schwerpunkt bildet das **bäuerlich-handwerkliche Rüsselsheim** des Mittelalters und der Zeit vor der Industriellen Revolution sowie die **Entstehung und Entwicklung der Industrie** in Rüsselsheim, in der die Firma Opel eine zentrale Rolle spielte. Die Texte sind gut lesbar und erstaunlich kritisch, was wirtschaftliche, politische und soziale Fragen angeht. Allein dieser Bereich, der auch technisch viele faszinierende Objekte bietet, ist so materialreich, dass es wenig Sinn macht, alles an einem Tag bewältigen zu wollen.

 Jeden Do 15 – 16.30 Uhr für Kinder von 8 – 12 Jahren Kindernachmittag im Museum: kreatives, spielerisches Kennenlernen von Geschichte und Kultur. Anmeldung erforderlich.

Der zweite Schwerpunkt liegt bei dem Thema »**Mensch und Natur«.** In dieser Ausstellung geht es nicht um Lokalgeschichte, sondern um die Veränderungen, die menschliche Aktivitäten in der Natur hervorgerufen haben und mit denen bekanntlich viele Probleme einhergehen. Auch dies ist kein Bereich, den ihr im Schnelldurchgang erledigen könnt.

Das Museum bietet Erwachsenen wie Kindern gleichermaßen so viel, dass es empfehlenswert ist, sich nur einen Themenbereich vorzunehmen und ab und an mal wieder vorbeizuschauen.

Stadtmuseum Kelsterbach

Alter Marktplatz, Marktstraße 11, 65440 Kelsterbach. ✆ 06107/62637, www.kelsterbach.de/museum/museum.html. **Zeiten:** So 14 – 17, Mi 17 – 19 Uhr, Führungen nach Vereinbarung unter ✆ 06107/7731. **Preise:** freier Eintritt.

▶ Ausgestellt sind: Modelle alter Mainschiffe, Funde und präparierte Fische aus dem Main,

Flößer- und Fischereigeräte, Porzellan und Fayencen aus der Manufaktur Kelsterbach, Stadtgeschichte und vieles andere mehr. Auch für Kinder unterschiedlicher Altersstufen ist genügend Stoff vorhanden.

Tipp: Karten bekommt ihr auch über das stadtbüro Dicker Busch, ✆ 06142/832900, das stadtbüro Bauschheim, ✆ 832910 und 832911 sowie das stadtbüro Königstädten, ✆ 832920 und 832921.

Theater Rüsselsheim

Am Treff 7, 65428 Rüsselsheim. ✆ 06141/832630 (Ticket-Hotline), 832631, www.ruesselsheim.de. **Infos:** Extra-Kinderprogramm für die Saison Sept – Mai.

▶ Das Kinderprogramm des Rüsselsheimer Theaters ist mit 30 Stücken pro Jahr sehr reichhaltig. Viele bekannte Kindertheater sind hier zu Gast.

Kinderkino/Kultur Rüsselsheim

Jugendamt, Abteilung Jugendpflege, Frankfurter Straße 12, 65428 Rüsselsheim. ✆ 06142/832100, www.stadt-ruesselsheim.de. jugendpflege-ruesselsheim@t-online.de.

▶ Das Jugendamt bietet regelmäßig Kinderkino. Veranstaltungsorte sind das Kinderhaus Eichgrund, das Freizeithaus Dicker Busch und die Kinderräume Königstädten.

Kino in Rüsselsheim: *Rex-Kino-Center,* Waldstraße 22, 65428 Rüsselsheim, ✆ 06142/62339, www.galax-cinema.de.

»Kultur im Sommer« Rüsselsheim

Kulturamt der Stadt, 65428 Rüsselsheim. ✆ 06142/832779 (Karin Krömer), www.stadt-ruesselsheim.de, www.kultur-im-sommer.de.

▶ Alljährlich veranstaltet die Stadt von Anfang Juni bis Anfang September das Programm »Kultur im Sommer«. Das sind zahlreiche Konzerte, Theater, Lesungen, Open-Air-Kino und anderes. Für Kinder ist da einiges dabei.

Ferienspiele & Freizeiten in Rüsselsheim

Stadtjugendamt, Abt. Jugendpflege, Dammgasse 7, 65428 Rüsselsheim. ✆ 06142/83-2100, Fax 83-2110. www.ruesselsheim.de. jugendpflege@ruesselsheim.de.

▶ Für Kinder von 6 bis 11 Jahren werden in den letzten beiden Wochen der Sommerferien im Festungsgraben die **Ferienspiele** veranstaltet, eine Mischung aus Aktion, Spiel, Spaß und Abenteuer. Info und Anmeldung: *Inga Becker*, ✆ 06142/83-2105, Fax 06142/83-2110, Mo – Do 9 – 14 Uhr.

Die Stadt unternimmt mit Kindergruppen 8 – 10 und 11 – 13 sowie Jugendlichen von 14 – 16 Jahren **12- bis 14-tägige Freizeiten.** An diesen Fahrten können nicht nur Kinder teilnehmen, die in Rüsselsheim wohnen, sondern auch jene, die dort zur Schule gehen. Info: *Ulrike Leipold*, ✆ 06142/83-2101, Marlene Keil, ✆ 06142/83-2102, Mo – Fr 9 – 12, Do 16 – 18 Uhr.

Kommunales Kino Mainspitze
Burglichtspiele Gustavsburg

Darmstädter Landstraße 62, 65462 Ginsheim-Gustavsburg-Gustavsburg. ✆ 06134/55760, www.gigu.de, www.komki.de, www.8erbahn.net. **Preise:** 4 (Kino) und 5 € (Achterbähnchen); Kinder 3 bzw. 3,50 €.

 Ferienspiele Ginsheim-Gustavsburg ↗ www.ferienspiele-gigu.de.

▶ Einmal pro Monat gibt es am Wochenende Kinderfilme. Zusätzlich wird auf der Kleinkunstbühne, dem Achterbähnchen, mindestens an einem Sonntag im Monat um 11 Uhr ein Theaterstück für die ganze Familie aufgeführt.

Hattersheimer Jugendkunstwochen

Kultur Forum Hattersheim, Sarceller Straße 3, 65795 Hattersheim. ✆ 06190/970-232, Fax 970-229. www.kulturforum.de. info@kulturforum.de. **Zeiten:** Erste zwei Wochen in den Sommerferien. **Preise:** Kursgebühr 125 €.

▶ Für Kinder und Jugendliche von 12 bis 18 Jahren veranstaltet das Hattersheimer Kulturforum jedes Jahr in den Sommerferien Kreativkurse im Malen, Zeichnen und Bildhauern.

Hattersheimer Spielmobil

Stadtverwaltung, Amt II/8 Spielmobil, Untertorstraße 5, 65795 Hattersheim. ℰ 06190/970146, Fax 970249. www.hattersheim.de. **Zeiten:** April – Okt Di 14.30 – 17.30 in Okriftel, Bolzplatz am Wolfsweg; Mi 14.30 – 17.30 in Hattersheim, Am Schieferstein; Do 14.30 – 17.30 in Eddersheim, Neue Heimat oder am Main; Nov – März im Kinderclub Eddersheim, Zeiten auf Anfrage.

▶ Spiel- und Bastelangebote für Mädchen und Jungen von 6 bis 12 Jahre.

AM SÜDHANG DES TAUNUS

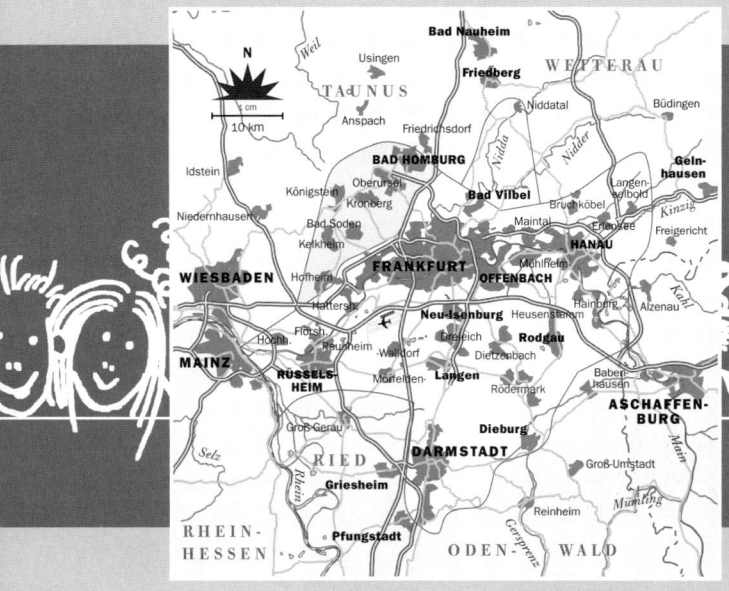

FRANKFURT: NATUR & SPORT

FRANKFURT: WISSEN & KULTUR

OFFENBACH & HANAU

VOR DER MAINMÜNDUNG

AM SÜDHANG DES TAUNUS

BAD VILBEL – NIDDATAL

DARMSTADT & UMGEBUNG

LANGEN – RODGAU

INFO & KARTEN

Im Westen und Nordwesten von Frankfurt zieht sich noch ein Stück die Mainebene hin, bevor sich daraus die Südhänge des Taunus erheben. Bis vor 50 Jahren war dieser Raum sehr ländlich, die Orte waren dörflich oder kleinstädtisch. Heute ist diese Region sehr dicht besiedelt, selbst die kleinsten »Dörfer« haben mehrere Tausend Einwohner, die Hauptorte Bad Homburg und Oberursel sind halbe Großstädte.

Es gibt tolle Freibäder in Eschborn, Oberursel und Bad Homburg. Ihr könnt von Hofheim, Oberursel, Bad Soden, Friedrichsdorf und Bad Homburg viele interessante Wanderungen in den Taunus hinein unternehmen. Sehr beliebte Ziele sind das Ausflugslokal Hirschgarten mit Gehege und Minigolfplatz, das Ausflugslokal Fuchstanz und das Forellengut. Mir gefallen auch die Bachrouten von Kronberg und Oberhöchstadt aus an die Nidda im Frankfurter Westen.

WUNDER-BARES TAUNUS-VORLAND

Hier kann nur das zum engeren Rhein-Main-Gebiet gehörige Taunusvorland beschrieben werden. Tipps für den gesamten Taunus findet ihr in *Taunus mit Kindern* von Michael Köhler, pmv, 320 S., 12,95 €.

Frei- & Hallenbäder

Seedammbad Bad Homburg

Stadtwerke, Seedammweg 7, 61352 Bad Homburg v.d.H. ✆ 06172/4013-240, Fax 489442. www.Bad-Homburg.de/Stadtwerke/. **Anfahrt:** ↗ Bad Homburg, Stadtbus 6. A66 Abfahrt Bad Homburg, im Ort Hinweisschilder. **Zeiten:** Hallenbad Mo 13 – 21, Di – Fr 7 – 21, Sa, So, Fei 8 – 20 Uhr. Freibad Mitte Mai – Mitte Sept, gleiche Uhrzeiten. **Preise:** 2-Stunden-Karte 3,50, Tageskarte 6 €; Zehner-2-Stunden 30, Zehner-Tageskarte 48 €; Halbjahreskarte für 2 Stunden 110 €, Halbjahreskarte ohne Zeitbegrenzung 160 €; Jahreskarte 250 €; Kinder 5 – 17 Jahre 2 Stunden 2, Tag 2,50 €; Zehner-2-Stunden-Karte 12,50, Zehner-Tages-

TIPPS FÜR WASSER-RATTEN

Tipp: Im Winterhalbjahr bietet das Seedammbad **Schwimmkurse** für Babys im Alter von 6 Monaten bis einem Jahr und für Kinder ab 6 Jahre an. Jeden Dienstag gibt's außerdem einen **Spielenachmittag.**

Hunger & Durst

Für das leibliche Wohl der Badegäste sorgen das täglich geöffnete **Walfisch-Restaurant,** eine Cafeteria und im Sommer der Kiosk im Freibad.

karte 20; Halbjahreskarte ohne Zeitbegrenzung 55, Jahreskarte 90 €; Familienblock mit 20 Karten (mind. 1 Erw. + 1 Kind) 40 €; weiterer Erw. 28, weiteres Kind 12 €.

▶ Das Angebot des Seedammbades wird die Herzen der Badelustigen jeden Alters höher schlagen lassen! Wenn ihr all seine 11 Becken ausprobieren wollt, könnt ihr hier leicht einen ganzen Tag verbringen. Beim **Abenteuerbecken** wird bei schönem Wetter das Dach eingefahren, sodass es zum Freibad wird. Hier könnt ihr euch an Wasserpilz und Wasserfall massieren oder durch die Wasserkanonen nass spritzen lassen, am Kletternetz turnen, durch den Strömungskanal trudeln und den Rutschberg hinuntergleiten. In der Halle gibt es außerdem ein 25-m-Becken mit Sprungturm, ein Lehrschwimmbecken, ein Whirlpool und ein Kneippbecken. Die Väter und Mütter der Kleinsten bevorzugen das **Eltern-Kind-Becken** mit seinem 34 Grad warmen Wasser.

Durch eine Schleuse im Abenteuerbereich erreicht ihr ein von Mitte März bis Mitte November geöffnetes beheiztes 25-m-Becken für Nichtschwimmer im **Außenbereich.** Hier lockt ein ebenfalls beheiztes, das ganze Jahr nutzbares Erwachsenenbecken mit Strömungskanal, Massagebucht und Sprudlern. Zum Freibad gehören weiter ein Sprungbecken mit 5-m-Turm, ein 50-m- und ein Plantschbecken. Nicht zu vergessen die 70 m lange **Rutsche,** die ihr winters wie sommers benutzen könnt.

Das Freibadgelände hat einen großen alten Baumbestand, sodass es viele schattige Liegeplätze gibt. Außerdem einen Sandkasten, einen Spielplatz mit Kletterbaumhaus und einen eigenen Strandkorbbereich.

Frei- und Hallenbad Oberursel

Altkönigstraße 99 – 105, 61440 Oberursel. ℰ 06171/509-122, www.oberursel.de. **Anfahrt:** Stadtbus 532 ab Oberursel Hbf., U3 bis Lahnstraße, dann Fußweg. B455, Parkplätze direkt am Gelände.

Freibad Mai – Aug Mo, Mi, Fr 8 – 20 Uhr; Di, Sa, So 7 – 20, Do 7 – 21 Uhr. Im Sept Mo, Mi, Fr 8 – 19 Uhr, Di, Do, Sa, So 7 – 19 Uhr.

Hallenbad Di 7 – 21.30, Mi 6.30 – 8.30 und 13 – 21.30 Uhr, Do, Sa 7 – 19, Fr 6.30 – 21.30 Uhr (10 – 12 Uhr nur für Senioren), So 7 – 13, Feiertage 7 – 12 Uhr. **Preise:** Frei- und Hallenbad je 2,80 €, 10er-Karte jeweils 25 €; Kinder 5 – 18 Jahre 1,40 €, 10er-Karte je 12,50 €; Familien-/Dauerkarte Freibad 50 € (1 Erwachsener), Anschlusskarte (Ehegatte) 35 €, Anschlusskarte 1. und 2. Kind je 11 €, Anschlusskarte 3. Kind 7,50 €, Dauerkarte Kinder 25 €.

▶ Das Oberurseler Schwimmbad an der zu den Taunusbergen aufsteigenden Altkönigstraße im nordwestlichen Stadtgebiet hat immer Saison. Für die warme Jahreszeit ist ein **Freibad** angelegt, das aus einer schönen hügeligen, parkähnlichen Landschaft besteht. Es verfügt über ein großes Kombibecken, in dessen Schwimmersektor eine Sprunganlage mit 1- und 3-m-Brett integriert ist. Kleine Kinder können sich in einem Plantschbecken mit Rutsche und Sprudlern vergnügen. Zusätzlichen Spaß garantiert der mit Wippen, Schaukeln, einer Spielhütte und viel Sand ausgestattete Spielplatz unter Kiefern, der aber auch für die etwas Größeren interessant ist, zumal es ein langes Hangelseil gibt. Die Liegewiese ist groß, es existieren viele schattige Plätze unter mächtigen, alten Bäumen. Für zusätzliche Abwechslung können Minigolf, Beachvolleyballfeld und Grillpavillon sorgen. Ein Imbissstand mit Tischen, Stühlen und Sonnenschirmen

Zweimal im Jahr erscheint das von der Stadt **Bad Homburg** herausgegebene Programmheft »KiKuJu« mit Angeboten der Stadt und von Vereinen, Verbänden und vielen anderen Organisationen Bad Homburgs für Kinder und Jugendliche. Vorgestellt werden regelmäßig stattfindende Programmpunkte und die Highlights des Halbjahrs – darunter Kindertheateraufführungen, Filme oder Lesungen. Die Broschüre ist kostenlos bei der Tourist-Info, ℰ 06172/178-110, und im Stadtladen, Rathausplatz 1, erhältlich.

versorgt die Besucher mit Speisen und Getränken.

In den kühlen Monaten könnt ihr euch im weiten Rund des **Hallenbads** betätigen. Es wurde an Jung bis Alt gedacht, denn es kann zwischen einem Schwimmer-, einem Nichtschwimmer- und einem Sprungbecken gewählt werden. Wassertemperaturen sind im Schwimmerbecken 29, im Nichtschwimmerbecken 31 Grad. Warmbadetag ist der Freitag, dann ist auch das Schwimmerbecken 30 Grad warm.

Rhein-Main-Therme Hofheim

Niederhofheimer Straße 67, 65719 Hofheim am Taunus. ✆ 06192/97779-0, Fax 97779-77. www.rhein-main-therme.de. info@rheinmaintherme.de. **Anfahrt:** FKE-Bus 812. B519 Hofheim – Kelkheim. **Zeiten:** täglich 9 – 23 Uhr. **Preise:** Mo – Fr 3 Std 15 €, länger 18 €; Sa, So, Fei je 1 € Zuschlag; Kinder 4 – 15 Jahre 3 Std 8 €, länger 10 €; Sa, So, Fei je 0,50 € Zuschlag; Saunazuschlag 3 €; Familienkarte für 2 Erw mit Kindern Mo – Fr 35 €, Sa, So, Fei 40 €. Hofheimer und Kelkheimer Mo – Fr 1,5 Std ohne Sauna 5 €.

Happy Birthday
Kindergeburtstag als Badespaß, ab 6 Kinder 10 € pro Kopf, aber das Geburtstagskind zahlt nichts!

▶ Mit der Rhein-Main-Therme haben die beiden Städte Hofheim und Kelkheim ein richtiges Badeparadies für die ganze Familie auf die grüne Wiese gestellt. Unter einer großen Glaskuppel liegen mehrere, von subtropischen Pflanzen umstandene Wasserlandschaften. Die Erlebniswelt im Zentrum wartet mit allen Raffinessen auf, die ein modernes Bad bieten kann: Wasserfälle vor Grotten mit nachempfundenem Sternenhimmel, Fontänen, Strömungskanal und Whirlpools. Ein Wellenbad darf natürlich nicht fehlen. Wer es sportlicher liebt, stürzt sich von den Sprungtürmen in ein gesondertes 25-m-Becken. Großer Andrang herrscht vor dem Aufgang zu den zwei 125 m langen Rutschen. Die kleinen Besucher haben ein eigenes Kinderparadies für sich. Beim Ausflug nach draußen geht es an Massagedüsen und Sprudlern vorbei in ein Becken unter freiem Himmel. Zeit zum Entspannen heißt das Motto in der Sauna oder im römischen Dampfbad. Der Fitnessbereich schließlich bietet verschiedene Möglichkeiten für das Training von Kondition und Ausdauer.

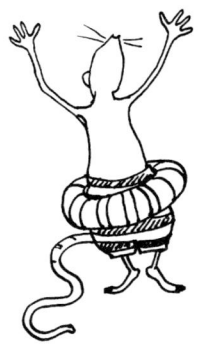

Wiesenbad Eschborn

Hauptstraße 258 – 260, 65760 Eschborn. ✆ 06196/ 490-890, Fax 490-891. www.eschborn.de. info@eschborn.de. **Anfahrt:** S4 Eschborn, VU-Bus 916. A66 Eschborn. **Zeiten:** Hallenbad Di – Do 7 – 22, Fr 7 – 20, Sa 8 – 20 (Sommer bis 18), So 8 – 13 Uhr (Sommer bis 18 Uhr). Freibad Mai – Sept täglich 10 – 20 Uhr. **Preise:** 3 €, Jahreskarte 190 €; Kinder 6 – 16 Jahre, Schüler, Azubis 1,50 €, Jahreskarte 95 €; mit Wertkarten 10 – 22 % Ermäßigung; Familienkarten ab 4,50 €.

▶ Das am Nordrand von Eschborn im Bereich eines Freizeitgeländes gelegene Wiesenbad ist ein großzügig eingerichtetes Frei- und Hallenbad. Das **Freibad** liegt wunderbar ruhig in einer sehr ansprechenden Landschaft. Für das geschäftige Eschborn ist das zweifellos eine Oase der Erholung. Die vielen Schatten spendenden Bäume reichen fast bis an den Rand des Kombibeckens. Hauptattraktionen für die kleinen Wasserratten sind hier die Schlangenrutsche und die Wasserfontänen. Abwechslung auf dem Trockenen finden die Kids an Spielgeräten, auf dem Bolzplatz und einem großen Holzschiff. Für Jugendliche und Erwachsene ist das Beachvolleyballfeld eine gefragte Wettkampfstätte. Das 2001 renovierte **Hallenbad** bietet für die ganze Familie etwas: Neben Nichtschwimmer-

und Schwimmerbecken (mit Massagedüsen) gibt es ein Kinder- und ein separates Sprungbecken.

RAUS IN DIE NATUR

Auf Rollen & zu Fuß

Eine feine Waldgesellschaft

Arboretum Eschborn, Sulzbacher Straße, 65760 Eschborn. ℰ 06192/92959-0, Fax 92959-27. www.arboretum-forstamt-hofheim.de. **Anfahrt:** S4 Eschborn; 15 Minuten Fußweg über die Sulzbacher Straße. A66, Abfahrt Eschborn. **Zeiten:** durchgehend geöffnet. **Preise:** freier Eintritt.

▶ Das Arboretum ist eine Waldparklandschaft, die Anfang der 1980er Jahre im Westen Eschborns auf dem Gelände eines ehemaligen Feldflugplatzes als ökologische Ausgleichsmaßnahme angelegt wurde. Auf einer Fläche von circa 75 Hektar wachsen über 600 Arten in- und ausländischer Baum- und Straucharten heran. Sie vermitteln einen Eindruck von 36 verschiedenen Waldgesellschaften der gemäßigten Klimazonen der Nordhalbkugel unserer Erde.

Ein dichtes **Wegenetz** erschließt das ziemlich ebene Gelände für Fußgänger wie Radfahrer. Informationstafeln an den Zugängen des Geländes geben euch Hinweise zu den Waldgesellschaften, Einzelbeschriftungen erleichtern die Identifizierung der Baumarten (eine Infobroschüre gibt es beim Hessischen Forstamt Hofheim). Neben den immer noch jungen und daher noch nicht sehr hoch gewachsenen Waldgesellschaften gibt es Streuobstwiesen, *Sukzessionsflächen* und ein Feuchtbiotop zu erkunden. Sogar ein *geologischer Lehrpfad* mit 24 Gesteinsblöcken aus unterschiedlichen hessischen Regionen wurde angelegt. Größere Wiesenflächen laden zum Picknicken und Ausruhen ein und eröffnen schöne Blicke auf den nahen Taunus mit dem Feldberg. Besonders reizvoll ist ein Besuch im Herbst: Zu dieser Zeit warten einige asiatische und nordamerikanische Baumarten mit wirklich spektakulären bunten Laubfärbungen auf.

Skateranlage Eschborn

Dörnweg, 65760 Eschborn. ℂ 06196/490320, www.eschborn.de. An der Heinrich-Kleist-Schule.

▶ Die im Jahr 2002 neu errichtete Anlage wird in der Mitte von einer Tribüne geteilt. Wenn auf dem Hockeyfeld auf der einen Seite nicht gerade ein Match stattfindet, können Anfänger hier ihre ersten Rollversuche wagen. Fortgeschrittene Fahrer nutzen die Skatelandschaft auf der anderen Seite und üben ihre Kunststücke an Quarterbowl, Funbox, Manual Put mit Curb, Pipe oder Quarterramp.

Von der Hohemark/Große Kurve zum Fuchstanz

Anfahrt: U3 Hohemark, FKE-Bus 503, 505, 511, 545 (WE) Hohemark – Sandplacken bis Große Kurve.

▶ Die Straße von Oberursel zum Sandplacken windet sich in vielen Kehren durch den Wald bergauf. 6 km nördlich von der Hohemark liegt die so genannte **Große Kurve,** von der aus ihr die kurze leichte Wanderung zum Fuchstanz unternehmen könnt. Der Wanderweg beginnt gegenüber vom Parkplatz. Bis zum Fuchstanz geht es immer geradeaus durch Nadelwald. Die Strecke steigt stetig, die Steigung ist aber nie richtig schwer. Für Kinder gibt es viele interessante Dinge im Wald zu beobachten, einmal überquert ihr sogar einen quirligen kleinen

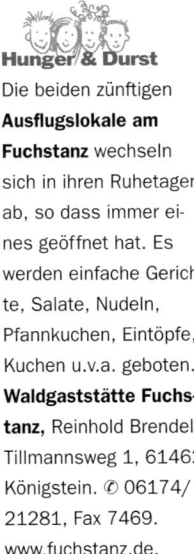

Hunger & Durst

Die beiden zünftigen **Ausflugslokale am Fuchstanz** wechseln sich in ihren Ruhetagen ab, so dass immer eines geöffnet hat. Es werden einfache Gerichte, Salate, Nudeln, Pfannkuchen, Eintöpfe, Kuchen u.v.a. geboten. **Waldgaststätte Fuchstanz,** Reinhold Brendel, Tillmannsweg 1, 61462 Königstein. ℂ 06174/ 21281, Fax 7469. www.fuchstanz.de.

Bach. Nach 1,7 km ist der **Fuchstanz** erreicht. Hier stehen zwei Gasthäuser mit Biergärten, in denen ihr euch preiswert versorgen könnt. Nach einer gemütlichen Pause könnt ihr zur **Großen Kurve** zurückkehren. Diesmal geht's immerzu bergab. Ihr könnt aber auch auf längeren Wanderungen nach Oberursel-Hohemark (6,5 km, 2 Std), Falkenstein (3 km, 1 Std) oder Kronberg (5 km, 1,5 Std) hinunterwandern – aber Achtung: Das Bergabgehen geht ganz schön in die Beine, immer schön durchfedern!

Der Fuchstanz bietet sich auch als Ziel einer Winterwanderung an!

Große & kleine Tiere

Reitanlage Geier

Praunheimer Weg, 61449 Steinbach am Taunus. ℃ 06171/73524, Fax 73524. www.reitanlage-geier.de. info@reitanlage-geier.de.

▶ Die großzügig ausgestattete, von Wiesen und Feldern umgebene Reitanlage im Süden von Steinbach mit Reithalle 20 x 40 m, Außenplatz, Gelände zum Ausreiten, Dressurplatz 20 x 60 m, Springplatz und Longierzirkel bietet in ihrer Reitschule alles, was Kinder zum Einstieg ins Reiten (Longenstunden ab 8 Jahre) und zur reiterlichen Weiterbildung brauchen. Es werden auch Reitabzeichenlehrgänge durchgeführt.

Bad Homburger Reit- und Fahrverein

Reitsportzentrum Hardtwald, Katrin Nonnast, Amalienschneise, 61350 Bad Homburg v.d.H. ℃ 06172/84791, 867837, Handy 0177/7507041. **Anfahrt:** Stadtbus 3. A661 Bad Homburg Stadtmitte, Ausschilderung Hotel Hardtwald folgen. **Preise:** 10er-Karte 110 €; Kinder ab 6 Jahre zahlen für Spielstunden und Reiten an der Longe 8 € pro Stunde, Gruppenunterricht mit 5 Teilnehmern für Vereinsmitglieder 13 € pro Stunde.

▶ Die Anlage des Reit- und Fahrvereins liegt im Wald – direkt neben dem Hotel Hardtwald. Dazu gehören eine Reithalle (20 x 40 m) und ein Außenplatz (25 x 46 m). Auf 20 großen und kleinen Schulpferden können Kinder ab 6 Jahre hier reiten lernen. Anfänger machen sich zunächst spielerisch mit den Tieren vertraut, später erhalten sie qualifizierten Unterricht, u.a. bis zur Abnahme des Reiterabzeichens.

Hirschgarten und Minigolf

Bad Homburg v.d.H. ✆ 06172/33525, Minigolf 33375. **Anfahrt:** Ab Bad Homburg Hbf Stadtbus 1 oder 11. Am Stadtrand von der B455 Richtung Dornholzhausen und weiter Richtung Hirschgarten. **Preise:** freier Eintritt.

▶ Das **Gehege** des Hirschgartens könnt ihr in einem gemütlichen Spaziergang von etwa 30 Minuten umrunden. Es wird von einem Bach durchflossen und beherbergt zahmes Dam- und Muffelwild, das hier mitten im Bad Homburger Wald seine Heimat gefunden hat.

Am Eingang von der Bushaltestelle her liegen ein **Minigolfplatz** und ein Kiosk. Der Minigolfplatz ist von Mitte März bis Mitte Oktober geöffnet (Mo – Fr ab 14, Sa, So, Fei und hessische Schulferien ab 10 Uhr, März und Okt nur an Wochenenden; Erwachsene 1,50 €, Kinder bis 14 Jahre 0,75 €). Der Kiosk bietet Süßigkeiten, Getränke, Eis und warme Würstchen.

Alles Fisch – oder was?

Forellengut, 61440 Oberursel. ✆ 06172/35119. **Anfahrt:** Bus 531 oder 535 bis Oberursel-Oberstedten Landwehr und 20 Minuten Fußweg durch den Wald.

Hunger & Durst

Für die Rast empfiehlt sich das nahe gelegene **Hirschgarten Restaurant,** Elisabethenschneise 1, Bad Homburg, ✆ 06172/997688, www.hirschgarten-bad-homburg.de. Täglich ab 11, Sa ab 10 Uhr durchgehend Saisonales und Regionales, Frühstücksbüffet, Kaffee und Kuchen. Große Sonnenterrasse mit Blick auf das Wildgehege.

Hunger & Durst

Gaststätte Forellengut, Sa, So, Fei 11 – 18 Uhr. Fischverkauf Mo – Sa 9 – 16, So 9 – 11 Uhr.

A661 Bad Homburg/Oberursel, Richtung Bad Homburg, weiter bis Oberstedten. Im Ort Hinweisschilder »Forellengut«. **Zeiten:** Gaststätte Sa, So und Fei 11 – 18 Uhr. Fischverkauf Mo – Sa 9 – 16, So 9 – 11 Uhr.

▶ Das Gut liegt mitten im Wald. In über 20 terrassenförmig übereinander angelegten kleinen Teichen werden Forellen gezüchtet. Auf dem Gelände ist außerdem eine kleine Wildschweinfamilie beheimatet.

Gerade an Wochenenden und Feiertagen bietet sich das **Forellengut** als Start und Ziel für kleinere oder größere Wanderungen durch den Taunuswald an. Dann ist nämlich die Gaststätte auf dem Gelände geöffnet, und man kann hier zum Abschluss seiner Tour eine Rast einlegen und – na was wohl? – Fisch essen oder geräucherte Forellen und diverse andere Fischsorten erstehen.

Zum Forellengut kann von der Endstation Hohemark der U3 auch mit Kinderwagen eine kleine Wanderung unternommen werden: Man geht über die Brücke rechts in den Wald hinauf und folgt der Markierung fast schnurgeradeaus. Je nach Länge der Beine dauert das eine halbe bis ganze Stunde.

Elefanten am Taunushang: Der Opel-Zoo

Königsteiner Straße 35, 61476 Kronberg . ℰ 06173/ 79749, Fax 78994. www.opelzoo.de. opel.zoo.kronberg@gvo.de. **Anfahrt:** VU-Bus 917 vom Bhf Kronberg bis Opel-Zoo. B455 Kronberg – Königstein. **Zeiten:** April – Sept täglich 8.30 – 18, Okt – März 9 – 17 Uhr. **Preise:** 6,50 €, in Gruppen ab 20 Personen 6 €; Kinder 4,50 €, in Gruppen ab 20 Personen 4 €; jede 20. Person einer Gruppe hat freien Eintritt; Jahreskarte 50 €, Familien-Jahreskarte 90 €.

▶ Über 1000 Tiere in mehr als 200 teilweise vom Aussterben bedrohten Arten sind in dem großen **Landschaftszoo** zu Hause. Sie leben in weitläufigen Gehegen, oft in sozialen Verbänden. Eine besonders (ge)wichtige Rolle spielen die afrikanischen Elefanten, sie sind einer der Publikumsmagneten. Giraffen, Zebras, Flusspferde, braune Hyänen und Elche gehören zu ihren Nachbarn. Fuchs und Luchs haben eigene

Einmal im Monat und in den Sommerferien zusätzlich einmal pro Woche organisiert die Zoopädagogik des Opel-Zoos öffentliche Führungen zu zoologischen und biologischen Themen. Prospekt anfordern beim Opel-Zoo, Anmeldung ℰ 06173/ 78670 (Mo – Fr 13 – 14 Uhr), Fax 995279.

Gehege, Uhus schauen aus ihren Volieren auf die Besucher herab, Stelz- und Watvögel waten oder schwimmen durch Wasserläufe und Teiche. Im **Streichelzoo** mit Bruthaus oder beim Kamel- und Ponyreiten erleben Kinder ihre Lieblingstiere hautnah.

Eine **Walderlebnistour** und der Geo-Pfad auf dem Gelände vermitteln spielerisch Kenntnisse über die Umwelt, an Modellen und Schautafeln werden Lebensräume von Pflanzen und Tieren wie Moor, Wald und Heide vorgestellt. Nach dem Gelände-Rundgang laden die großen **Spielplätze** am Eingang mit Riesenrutsche, Kletterwald und Ballpool zum Toben ein. Im Sommer können **Grillhütten und -plätze** genutzt werden (Reservierung erforderlich). Hunger und Durst kann man auch im **Restaurant Sambesi** direkt neben dem Spielplatz stillen.

Tipp: Es werden regelmäßig Sonderveranstaltungen geboten. Auf dem Programm stehen je nach Jahreszeit Kinderfeste, Ostereiersuchen oder Übernachten im Zeltlager im Zoo!

 Von Kronberg aus führt ein schöner 30-minütiger **Spaziergang durch die Altstadt,** Friedrich-Ebert-Straße, Eichenstraße und entlang dem **Philosophenweg** durch Kleingärten und Wiesen direkt zum Eingang des Opel-Zoos und ein Stück durch ihn hindurch.

Lernen mit Cora und Kalle Knolle

Lernbauernhof Maurer, Gerhard Maurer, Bienäcker 4, 61352 Bad Homburg v.d.H.-Ober-Eschbach. ℰ 06172/42208, Fax 42208. www.lernbauernhof-rhein-main.de. **Anfahrt:** 15 Minuten von der U2 Ober-Eschbach, 5 Minuten vom Halt der Busse 2, 12, 22. Autobahn A5 und A661. **Zeiten:** Besuchstermine für Gruppen nach Vereinbarung. **Preise:** 3,50 € pro Person, min. 25 € für eine Gruppe; Schulklassen 2,50 € pro Kind, Kindergärten 1,50 € pro Kind, mindestens 25 € pro Gruppe.

▶ Dass Hähne keine Eier legen und Getreide mehr ist als Vogelfutter, dürfte nach einem Besuch bei Bauer Maurer wohl auch fernsehgebildeten Stadtkindern klar sein. Trotz des Namens

3-stündige Führung für Schulklassen, Kindergärten, andere Kinder- und Jugendgruppen. Einzelbesucher können einen Rundgang über den Hof unternehmen und sich an Hand von Schautafeln und Broschüren über landwirtschaftliche Zusammenhänge informieren.

Je nach Jahreszeit stehen Angebote zu besonderen Schwerpunkten auf dem Programm: zum Beispiel
- Rund um die Milch
- Allerlei Hühnerei
- Rund um den Apfel
- Kalle Knolle« (mit der Kartoffel als Thema).

ist schulähnlicher Unterricht hier nicht gefragt. Stattdessen erfahren die Besucher bei einem Rundgang über die Felder und der Stallbesichtigung aus eigener Anschauung, wie der Alltag in einem landwirtschaftlichen Betrieb aussieht. Wer möchte, kann dem Bauern bei seiner Arbeit helfen, zum Beispiel beim Füttern der Kühe oder beim Einsammeln der Eier. Die Tiere sind den Besuch großer Gruppen gewohnt: Kaninchen, Schafe und besonders die Schäferhündin Cora lassen sich gerne einmal streicheln.

Abenteuerspielplatz Eschborn

In den Oberwiesen, 65760 Eschborn. ✆ 06196/490504, www.eschborn.de. **Zeiten:** Mo – Fr 14 – 18, in den Schulferien 12 – 18 Uhr. **Infos:** Stadt Eschborn.
▶ 6000 qm Fläche am Ufer des dicht bewaldeten Westerbachlaufes, schwerpunktmäßig für Eschborner Kinder und Jugendliche zwischen 6 und 13 Jahre. Zahlreiche Spielgeräte (Seilbahn, Lokomotive, Spielhaus mit Küche, Nutzgarten, Ziegengehege). Werkstätten fürs Basteln oder die Fahrradreparatur. Aktivitäten wie Klettern, Ausflüge und Radtouren werden von Pädagogen organisiert, im Sommer dreiwöchige Ferienspiele, zwei Freizeiten für jüngere und ältere Kinder und Beiträge zum Summertime-Programm der Stadt.

HANDWERK UND GESCHICHTE

Bahnen, Mühlen & Museen

Auf der Gartenbahn mit Dampf und Pfiff

DBCT Dampfbahnclub Taunus e.V., Mainstraße, 61440 Oberursel. www.dbc-taunus.de. hansgeorg.best@dbc-taunus.de. Vereinsadresse: Georg Best, Langestraße 31, 61440 Oberursel, ✆ und Fax 06171/54450.

Zeiten: Fahrtage April – Okt jeden 2. So im Monat 10 – 17 Uhr. **Preise:** Eintritt 1,50 €; Kinder 0,50, Fahrpreise 0,50 €.

▶ Der Verein gestaltete auf einem 7500 qm großen Gelände eine 900 m lange Gartenbahn mit einem Bahnhof, einem Fahrzeugschuppen, einer Drehscheibe, einem Tunnel und einer 13 m langen Brücke. Die Gleise haben Spurweiten von 127 und 184 mm. Über sie rollen originalgetreu nachgebaute Dampflokomotiven aus der Zeit von 1907 bis 1950, aber auch andere Triebfahrzeuge. Die Dampfloks werden standesgemäß mit Kohle befeuert. Die Wagen der Gartenbahnzüge sind so groß, dass auf ihnen Kinder bequem Platz nehmen können. Es macht einen Riesenspaß, mit ihnen bei recht zügigem Tempo Runden zu drehen. Da können viele erwachsene Eisenbahnnostalgiker freilich nicht ruhig zusehen und quetschen sich auch mal aufs Bähnchen.

Mühlen und Seifenkisten

Vortaunusmuseum, Marktplatz 1, 61440 Oberursel. ✆ 06171/581434, Fax 581436. www.vortaunusmuseum.de. info@vortaunusmuseum.de. **Zeiten:** Mi 10 – 17, Sa 10 – 16, So 14 – 17 Uhr. **Preise:** freier Eintritt.

▶ Das kleine, feine Museum erzählt über die **Stadtgeschichte** Oberursels von der ersten Namensnennung im Jahr 791 bis zur Gegenwart. Es beherbergt außerdem Räume mit archäologischen Fundstücken aus der Steinzeit und aus den keltischen Ringwallanlagen im Taunus.

Für Erwachsene sind die großen Attraktionen des Museums am alten Marktplatz ohne Frage die alten **Mühlen.** Kaum zu glauben, mit welch einem riesigen Mahlstein die Ölmühle von einst arbeitete. Spannend ist auch die Ausstellung »von der rohen Haut zum fertigen Leder«. Da-

👀 *Am 31. Juli 1904 fand in Oberursel das erste deutsche **Seifenkistenrennen** statt. Start und Ziel des Rennens, bei dem teilweise geschoben werden musste (!), lagen am ehemaligen Gasthaus »Zum Taunus«. Einen Nachbau eines der Modelle, das damals im Einsatz war, findet ihr in der Ausstellung im Museum.*

mit erinnert das Museum an die große wirtschaftliche Bedeutung der **Gerberei** im vorindustriellen Oberursel.

Und dann gibt es hier noch etwas ganz Besonderes: eine umfangreiche und gut aufgebaute **Seifenkistenausstellung,** vermutlich die einzige in Deutschland. Auch dafür gibt es einen echten Anlass, denn in Oberusel wurden vor hundert Jahren die ersten Seifenkistenrennen der Welt ausgetragen.

Stadtmuseum Hofheim am Taunus

Burgstraße 11, 65719 Hofheim am Taunus. ✆ 06192/ 900305, Fax 902838. www.hofheim.de. **Anfahrt:** S2 Hofheim. **Zeiten:** Di 10 – 13 und 14 – 20, Mi – Fr 14 – 17, Sa 14 – 18, So 11 – 18 Uhr. **Preise:** Dauerausstellung 1,60 €; Kinder 6 – 14 Jahre 0,50 €.

▶ Ein Schwerpunktthema des Museums ist die Entstehung und Verarbeitung von **Leder.** Die Tierfelle wurden von Fleischresten und Haaren befreit und dann durch Gerben haltbar gemacht. Dafür benutzte man im 19. Jahrhundert pflanzliche oder mineralische Stoffe, Lohe oder Alaun waren verbreitet. Später wurden immer mehr chemische Stoffe eingesetzt. Die Gerbereien verwandelten den Lorsbach in eine dunkle giftige Brühe, die fürchterlich stank. Ab 1900 wurden Vorschriften für die Einleitungen erlassen, die die Belastung ein wenig reduzierten.

Das Museum widmet sich zudem der Weiterverarbeitung des gegerbten Leders. Interessant ist die große Lederprägemaschine. Es gibt Materialproben von Leder, an denen ihr die unterschiedlichen Arten erfühlen könnt.

Abteilungen zur Stadtgeschichte und zu den Römern, ein alter Friseursalon und ein alter Postkartenautomat runden die Ausstellung ab.

Happy Birthday
Workshops und Geburtstagspartys für Kinder, Kinder- und Schulklassenführungen, 1 x im Jahr im Mai »Internationaler Museumstag«, Aktionstage (z.B. »Waldtag im Stadtmuseum« oder »Die Römer in Hofheim«). Programmheft anfordern!

🦉 *Von 1850 bis 1950 gab es im Taunus, und da vor allem in Hofheim und Lorsbach, zahlreiche Gerbereien und Feinlederfabriken.*

BAD VILBEL – NIDDATAL

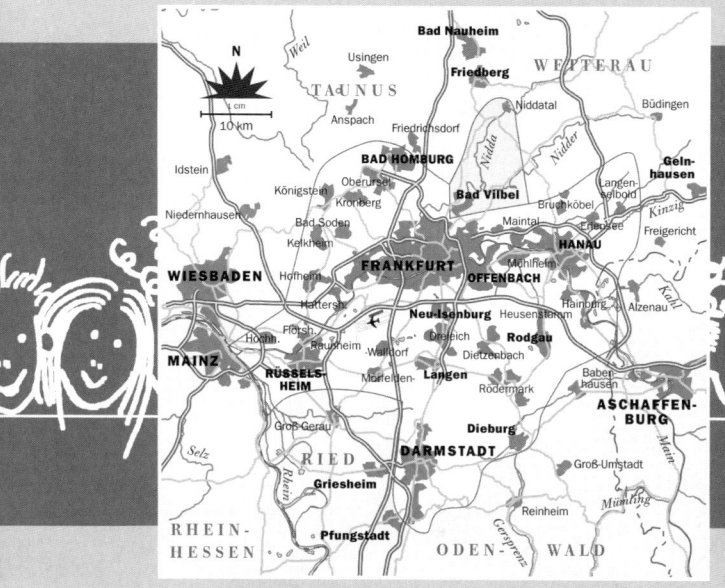

FRANKFURT: NATUR & SPORT

FRANKFURT: WISSEN & KULTUR

OFFENBACH & HANAU

VOR DER MAINMÜNDUNG

AM SÜDHANG DES TAUNUS

BAD VILBEL – NIDDATAL

DARMSTADT & UMGEBUNG

LANGEN – RODGAU

INFO & KARTEN

Die Wetterau ist das Land zwischen Taunus und Vogelsberg. Im Norden reicht es bis nach Gießen, im Süden endet es vor den Toren von Frankfurt. Dieses überwiegend flache Land ist sehr fruchtbar. Weite Getreide- und Zuckerrübenfelder bestimmen die Landschaft, die durch das Flüsschen Nidda und seine Nebengewässer Wetter und Nidder gegliedert ist. In dieser Griffmarke ist nur die zum engeren Rhein-Main-Gebiet gehörige südliche Wetterau erfasst. Die ganze Wetterau gibt's irgendwann bei? pmv!

DIE FRUCHT-BARE SÜDLICHE WETTERAU

Industrie spielt in diesem Raum nur eine geringe Rolle. Die Hauptorte Friedberg, Bad Nauheim und Karben haben lediglich knapp 40.000 Einwohner. Einige Städtchen haben schöne alte Kerne, so Nidda, Butzbach und Windecken. Entlang der Nidda lässt sich's mit Kindern herrlich radeln und gemütlich wandern. In Bad Nauheim und Bad Salzhausen könnt ihr in den schön angelegten Kurparks Salinen bestaunen und Minigolf spielen. Allemal ein spannendes Unternehmen ist es auf dem Glauberg nach den Geheimnissen der ehemaligen Keltenstadt zu forschen.

Stiftung Hessischer Naturschutz (Hg.), *Die Wetterau. Felder, Auen und Visionen.* 72 S., Verlag Herwig Klemp, Wardenburg/Tungeln, 15,20 €;

Aktionshandbuch Natur- und Umweltschutz Wetterau, erhältlich bei der Umweltwerkstatt Wetterau.

Frei- & Hallenbäder

Freibad Bad Vilbel

www.bad-vilbel.de. Am Niddaufer. **Zeiten:** Ende Mai – Anfang Sept 8 – 20 Uhr. **Preise:** 2,50 €, Saison 40 €; Kinder 1,50 €, Saison 15 €; preiswerte Familienkarte.

▶ Die Schwimmer können sich auf 7 Bahnen austoben. Im separaten Nichtschwimmerteil des großen Kombibeckens sorgt die Rutsche für zusätzliche Belebung. Die ganz Kleinen haben ihr eigenes Plantschbecken. Ansonsten gibt es in

TIPPS FÜR WASSER-RATTEN

dem beliebten Bad am Niddaufer Liegewiese mit schattigen Bäumen, Beachvolleyballfeld, Spielplatz und Kiosk mit Terrasse.

Hallenbad Bad Vilbel

Niddastraße 1, 61118 Bad Vilbel. ✆ 06101/7431, www.bad-vilbel.de. **Zeiten:** Anfang Sept – Ende Mai Di – Do 10 – 20, Fr 8 – 21, Sa 8 – 18, So 8 – 13, Mi 13 – 15 Uhr nur für Frauen, Warmbadetage Fr, Sa. **Preise:** 2,50 €; 1,50 €. **Infos:** Zuschlag für den Warmbadetag 1 €, Kinder 0,50 €.

▶ Im Bad Vilbeler Hallenbad erwarten euch ein Schwimmer- und ein Lehrschwimmbecken. Sprünge vom 3-m-Turm (nur bei wenig Betrieb) und 1-m-Brett sind möglich. Es gibt keine Cafeteria.

Hallenfreizeitbad Karben

Am Breul 1, 61184 Karben. ✆ 06039/3030, www.karben.de. **Zeiten:** Mo 6.30 – 22, Mi, Do 8 – 20, Fr 6.30 – 22, Sa, So 8 – 20 (Winter nur 19 Uhr), Mi 10 – 13 Uhr nur für Frauen. **Preise:** 2,60 €, 10er-Karte 23,10 €, 20er-Karte 43,60, Jahreskarte 127,85 €; Kinder 4 – 18 Jahre 1,30 €, 10er-Karte 11,30 €, 20er Karte 18, Jahreskarte 63,90 €; in den Sommerferien preiswerte 20er-Karte für Karbener Kinder und Jugendliche.

▶ Das Karbener Hallenbad verfügt über ein 25-m-Schwimmbecken mit Massagedüsen, Wasserfontänen und Gegenstromanlage sowie ein Kinderbecken mit Rutschbahn. Ferner gibt es zwei Saunen, Solarien, ein Dampfbad sowie zwei Infrarot-Wärmekabinen und eine Cafeteria. In der warmen Jahreszeit kommt eine Liegewiese mit Spielmöglichkeiten dazu.

Radeln in der südlichen Wetterau

Die Wetterau ist von einem ziemlich engmaschigen Radwege- und Routennetz durchzogen. Die Strecken sind zumeist ohne allzu viele Mängel markiert. Populärste Tour ist der *Nidda-Radweg* von Bad Vilbel über Karben, Florstadt nach Nidda, eine fast reine Flussroute. Am Anfang einer ähnlichen Entwicklung steht der **Vulkanradweg,** der im Südosten der Wetterau beginnt und durch den Vogelsberg ins osthessische Lauterbach führt.

Schön und vom Profil her leicht sind auch Radtouren durch Felder und Dörfer im Kerngebiet der Wetterau.

Von Bad Vilbel über Dortelweil, Karben nach Assenheim

Anschluss der in der ↗ Griffmarke »Frankfurt: Natur & Sport« beschriebenen Radtouren. **Länge:** 13 km, flach und leicht, Flusstour, spannend die Vögel im Uferbereich zu beobachten. **Anfahrt:** S6 bis Bhf Bad Vilbel; zurück S6 von Bruchenbrücken, 2 km westlich von Assenheim.

▶ Die Tour beginnt in **Bad Vilbel** hinter der Homburger Straße auf dem linken Niddaufer. Es geht flussaufwärts gen Dortelweil – immer am Flüsschen entlang. Nur wenige hundert Meter nach dem Start erscheint links die Ruine der Bad Vilbeler Burg, die von einem breiten Wassergraben umgeben ist. Danach geht es ein längeres Stück mehr oder weniger dicht an den Gebäuden und Anlagen von *Hassia Sprudel* entlang. Kurz nachdem ihr die Büdinger Straße unterfahren habt, ist rechts auf dem gegenüberliegenden Ufer der *Dottenfelder Hof* zu sehen – ein großer Biohof, der ohne Einsatz von schädlichen Chemikalien arbeitet. Knapp vor Dortel-

RAUS IN DIE NATUR

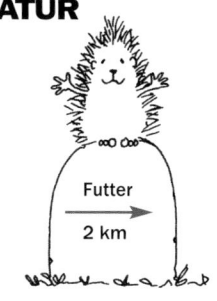

Wetteraukreis, *Radfahren im Wetteraukreis*, Radverkehrskarte 1:50.000, BVA, 6,50 €.

Wetteraukreis, *Zwischen Taunus und Vogelsberg.* 10 Themenrouten zum Radwandern innerhalb und außerhalb des Wetteraukreises. Friedberg 2000. Zwar für Erwachsene geschrieben, aber als Quelle für Anregungen von Teilstücken für leichte Kinderstrecken denkbar.

weil wechselt ihr sodann auf das andere Ufer, umkurvt ein Sportgelände mit Spielplatz und kehrt wieder an das Flüsschen zurück. Das Dorf **Dortelweil** erstreckt sich beschaulich über dem gegenüberliegenden Ufer. Bis Gronau bleibt ihr am rechten Ufer, es geht durch große Felder. Direkt vor Gronau liegt auf dem linken Ufer der ausgedehnte Komplex des *Gronauer Hofes.* Am Westrand von **Gronau** wechselt der Nidda-Radweg wieder auf das andere Ufer und bleibt nun ganz lange auf der linken Seite. Vor und hinter Gronau informieren zahlreiche Tafeln über die Niddafische. Ihr seid nun mitten in der Wetterau, dem fruchtbaren Land mit schier endlosen Getreide- und Rübenfeldern.

Bis **Karben** geht es immer geradeaus, die Nidda gleicht einem schmalen Kanal. Am Südrand der Stadt (ehemals Klein-Karben) befindet sich, über eine Brücke erreichbar, ein großes Sportgelände mit einem guten Spielplatz sowie einem Restaurant. Insgesamt seht ihr recht wenig von dem Ort, obwohl der Radweg mitten durch Karben führt. Zu allen Jahreszeiten bietet sich das Hallenfreizeitbad als angenehme Unterbrechung oder sogar Tourenziel an. Am Nordrand von Karben wechselt ihr wieder einmal auf das rechte Ufer und bleibt auf dieser Seite bis auf Höhe des Nachbarortes **Okarben.**

Der Rest der Tour verläuft dann noch einmal auf der linken Seite – immer durch typische Wetterauer Agrarlandschaft. 3 km nordöstlich von Okarben habt ihr links das ca. 2 km entfernte Wöllstadt im Blick – aus der Entfernung schön anzuschauen. 1,5 km weiter wird es rechts richtig spektakulär. Kaum zu glauben, dass ein kleiner Ort wie **Ilbenstadt** einen derart eindrucksvollen »Dom« besitzt. Naja, eigentlich ist es bloß eine sehr große Kirche. Aber natürlich ist das einen Abstecher wert. Kurz vor **Assenheim,** dem Ausflugsziel, wird die Nidda – unerwartet – richtig schön, hier ist nämlich ein längerer Abschnitt ganz liebevoll renaturiert worden. Es lohnt sich, ganz durch den Ort zu radeln und die Tour erst an der tollen Eisenbahnbrücke zu beenden.

Wandern in der südlichen Wetterau

Die südliche Wetterau bietet viele Möglichkeiten zu gemütlichen Rundwanderungen. Die meisten Routen sind ganz flach und damit ausgesprochen leicht. Schön sind Touren im Niddatal zwischen Bad Vilbel und Assenheim. Ihr könnt dafür den Radweg benutzen, was für Kinderwagenschieber praktisch ist. Schöne Routen sind auch Rundwanderungen durch die weiten Getreide- und Rübenfelder oder in den Stadtwäldern von Bad Vilbel und Karben.

An der Nidda entlang

1) **Von Dortelweil nach Gronau,** 3 km. Vom S-Bhf Dortelweil (S6) zur Nidda, dann immer auf der rechten Seite auf dem Nidda-Radweg bachaufwärts, in Gronau zur Haltestelle Bismarckstraße für den Bus FB26; immer flach, leicht, Einkehren in Gronau im Restaurant Alt-Gronau.

2) **Von Nieder-Wöllstadt zum »Wetterauer Dom«** in Ilbenstadt, 5,5 km, flach, leicht. Vom S-Bhf (S6) in südöstlicher Richtung durch die Felder zur Nidda, dann auf dem Radweg immer flussaufwärts, Blick auf den mächtigen »Wetterauer Dom«, am Nordwestrand von Ilbenstadt rechts in den Ort hinein,

Minigolf im Kurpark: Eine schöne Anlage ist im Bad Vilbeler Kurpark gelegen, Mo – Fr 12 – 20, Sa, So 10 – 20 Uhr, Erw. 1,50, Kinder 0,50 € pro Spiel, Reservierungen über den Pächter Herrn Zvonko Rapljenovic, ✆ 0172/6072802.

Besichtigung der eindrucksvollen Kirche, Einkehren in Ilbenstadt, Rückweg von der Hanauer Straße mit Bus FB06 oder 07.

3) **Von Assenheim zum »Wetterauer Dom« in Ilbenstadt,** 4,5 km, flach, leicht. Von Nord-Assenheim (Bus FB05) bis Nordwest Ilbenstadt stets auf dem Radweg an der Nidda entlang flussabwärts, erster Abschnitt renaturierte Flussaue, Besuch des »Wetterauer Doms« in Ilbenstadt, Einkehren in Ilbenstadt, Rückweg von der Hanauer Straße mit Bus F06 oder 07.

Bei Bad Vilbel und Karben

4) **Zum Karbener Naturfreundehaus und nach Petterweil,** 3,5 km. Vom S-Bhf Karben (S6) in nordwestlicher Richtung via Am Hang, Geringsweg, L3205, Friedberger Straße zum Naturfreundehaus, danach durch idyllische Bachaue nach Petterweil; Einkehren im NFH am So 12 – 20 Uhr, im Sommer draußen Tische, kleine Gerichte, Getränke, Spielplatz. Rückweg mit Bus FB26 von der Sporthalle oder ab Riedmühle in Petterweil; ganz leichte Wanderung, Kartentipp: Stadtplan Karben.

5) **Rund um den Bad Vilbeler Stadtwald,** 7 km. Vom Zentrum über die Ritterstraße zum Start am Ritterweiher und Waldspielplatz, markierte Rundwanderung, Aufstieg im Süden, anschließend zumeist Höhe haltend 3 km Richtung Nordosten, dann 700 m am Waldrand gen Norden bergab, schließlich in südwestlicher Richtung zum Start und Ziel hinunter, letzter Abschnitt Waldlehrpfad, unterwegs 4 Schutzhütten für Rast & Picknick. Kartentipp: Stadtplan Bad Vilbel, die Quellenstadt, 1:11.600, übers Fremdenverkehrsamt.

Hunger & Durst

Einkehren bei Tour 5 im **Ristorante Bella Vista,** nahe Ritterweiher, Di, Do, Fr 11.30 – 14, 16.30 – 22, Mi 11.30 – 14, Sa 11.30 – 16, So 11.30 – 22 Uhr.

Naturerkundungen & Umwelt-Infozentren

Waldlehrpfad Bad Vilbel

Anfahrt: Bus FB61 Auf dem Niederberg.

▶ Auf dem 3 km langen Rundweg durch den Norden des Bad Vilbeler Stadtwaldes unterrichten euch 40 Infotafeln über praktisch alles, was im Wald steht, kreucht und fleucht. Die vielen informativen Tafeln zu lesen, bereitet freilich auch ein wenig Mühe. Aber ihr müsst ja nicht alle genau studieren. Nehmt stattdessen Lupe, Zentimetermaß und Beutel mit und geht selbst auf Forschungsreise! Ihr geht am besten vom Historischen Rathaus an der Frankfurter Straße durch den Erzweg immer geradeaus zum Stadtwald. Gut 200 m im Wald stoßt ihr auf den Lehrpfad. Der markierte Rundweg wird im Uhrzeigersinn zurückgelegt. Auf halbem Wege könnt ihr euch zum Picknick auf dem gut ausgestatteten **Waldspielplatz** neben dem *Ritterweiher* niederlassen.

Stadtplan Bad Vilbel, 1:12.500, Städte-Verlag Wagner & Mitterhuber, Fellbach, erhältlich im örtlichen Buchhandel.

Waldlehrpfad Karben

Länge: 3 km markierter Rundweg + 3 km An- und Rückmarsch, dichter Laubwald, gemütlicher Waldspaziergang, Gelegenheit zum Picknick. **Anfahrt:** Bus FB26 Gartenstraße.

▶ Ihr geht in Nord-Karben vom Marktplatz auf dem Selzerbachweg in östlicher Richtung 1,5 km zum Stadtwald hinauf, an dessen Rand der als Rundweg angelegte Lehrpfad beginnt. Er verläuft zunächst durch dichten Laubwald 1 km nach Osten. Dann geht es am Waldrand 400 m Richtung Süden. Anschließend führt der Lehrpfad wieder in den Wald und 1 km nach Westen/Südwesten bis zu einem Grillplatz mit Schutz-

Stadtplan Karben, 1:13.970, erhältlich bei der Stadtverwaltung

hütte – allemal eine gute Gelegenheit zum Picknick. Danach kehrt ihr in nördlicher Richtung
zum 600 m entfernten Ausgangspunkt zurück.
Von dort geht's auf bekanntem Wege wieder
nach Nord-Karben hinunter, 1,5 km.

Auf dem Storchen-/Wissenspfad

Niddatal-Assenheim. **Länge:** 3,8 km, in beide Richtun-
gen markiert (blauer Storch), erste Hälfte an der Nidda, flach, leicht. **Anfahrt:** Bus FB05, 07, 71 Schule.
▸ Auf diesem landschaftlich ausgesprochen
schönen Lehrpfad könnt ihr sehr viel über die
Nidda sowie die ökologische und bauliche Entwicklung des großen Dorfes Assenheim erfahren. Der Abschnitt an der Nidda ist mit dem
Wissenspfad identisch. In diesem Bereich stehen
sechs hervorragende Infotafeln.

Flusswerkstatt,
Wirtsgasse 1,
61194 Niddatal-Assen-
heim, ✆ 06034/6119,
Fax 8449, www.fluss-
werkstatt.de, info@
flusswerkstatt. Deren
Faltblatt »Storchenweg«
ist für den Rundgang
eine große Hilfe.

Ihr startet am **Niddasteg** vor der Geschwister-
Scholl-Schule. Es geht bachaufwärts. Auf dem
Abschnitt bis zur Einmündung der Wetter ist
dank der Aktivitäten der *Flusswerkstatt* sehr viel
geschehen, um die Kanalröhre Nidda in einen
lebendigen und ansehnlichen Bach zurückzu-
verwandeln. Es gibt sogar wieder ein Auwäldchen, und man hofft, dass sich auch **Störche**
wieder hier einfinden, von denen es in dieser Region früher sehr viele gab. Vielleicht erbarmt
sich ja ein Storchenpaar und findet Gefallen an
der wiederbelebten Speisekarte der Niddawiesen. Im Mündungsgebiet leben wieder Barben,
bis einem Meter lange und 16 Pfund schwere Fische, die sauerstoffreiche und schnell fließende
Bäche mit sandigem oder kiesigem Grund lieben. Ansonsten sind in der Nidda und der Wetter u.a. noch Brachsen, Gründlinge, Bachforel-
len, Döbel, Flussbarsche, Rotaugen, Stichlinge
und Hechte zu finden.

Ihr geht ein Stück die Wetter aufwärts bis zur Infotafel 3 bei der ehemaligen **Hainamühle** und kehrt wieder zur Nidda zurück. Der Lehrpfad führt sodann – weiter niddaaufwärts – im 180 Grad Bogen um Assenheim herum bis zu der eindrucksvoll hohen Eisenbahnbrücke. 300 m vorher kommt ihr am Schloss vorbei, das aus dem Jahre 1575 stammt, allerdings 1788 gründlich umgebaut wurde, und deshalb heute im spätbarocken Stil zu sehen ist. Anschließend führt die Route via Bönstädter Straße, Friedhof und Steinkautenweg zum südlich gelegenen ↗ **Gehölzlehrpfad und Lehrbiotop** hinüber, einem weiteren interessanten Ziel. Von dort verläuft der Storchenweg am Ortsrand in westlicher Richtung zur Nidda und zum Start und Ziel Niddasteg vor der Geschwister-Scholl-Schule zurück.

@ Gute Adressen für Wetterauer Kinder mit großem Naturinteresse sind natürlich auch die Kindergruppen des NABU und des BUND Wetterau. Informationen und Adressen findet ihr unter www-nabu-wetterau.de und www.bund-wetteraukreis.de.

Was kreucht und fleucht denn da?
Gehölzlehrpfad und Lehrbiotop

Niddatal-Assenheim. Am südöstlichen Ortsrand von Assenheim, über den Steinkautenweg zu erreichen, Abschnitt des »Storchenweges«. **Anfahrt:** Bus FB05 Schloss.

▶ Auf der rekultivierten Müllkippe in Assenheim hat die Umweltwerkstatt Wetterau seit 1989 einen Gehölzlehrpfad aufgebaut. Mittlerweile stehen hier über 25 Baumarten mit Namensschildern und zwei großen Farbtafeln, die die Bäume beschreiben. Da könnt ihr so manchen Baum für euch neu entdecken. Außerdem stehen hier noch fünf Tafeln zu Themen wie Obstwiese, einheimische Fledermäuse, Benjeshecke, Honigbienenstand, Wildbienenstation, Wildblumenwiese und Leben im Steinhaufen – alle richtig anregend für eigene Beobachtungen.

 Versucht, ob ihr mit geschlossenen Augen die Bäume anhand ihrer Rinde oder Blätter wiedererkennt!

Fledermausexkursion für Kinder

Umweltwerkstatt Wetterau e.V., Altes Rathaus, Wirtsgasse 1, 61194 Niddatal-Assenheim. ✆ 06034/6119, Fax 8449. www.umweltwerkstatt-wetterau.de. umweltwerkstatt@t-online.de. **Anfahrt:** Bus FB05, 07, 71 Schloss. **Infos:** Vollständiges Programm im Internet.

▶ Der Umweltwerkstatt Wetterau geht es um Umweltbildung, Natur- und Umwelterlebnis für Kinder, Jugendliche und Erwachsene. Zu dem umfangreichen Veranstaltungsprogramm für Gruppen, Vereine, Betriebe, Schulen und Kindergärten gehören Projektwochen, Aktionstage, Seminare, Kurse, Vorträge, Exkursionen, Führungen, Touren und Workshops. Ferner können Gewässerproben-Set, Aktionskiste Optik, und Fledermausrucksack ausgeliehen werden. Außerdem verfügt die Umweltwerkstatt über eine umfangreiche Bibliothek mit Büchern zu Natur und Umwelt.

Dienstags von 16 bis 18 Uhr ist eine Kindergruppe (7 – 13 Jahre) in der Natur auf **Entdeckungsreise**. Außer naturkundlichen Beobachtungen sind auch Spiel, Spaß und Basteleien angesagt. Wenn ihr da mitmachen wollt, meldet euch unter ✆ 06034/6119.

Happy Birthday!

Geburtstag mit den Fledermäusen feiern: Ihr geht als Vampire verkleidet auf Fledermaus-Jagd oder erobert als Seefahrer und Pirat die Flusslandschaft. Abenteuer und Natur(schutz) lassen sich auch beim Detektiv-Spiel ganz einfach kombinieren. Organisation, pädagogische Begleitung sowie die nötigen Materialien stellt die Umweltwerkstatt. 3 – 5 Std, unbegrenzte Teilnehmerzahl, 120 €.

HANDWERK UND GESCHICHTE

Museen & Kultur

Brunnenmuseum Bad Vilbel

Klaus-Hafenstein-Weg 2, 61118 Bad Vilbel. ✆ 06101/559312, 559310 (Kulturamt), Fax 559330. www.badvilbel.de. **Zeiten:** Sa, So, Fei 14 – 17 Uhr, für Gruppen auch nach Vereinbarung, geschlossen Ende Mai – Anfang Sept. sowie vom 23.12. – 2.1. **Preise:** Eintritt frei.

▶ In der historischen Wasserburg am Bad Vilbeler Niddaufer zeigt ein Museum eine informative Ausstellung zu den Vilbeler Mineralquellen und Brunnen sowie zur Vermarktung des Mineralwassers. Ferner gibt es einiges zur Geschichte der Wasserburg und des lokalen Handwerks zu sehen. Der Burghof ist aber auch einfach ein schöner Flecken für Kinder zum Herumtollen oder für Ritterspiele.

Wie früher gebuttert wurde

Landwirtschafts- und Heimatmuseum Karben, Rathausplatz 1, Karben-Groß-Karben. ✆ 06039/ 481-15. **Anfahrt:** Bus FB07, HU41 Schloss. **Preise:** Eintritt frei.

▶ In dem mit viel Liebe und Engagement aufgebauten Karbener Museum könnt ihr allerlei über Karben und die ländliche Wetterau bis etwa in die 1960er Jahre erfahren, z.B. wie gemolken und gebuttert wurde, wie bei Hausschlachtungen die Wurst gemacht oder wie in Bauernhäusern gewohnt wurde oder wie Schulzimmer früher aussahen. Kaum zu glauben, wie viel Arten von geflochtenen Körben es damals gab. Vergesst nicht, zum Schluss noch in die große neue Halle mit den landwirtschaftlichen Maschinen und Geräten hineinzuschauen. Vom hölzernen Dreschflegel bis zum modernen Mähdrescher gibt es hier fast alles zu sehen.

Kulturzentrum Alte Mühle

Lohstraße, 61118 Bad Vilbel. ✆ 06101/559355 (Theater), 559356 (Kino), www.bad-vilbel.de. AlteMuehle@t-online.de. An der Nidda.

▶ Auf der Bühne von Bad Vilbels Kulturtempel ist allerhand los. Theateraufführungen für Kinder stehen regelmäßig auf dem Programm. Auch in dem Kino der Alten Mühle kommt ihr nicht zu kurz. Das Café des Kulturzentrums ist auf Kinder eingestellt.

Kindertheater wird auch ab und an im Kurhaus **Bad Vilbel,** in der Breitwiesenhalle in **Gronau** und im Georg-Muth-Haus in **Heilsberg** aufgeführt. Fast hätte ich es vergessen, der Sommer ist in Bad Vilbel – gegen die Regel – die Hochsaison des Kindertheaters, denn im Rahmen der Burgfestspiele gibt es zahlreiche Aufführungen – schaut also unbedingt in das Programm!

Kino für Kinder

Bad Vilbel, Alte Mühle, Kartenvorbestellung ☎ 06101/5593-56, auch regelmäßig Filme für Kinder.

Bad Vilbel, Open Air Kino im Bad Vilbeler Freibad, Ende Juli – Mitte August.

Karben, Cinepark, Karten ☎ 06039/932604, info@kino-karben.de, www.cinepark.net.

Kulturforum Dortelweil

Dortelweiler Platz 1, 61118 Bad Vilbel-Dortelweil. www.bad-vilbel.de. **Infos:** Büro Kurhaus, Niddastraße 1, 61118 Bad Vilbel, ☎ 06101/5595-55, Fax 5595-30, Kasse ☎ 5449155.

▶ Im Kulturzentrum gibt es Extra-Familienveranstaltungen mit Musicals, Oper und Theater. Auch im Erwachsenenprogramm Theater-Musiktheater eignet sich das ein oder andere Stück für Kinder.

Kindertheater in Karben

Jukuz Karben, Jugendkulturzentrum Selzerbrunnenhof, Brunnenstraße 2, 61184 Karben. ☎ 06039/92319 0, Fax 92319-8. www.jukuz-karben.de. jukuz@jukuz-karben.de. Am Nordrand von Karben. **Anfahrt:** S6 Groß-Karben, 700 m über Brunnenstraße nach Norden.

▶ Im Jugendkulturzentrum Selzerbrunnenhof wird häufig Kindertheater aufgeführt. Das ist *das* Kinder- und Jugendzentrum von Karben und Umgebung – offener Jugendtreff und Kulturveranstaltungsort in einem.

DARMSTADT & UMGEBUNG

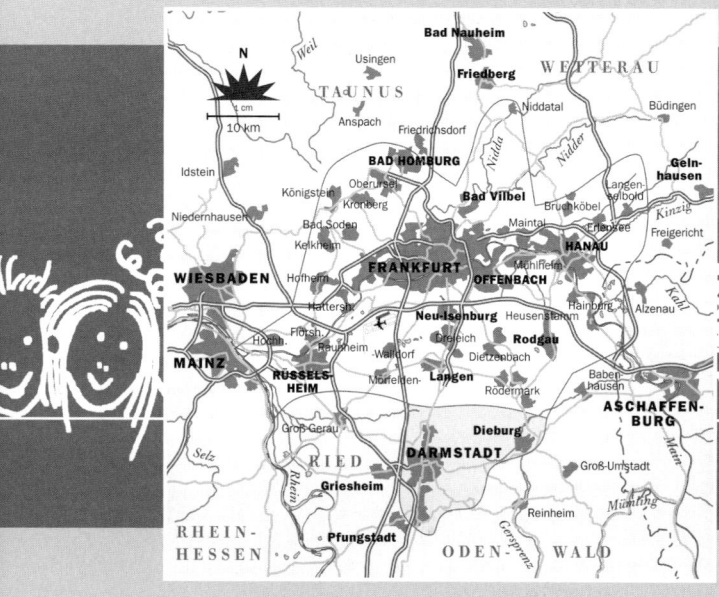

FRANKFURT: NATUR & SPORT

FRANKFURT: WISSEN & KULTUR

OFFENBACH & HANAU

VOR DER MAINMÜNDUNG

AM SÜDHANG DES TAUNUS

BAD VILBEL – NIDDATAL

DARMSTADT & UMGEBUNG

LANGEN – RODGAU

INFO & KARTEN

Darmstadt, 137.000 Einwohner, 28 km südlich von Frankfurt, hat einen ganz anderen Charakter als die Main-Metropole. Hier ragen keine Geldtürme gen Himmel, auch werden keine Riesenmessen abgehalten. Dafür gibt es hier eine sehr große und renommierte Technische Hochschule und viele gewichtige wissenschaftliche Einrichtungen. Es ist also durchaus berechtigt, wenn sich die Stadt als »Wissenschaftsstadt« positioniert. Auch die Kulturszene kann sich sehen lassen. Davon profitieren Kinder mit mehreren Kindertheatern und einem ansehnlichen museumspädagogischen Angebot.

Im Süden und Osten reicht der Odenwald bis an die Tore der Stadt. Hier lässt sich's vortrefflich wandern und radeln. Am Stadtrand oder nur wenige Kilometer entfernt gibt es eine ganze Reihe für Kinder interessanter Ausflugsziele: der Zoo Vivarium, das Jagdschloss mit Museum Kranichstein, das Eisenbahnmuseum Kranichstein, der Waldsee Grube Prinz von Hessen, der Weiher am Oberwaldhaus mit dem Freizeitzentrum, die Burg Frankenstein und die Grube Messel.

KULTUR UND WISSEN-SCHAFT GANZ NAH AM WALD

DA, Der Kultur-und Stadtführer Darmstadt, edition libellus, 144 S., 12 €;

Amtlicher Stadtplan Darmstadt, 4,20 €.

Frei- & Hallenbäder

Bezirksbad Bessungen

Ludwigshöhstraße 10, 64285 Darmstadt-Bessungen. ℂ 06151/13-2392, www.darmstadt.de. **Anfahrt:** Straba 3 bis Orangerie. **Zeiten:** Mitte Sept – Mitte Mai, Mo 7 – 19, Di 14 – 18, Mi 14 – 19, Do, Fr 7 – 21, Sa 8 – 18 Uhr, Mo 14.30 – 16.30 Uhr Spiel- und Spaßnachmittag für Kinder und Jugendliche, Do, Fr, Sa Warmbadetage. **Preise:** ↗ DSW-Freibad oder Nordbad.

▶ Das frisch renovierte Hallenbad verfügt über ein Sportbecken von 25 m x 12,50 m. Dieses ist

TIPPS FÜR WASSER-RATTEN

Tipp: Für Kinder ab 6 Jahre Schwimmkurse bis zur Seepferdchenprüfung, max. 10 Kinder, Beginn Frühjahr und Herbst, 20 Std à 60 Min, Kurs 60 €.

1,30 – 1,80 m tief. Die Wassertemperatur beträgt zwischen 26 und 27 Grad, am Warmbadetag 30 Grad. Das Lehrschwimmbecken ist 8 x 12,50 m groß, 0,60 – 1,30 m tief und durchschnittlich 2 Grad wärmer. Und schließlich gibt's auch ein Plantschbecken für die ganz Kleinen. Das insgesamt gute Angebot wird abgerundet durch ein Solarium und eine medizinische Massagepraxis.

Darmstädter Zentralbad

Merckplatz 1, 64287 Darmstadt. ✆ 06151/13-2390, 13-2391, www.darmstadt.de. **Anfahrt:** Bus L, K55, K56, K71, 5501 – 5503, 5507, 5510, 5512 bis Teichhausstraße. **Zeiten:** Di, Mi 8 – 19, Do, Fr 10 – 18, Sa 10 – 17 Uhr. **Preise:** ↗ DSW-Freibad und Nordbad.

Tipp: Im Zentralbad werden Schwimmkurse für Kinder ab 6 Jahre angeboten.

▶ Das Jugendstil-Hallenbad aus dem Jahre 1909, das die Darmstädter liebevoll »Altes Hallenbad« nennen, strahlt mit seinen Brunnen, Mosaiken, Terrazzoböden, Holzbänken u.v.a. noch einiges von einer ganz anderen Badekultur aus. Zwei recht große Becken erwarten euch: in der Schwimmhalle ist es 25 m x 11 m groß und 0,50 – 2,80 m tief (Wassertemperatur 20 Grad) und in der Lehrschwimmhalle 16,66 m x 10 m groß, 0,30 – 1,25 m tief und 30 – 31 Grad warm. Darüber hinaus gehören zum Angebot des altehrwürdigen Bades Dampfbad (auch mit Kindern möglich), Massage, Solarien, Gymnastikhalle, medizinische Fußpflege, Frisör und das Bistro »Batschnass«.

DSW-Freibad & Nordbad Darmstadt

Alsfelder Straße 33, 64289 Darmstadt. ✆ 06151/13-2391, www.darmstadt.de. **Anfahrt:** Straba 4, 5 bis Nordbad. **Preise:** 2 €, 10er-Karte 18 €, Saison 49 €, Kinder 6 – 17 Jahre 1,30 €, 10er-Karte 10 €, Saison 31 €, Jahreskarte 72 €; preiswerte Familienkarte.

Freibad: Mitte Mai – Mitte Sept Sa – Mo 9 – 20, Di – Fr 8 – 20 Uhr. **Nordbad:** Okt – April Mo 10 – 21, Di, Mi 8 – 21, Do 6.30 – 21, Fr 8 – 21, Sa 8 – 18, So 8.30 – 14 Uhr.

▸ Das **DSW-Freibad** ist das sommerliche Pendant zum benachbarten Hallenbad Nordbad. In dieser Jahreszeit tummeln sich die sportlich aktiven Schwimmer in einem großen Sportbecken aus Edelstahl (50 x 25 m, 10 Bahnen, 2 m tief, Wasser 23 – 24 Grad), wo häufig Schwimm- und Wasserballwettkämpfe ausgetragen werden. In dem populären **DSW-Freibad** befinden sich aber auch ein Nichtschwimmer- (25 x 16,66 m, Wassertiefe 0,60 – 1,25 m, 23 – 24 Grad) und ein Kinderplantschbecken. Auf der ausgedehnten Liegewiese und im Kinderspielbereich können sich Kinder austoben. Das ausgesprochen sportlich ausgerichtete Freibad besitzt selbstverständlich ein Beachvolleyballfeld.

Die **Halle des Nordbads** mit ihren großen Glasfronten beherbergt ein betriebsames Sportbad, in dessen Schwimmerbecken mit den olympischen Maßen 50 x 21 m (1,30 – 1,80 m tief, 26 °) und seinen 8 Bahnen im Winterhalbjahr zahlreiche Wettkämpfe veranstaltet werden. Das heißt jedoch keineswegs, dass hier nur für ganz sportliche Schwimmfreaks Platz ist, vielmehr gibt es auch ein Lehrschwimmbecken (16,66 x 10 m, 0,30 – 1,20 m tief, 28 – 29 Grad), ein Kinderplantschbecken (31 Grad) sowie Solarien.

Mühltalbad Eberstadt

Mühltalstraße 72 – 80, 64297 Darmstadt-Eberstadt. ℰ 06151/54605, www.darmstadt.de. **Anfahrt:** Bus NB Schwimmbad. **Zeiten:** Mitte Mai – Mitte Sept Sa – Mo 9 – 20, Di – Fr 8 – 20 Uhr. **Preise:** ↗ DSW-Freibad oder Nordbad.

Tipp: Alle 10er- und Zeitkarten sind übertragbar! Jahreskarten gelten für alle Darmstädter Frei- und Hallenbäder.

Tipp: Wassergymnastik, Schwimmkurse, Wasserballspiele und Sportveranstaltungen stehen bei DSW-Freibad und Nordbad auf dem Programm.

Tipp: Von dem in einen Hang hineingebauten Freibad habt ihr einen schönen Ausblick auf den Odenwald und die Burg Frankenstein. Es gibt auch ein Imbisslokal.

▶ In dem sehr großen solarbeheizten, z-förmigen Kombibecken (1460 qm, Tiefe 0,60 – 4,50 m) sind viele Aktivitäten möglich. Ihr könnt auf den 8 Bahnen des Schwimmersektors ausgiebig »Runden« drehen, vom 10 m hohen Turm oder den beiden 1-m-Brettern mehr oder weniger kunstvoll zum integrierten Sprungbecken runterhopsen oder durch die 61 m lange Riesenrutsche in den Nichtschwimmerbereich rauschen. Das Plantschbecken ist das Aktionsfeld der Allerkleinsten. Die Liegewiese liegt teilweise am Hang. Es gibt ein Beachvolleyballfeld und eine Tischtennisplatte, aber keinen Kinderspielplatz. Das ist freilich nicht so schlimm, denn Platz zum Herumtollen besteht zu Genüge und zum Spielen sind ja auch nicht unbedingt die gängigen Spielplatzgeräte erforderlich.

Freibad Dieburg

Schwimmbadweg 9, 64807 Dieburg. ✆ 06071/21510, www.dieburg.de. Am Südrand von Dieburg. **Zeiten:** Mitte Mai – Anfang Sept 8 – 19, bei guter Witterung bis 21 Uhr, jedoch ab 1.9. nur noch bis 19 Uhr. **Preise:** 3 €, ab 18 Uhr 1,50 €, 12er-Karte 30, Saison 68 €; Kinder 6 – 18 Jahre 1,50 €, ab 18 Uhr 0,50 €, 12er-Karte 15, Saison 37 €; preiswerte Familienkarte.

▶ Erstaunlich, welch tolle Möglichkeiten die Sprunganlage bietet, könnt ihr doch von 1, 3, 5 und 7,50 m und sogar von 10 m zum »Flug« ansetzen. Das Kombibecken des Dieburger Freibades weist im Schwimmerbereich 8 Bahnen aus. Der Nichtschwimmerbereich besitzt eine Rutsche. Aktionsfeld der ganz Kleinen sind das Plantschbecken mit Minirutsche und das Spielplätzchen. Die Liegewiese des ruhig gelegenen Freibades bietet ausreichend Baumschatten und Bänke zum Ausruhen. Und bei Durst und klei-

nem Hunger sind es nur ein paar Schritte zum Kiosk mit Terrasse.

Badeseen & Bötchen fahren

Badeparadies im Darmstädter Stadtwald

See Grube Prinz von Hessen, Darmstadt. 4 km nord-östlich von Darmstadt an der Dieburger Straße. **Anfahrt:** Parkplatz vorhanden. Rad: Von Darmstadt per Rad oder zu Fuß siehe Radtouren. **Zeiten:** jederzeit zu-gänglich. **Preise:** Eintritt frei.

▶ Dieser kleine See ist von dichtem Wald umge-ben. Ein Strandbad gibt es hier zwar nicht, aber eine Liegewiese und viel Schatten spendendes Gehölz. Baden ist erlaubt und wird an warmen Sommertagen reichlich praktiziert. Manche las-sen die Hüllen fallen, manche nicht. An diesen Tagen lässt sich hier ein Imbisswagen nieder und regelmässig gibt ein Eisauto ein kurzes Gast-spiel.

Stadtsee und Vogelparadies: Der Große Woog

Großer Woog, Landgraf-Georg-Straße 121/Heinrich-Fuhr-Straße 20, Eingang »Insel«, 64287 Darmstadt. ✆ 06151/13-2393 (Anlage), 13-2394 (Insel). **Anfahrt:** Bus 5501, 5502, 5503, 5507, 5510, K55, K56, K71, L bis Woog. **Zeiten:** Mitte Mai – Mitte Sept Sa – Mo 9 – 20, Di – Fr 8 – 20 Uhr. **Preise:** 1,80 €, 10er-Karte 15 €, Saison 36 €; Kinder 6 – 17 Jahre 1 €, 10er-Kar-te 8 €, Saison 26 €; preiswerte Familienkarte.

▶ Der große Badesee mitten in der Großstadt Darmstadt ist für die gestressten Stadtkids eine feine Sache. Es gibt gleich zwei Strandbäder: die Strandanlage mit 10-m-Sprungturm und Beton-stegen am Westrand und der naturwüchsige In-

Bootsverleih an der Westseite während der Badesaison, 1/2 Std 2 €, 1 Std 3 €.

Recht gut ausgestattete **Spielplätze** gibt es außerhalb westlich und südwestlich vom See.

Bootsverleih während der Badesaison 1/2 Std 2 €, 1 Std 3 €.

selstrand dicht vor dem Ostrand. Letzterer wird aus guten Gründen von Familien mit Kindern bevorzugt. Die kleine Insel fungiert als Liegewiese. Am Ufer gibt es einen ausgedehnten Flachwasserbereich (abgegrenzter Nichtschwimmerbereich!) und eine kleine Rutsche. Mit dem ganz nahe gelegenen »Festland« verbindet ein Brückchen. Dort erstreckt sich eine große Liegewiese mit alten Bäumen. Dazu kommen ein Plantschbecken, ein einfacher Kinderspielplatz und ein Beachvolleyballfeld. Auch ein Kiosk mit Terrasse ist vorhanden.

Der Woog, der vermutlich im 16. Jahrhundert als Löschteich angelegt wurde, ist ein kleines Vogelparadies: Stockenten, Graureiher und Blässhühner sind hier zu Hause. Es wurde beobachtet, dass ein Pärchen des seltenen Haubentauchers an diesem Stadtsee seine Jungen großzieht.

Badespaß mit Seerosenblick: Arheilger Mühlchen

Arheilger Mühlchen, Auf der Hardt 105, Darmstadt - Arheilgen. ✆ 06151/371605, www.darmstadt.de. Bus A bis Trinkbrunnenpfad. **Zeiten:** Anfang Mai – Ende Aug Mo 9 – 20, Di – Fr 8 – 20, Sa, So 9 – 20 Uhr. **Preise:** Eintritt frei.

▶ Für Kinder aller Altersstufen ist der kleine Arheilger Naturbadesee (2,20 m tief) ein wunderbarer Flecken. Wer schon gut schwimmen kann, hat ein großes Aktionsfeld. Dazu gehört auch ein Sprungturm mit 1- und 3-m-Brett. Für die anderen ist im See ein Nichtschwimmerbereich abgegrenzt. An die ganz Kleinen ist mit einem Plantschbecken gedacht. In das familienfreundliche Angebot reihen sich zudem die schattige Liegewiese, der Kinderspielplatz und der Kiosk. Der Dusch- und Umkleidetrakt ist in ordentlichem Zustand. Auf den alten mächtigen Bäumen sind allerlei Vögel zu beobachten, an dem von Seerosen belebten Vorteich des Mühlchens tauchen des öfteren Fischreiher auf.

Boot fahren auf dem Steinbrücker Teich

Anfahrt: ↗ Freizeitzentrum am Steinbrücker Teich und Ausflugslokal Oberwaldhaus. **Zeiten:** Frühjahr – Herbst täglich 10 – 19 Uhr, Ruderboot 1/2 Std 4 €, Tretboot 1/2 Std 5 €, max. 3 Pers., Gruppenrabatte.

Radeln & Skaten

Skaten in Darmstadt

Infos: SK8Line, Mathildenplatz 10, ☏ 06151/296362.
▶ An der Lindenhofstraße, zwischen dem Zentral-Hallenbad und der Bibliothek stehen mehrere Halfpipes.
Intensives **Training** für Anfänger und Fortgeschrittene durch ausgebildete Skatelehrer finden samstags am Nordbad statt (Treffpunkt Bushaltestelle). Bei schlechtem Wetter geht es auf das untere Parkdeck der TH Lichtwiese. Kursdauer 2 1/2 Std, Kinder 13 €.

Vom Ostbahnhof zur Grube Prinz von Hessen

Länge: Hinweg 7 km durch Flur und Wald, zurück 9 km.
Anfahrt: RB 65 Hbf Darmstadt – Erbach bis DA-Ost.
▶ Ihr startet am B.-Sälzer-Platz beim Ostbahnhof. Es geht auf dem Seitersweg (= R8 sowie ○) in nordöstlicher Richtung stadtauswärts. Zunächst führt die Route 2 km fast schnurgerade durch Felder. Kinder lassen hier im Herbst Drachen steigen. Im Wald angelangt, haltet ihr euch

RAUS IN DIE NATUR

🐌 *Wissenschaftsstadt Darmstadt,* Magistrat, Vermessungsamt und Kreisausschuss des Landkreises Darmstadt-Dieburg (Hrsg.). Freizeitkarte Darmstadt/Dieburg, 1:30.000, 4,10 €, die freizeitpraktische Karte für Darmstadt und Umgebung (Langen bis Zwingenberg), alle Freizeitziele, auch die Rad- und Wanderwege.

auf dem Radrouten-Kreuz geradeaus und folgt damit der Markierung 0. Diese leitet euch nun knapp 4 km durch tiefen Wald direkt zu dem kleinen wilden See **Grube Prinz von Hessen.** Für die **Rückfahrt** bietet sich die Route über das Jagdschloss Kranichstein und das Freizeitzentrum Steinbrücker Teich sowie die Fasanerie an. Dazu radelt ihr zunächst auf der Bornschneise knapp 500 m Richtung Norden (11), biegt links in die Kernschneise (18) ein, und haltet euch beim Jagdschloss wieder links Richtung Süden. Nach Einkehr im Oberwaldhaus geht's schnurstracks Richtung Darmstadt zurück.

Vom Großen Woog zur Darmbachquelle

Länge: hin und zurück 9 km, auf dem Hinweg auf dem letzten Kilometer stärker steigend, schöne Waldtour.

▶ Die Tour führt vom **Großen Woog** am Botanischen Garten und Vivarium vorbei in den Wald. Danach geht es immer dicht am Darmbach entlang Richtung Südosten. Ziemlich am Anfang umgeben den Bach Feuchtbiotope, da sieht es teilweise richtig nach Sumpf aus. Die Strecke steigt kaum merklich. Gut 2 km hinter dem Vivarium kommt ihr an Fischteichen (Zander, Karpfen, Aale) und dem **Ausflugslokal Fischerhütte** vorbei. Danach steigt der Weg stärker. 800 m oberhalb der Fischerhütte befindet sich der **Quellteich des Darmbaches.** Ihr könnt hier zum Picknick auf einer Bank Platz nehmen. Es geht auf demselben Weg wieder nach Darmstadt zurück.

Über den Mainzer Berg

Vom Jagdschloss Kranichstein zum Naturfreundehaus Mainzer Berg und nach Dieburg. **Länge:** 12,5 km, fast immer Wald, kurzer steiler Aufstieg zum Naturfreunde-

Hunger & Durst

Restaurant Fischerhütte, an den Fischteichen, ✆ 06151/48601, www.fischerhuette-darmstadt.de. Ganzjährig geöffnet, Herbst/Winter Mi – So 10 – 20 Uhr, andere Jahreszeit auch Mo ab 17 Uhr, im Sommer mit überdachter Terrasse oder unterm Sonnenschirm. Spielplatz, Wickeltisch. Handkäs mit Musik, Hüttenbrotzeitteller, Nürnberger Rostbratwürstchen, Odenwälder Kochkäs, Fischgerichte (Matjes, Forelle, Zander), Gerichte vom Rind und Schwein.

haus, die Tour für radelfreudige sportliche Kids ab 10 oder 11 Jahre. **Anfahrt:** RB 63 Darmstadt – Babenhausen Hinweg bis Bhf Kranichstein (dann 1,4 km per Rad), Rückweg ab Bhf Dieburg.

▶ Vom **Jagdschloss Kranichstein** (Jagdmuseum, Restaurant) geht es im Wald auf dem Jagdlehrpfad Richtung Osten. Nachdem ihr die Lichtung durchquert habt, durch die einst die Tiere vor die Gewehre der Fürsten und ihrer Helfer getrieben wurden, biegt der *Jagdlehrpfad* nach links ab, während ihr noch 1,3 km geradeaus radelt. Danach verläuft die Route 400 m nach rechts, bevor sie links auf den Radweg 18 abzweigt. Dieser mündet nach 500 m in die Straße Richtung Dieburg. Ihr kommt hier an zwei Restaurants vorbei. Kurz hinter dem zweiten verlässt der Radweg 18 wieder die Straße nach rechts. Die Route verläuft dann zunächst in südwestlicher und dann nördlicher Richtung. Schließlich geht es steil zum **Naturfreundehaus Mainzer Berg** hinauf. Von hier führt anschließend der Radweg 18 immer geradeaus in südöstlicher Richtung zum 2,5 km entfernten *Freizeitgelände Spießfeld* – zuerst bergab, dann flach. Hier habt ihr eine weitere Gelegenheit zur Picknickpause. Danach leitet euch der Radweg 18 in die Altstadt von **Dieburg**.

Hunger & Durst
Lokal vom Naturfreundehaus Mainzer Berg, Mi 14 – 18, So 9.30 – 18 Uhr, warme Küche, kleine und größere Gerichte, preiswert; Spielplatz vorhanden.

Zum Forsthaus Kalkofen und zum UNESCO-Weltnaturerbe Messeler Grube

Vom Bhf. Wixhausen zum Bhf. Messe. **Länge:** 7,5 km, flach und leicht. **Anfahrt:** S3, 4 Wixhausen.

▶ Vom **S-Bahnhof Wixhausen** geht es via Hindemithstraße ans Südostende des Städtchens. Dort überquert ihr die verkehrsreiche Frankfurter Landstraße. Die Route verläuft dann auf einem Sträßchen durch weite Flur an der Silz ent-

Forsthaus Kalkofen,
Kalkofenweg 90,
℡ 06151/371480.
Ostern – Mitte Okt
außer bei schlechtem
Wetter Mo – Fr 15 – 01,
Sa 12.30 – 01, So, Fei
9.30 – 01 Uhr. Rund um
einen großen Teich mit
Fontäne breitet sich der
Biergarten mit 400 Sitz-
plätzen und Spielplatz
aus. Apfelwein vom
Fass, Handkäs mit
Musik u.a. **Weihnachts-
baumverkauf** 1. Advent
– 23.12.: dann Glüh-
wein, Essen, Lagerfeu-
er, auch anziehend für
viele Kinder.

Vom Startort
Bhf Messel
lohnt es sich zunächst,
einen Abstecher zum
Museum Messel, 2 km,
und/oder zur Grube
Messel, 2,5 km, zu un-
ternehmen, beides
hochkarätige Sehens-
würdigkeiten.

lang gen Osten. 3 km hinter der Kreuzung erreicht ihr das ehemalige **Forsthaus Kalkofen,**
heute ein sommerliches Ausflugslokal mit allerlei Spielmöglichkeiten für Kinder. Was den Auf-
enthalt hier verlängert, sind das kleine und das
große Gehege mit Hirschen, Eseln und Kaninchen sowie Volieren.

100 m weiter verläuft unsere Route neben dem
Baumdenkmal schnurstracks über die Radwege-
Kreuzung. Nun geht es 2,5 km immer geradeaus
auf der Kalkofenschneise durch tiefen Wald
Richtung Messel. Am Ende passiert ihr ein Fall-
tor und steht direkt vor **Messel**. Die Route verläuft in nordöstlicher Richtung auf der Darmstädter Landstraße bis zum Heimatmuseum bei
der Kirche. Nach dem Museumsbesuch geht es
dann in südlicher Richtung ganz durch den Ort
und noch 1,5 km an der L3317 entlang, bevor ihr
links zur Aussichsplattform der **Grube Messel**
abzweigt, die noch über 1,5 km entfernt ist. Zum
Schluss kehrt ihr auf bekannter Route zum am
Südrand von Messel gelegenen Bahnhof zurück,
wo ihr Anschluss nach Dieburg/Aschaffenburg
und Darmstadt habt.

Viel Wald: Vom Bahnhof Messel nach Dieburg

Länge: 9,5 km, durch Wald, flach, leicht. **Anfahrt:** RB
63 Darmstadt – Babenhausen Hinweg bis Messel,
Rückweg ab Dieburg.

▶ Die Tour beginnt auf der Nordseite des **Bhf.
Messel** und folgt der Bahnlinie gen Osten. Nach
wenigen hundert Meter seid ihr im Wald – und
bleibt dort bis kurz vor Dieburg. Zunächst ist
der Waldweg reichlich holprig, später wird der
Belag besser. Nach 3,5 km zweigt die Route
nach rechts ab und unterquert die Bahngleise.

Ihr radelt nun sogar mal ein Stückchen Richtung Südwesten, bevor es wieder nach Südosten geht. Nach etwa 1,5 km gelangt ihr schließlich in die Dieburger Flur und habt das nahe Städtchen unmittelbar vor Augen. Hier befindet sich ein Reiterhof mit Schänke – eine Gelegenheit, nach langer Fahrt mal einzukehren. In **Dieburg** lohnt sich zunächst einmal ein Bummel durch die malerische Innenstadt, bevor ihr zum Bahnhof rollt, um eine gemütliche Rückfahrt oder Weiterreise zu organisieren.

Wandern und Spazieren

Vom Großen Woog zum Freizeitzentrum Steinbrücker Teich

Länge: 4 km, Flur und Wald, leicht, auch mit Kids ab 5 oder 6 Jahre realisierbar. **Anfahrt:** ⬈ Großer Woog.

▶ Ihr geht vom Ostufer des Großen Woog via Fiedlerweg und Seitersweg in nordöstlicher Richtung zur Stadt hinaus. Dann verläuft die Route immer geradeaus durch das weite Oberfeld. Am Waldrand biegt ihr auf der Kreuzung nach links in den R8 ein. Das Ziel der Kurzwanderung, das **Freizeitzentrum Steinbrücker Teich,** ist nur 1,2 km entfernt – durch tiefen Wald, immer geradeaus. Dort locken ein toller Spielplatz und das Oberwaldhaus zum Verweilen, ⬈ Freizeitzentrum.

Spazieren im Herrngarten

Darmstadt, ältester und größter Park der Innenstadt, beliebter Treff. **Anfahrt:** ⬈ Landesmuseum.

▶ Der Schlossgarten und der im Westen anschließende Herrngarten sind ein gutes Gelände für Spaziergänge mit dem Kinderwagen oder die

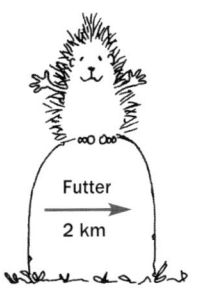

Hessisches Landesvermessungsamt, *Darmstadt, Messeler Hügelland,* 1:20.000, 7 €.

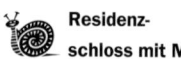

Residenz- schloss mit Mu- seum, ✆ 06151/ 24035. www.schloss- museum-darmstadt.de. Mo – Do 10 – 13, 14 – 17, Sa, So 10 – 13 Uhr. Führung obligatorisch, 2,50 €; Kinder 1,50 €. Bei dem Rundgang durch 22 Räume des Darmstädter Barock- schlosses könnt ihr sehen, in welchem Luxus und Prunk die Grafen von Hessen- Darmstadt einst lebten.

ersten Touren der ganz kleinen Wander- oder Radelfans. Das Wegenetz ist wetterfest. Es gibt einen großen Teich mit Enten und zwei Spiel- plätze. Der im Osten ist für die kleinen Kids, der ↗ **Aktivspielplatz** im Westen für die größeren. Auch zum Picknicken ist der Park ein gutes Gelände, aber es gibt auch ein Café-Restaurant mit Terrasse.

Spazieren im Park Rosenhöhe

Anfahrt: Bus L bis Ostbahnhof.

▶ Das Parkgelände Rosenhöhe am Ostrand von Darmstadt ist ein schöner Flecken für unange- strengte Spaziergänge. Viele Darmstädter kom- men hierher, um sich den gepflegten Rosengar- ten anzusehen. Es gibt auch einen Spielplatz und die Möglichkeit zum Einkehren.

Vom Großen Woog zum Jagdschloss Kranichstein

Länge: 5 km, leicht; auch für Kids ab 6 Jahre machbar, zweite Hälfte gemütliche Waldwanderung. **Anfahrt:** Zum Start ↗ Großer Woog; Rückweg von der Haltestel- le Jagdschloss Kranichstein mit Bus U.

▶ Ihr geht vom Norden des Großen Woogs via Fiedlerweg und Seitersweg zum B.-Sälzer-Platz und folgt dann 1,7 km den Bahngleisen nach Norden (R8). Anschließend biegt ihr nach rechts ab in den Wald. Ihr seid nun auf der Rad- wegroute 18, die direkt zum **Jagdschloss Kra- nichstein** führt. Es geht zunächst 1,4 km nach Osten, danach wendet ihr euch nach links. Jetzt sind es noch 1,2 km bis zum Ziel.

Im Jagdschloss Kranichstein be- findet sich das **Jagdmu- seum**, im Jagdschloss und im nahe gelegenen Reiterhof könnt ihr ein- kehren. Wenn ihr noch reichlich überschüssige Energie habt, könnt ihr euch auch den Jagdlehr- pfad – ganz oder ein Teilstück – vornehmen.

Naturerkundungen & Umwelt-Infozentren

Spielen und Basteln bei Wind und Wetter mitten in der Natur

Darmstädter Waldkindergarten e.V., Postfach 111539, 64230 Darmstadt. ✆ 06151/152702, www.waldkindergarten-darmstadt.de.

▶ Der Darmstädter Waldkindergarten hat einen festen Standort auf einem Grundstück an der Fasaneriemauer. Dort steht ein Bauwagen, in den man sich bei schlechtem Wetter zurückziehen kann. Ansonsten geht es aber in den Wald. Der Waldkindergarten legt großen Wert auf sensible, ganzheitliche Naturerfahrung und die Entwicklung eines achtsamen Umgangs mit der Natur. Statt sich mit dem gängigen Spielzeug mit seinem zumeist sehr begrenzten Potenzial zu begnügen, wird wird auf die enormen Möglichkeiten gesetzt, die der Umgang mit den vielfältigen Naturmaterialien bietet.

Weitere Waldkindergärten:

Bessunger Waldkindergarten e.V., Rüthleinweg 8, 64285 Darmstadt, ✆ 06151/426384, www.daskind.org/kinderbetreuung/waldkindergarten.html

Waldkindergarten Wühlmäuse, am Bessunger Forsthaus (zwischen Rossdorf und Darmstadt), Schießberger Straße 2, 64372 Ober-Ramstadt, ✆ 06154/624312, www.waldkindergarten-wuehlmaeuse.de.

Den Himmel entdecken wie Kopernikus

Volkssternwarte, Auf der Ludwigshöhe 196, 64285 Darmstadt-Bessungen. ✆ 06151/130900 (Geschäftsstelle), 51482 (Observatorium), www.vsda.de. vorstand@vsda.de. Post: Flotowstraße 19, 64287 Darm-

Robin Berrod: Der Himmel bei Nacht. Der ultimative Himmelsführer, Interaktives Set, Fleurus, für Kinder ab 10 Jahre.

Saurer Regen wird als Hauptverursacher von Waldschäden gesehen. Er entsteht durch Gase wie Schwefeldioxid und Stickstoffoxide (Abgase von Autos und Kraftwerken), die durch die Luftfeuchtigkeit zu Schwefel- und Salpetersäure werden. Das sind ganz schön ätzende Stoffe, die dann mit dem Regen und Schnee zusammen auf die Erde niedergehen.

stadt. **Anfahrt:** Straba 3 ab Hbf. **Zeiten:** So 10 – 12.30 Uhr; etwa einmal im Monat Führungen für ältere Kinder, danach immer Vortrag zu einem Thema aus der Astronomie. **Infos:** liegen aus und sind telefonisch erhältlich; nach Absprache sind für Kindergruppen auch spezifische Führungen möglich.

▶ Sonntagvormittags ist die Sternwarte auf der Ludwigshöhe für die Öffentlichkeit zugänglich. Dann dürft ihr mit dem Teleskop auch einen Blick in das riesige Weltall werfen. Ob ihr auch etwas sehen könnt, hängt natürlich von der Wetterlage ab.

Waldschadenspfad Darmstadt

Länge: 3,5 km, leichte Rundwanderung. **Anfahrt:** ↗ Vivarium.

▶ Dieser Lehrpfad aus den 80er Jahren zeigt, welchen Schaden Bäume nehmen, wenn die Luft verdreckt oder der Regen »sauer« ist. Durch die schlechten Einflüsse, die meist von uns Menschen verursacht werden, gerät das natürliche Gleichgewicht durcheinander und dann haben auch Käfer Chancen, sich so zu vermehren, dass sie dem Wald schaden. Der Rundweg ist gut markiert und mit vielen Infotafeln versehen, die die Ursachen der Waldschäden erklären. Für einige Bäume sind sogar die Schadensverläufe genau festgehalten.

Am Ausgangspunkt des Waldschadenswegs beim Vivarium steht eine Infotafel, auf der der Routenverlauf dieser abwechslungsreichen Kurzwanderung skizziert ist.

Jagd zum Vergnügen der Feudalherren

Jagdkundlicher Lehrpfad, Darmstadt-Kranichstein.
Länge: 6 km, markierter flacher Rundweg, leichte, kinderwagentaugliche Waldwanderung, Plan am Jagdschloss. **Anfahrt:** ↗ Jagdschloss Kranichstein.

▶ Durch das ehemalige Jagdgebiet der einstigen Herrscher von Hessen-Darmstadt führt ein Lehrpfad mit zahlreichen Infostationen, die einerseits die Geschichte der Jagd zeigen sollen und andererseits ganz konkret an bestimmten noch vorhandenen Vorrichtungen und Bauwerken zeigen, mit welchen Methoden im 17. und 18. Jahrhundert gejagd wurde. Hauptsächlich geschah das als »Eingestelltes Jagen«. Dabei wurden die Wildschweine und Hirsche in ein mit Lappen abgegrenztes Feld gehetzt. Anschließend wurden sie von adeligen Jägern, die sich auf einer Tribühne postiert hatten, erbarmungslos niedergeknallt.

Streuobstwiesenzentrum

Freundeskreis Eberstädter Streuobstwiesen e.V., Steckenbornweg 65, 64297 Darmstadt-Weiterstadt.
✆ 06151/53289, Fax 53289. www.streuobstwiesen-eberstadt.de. Zentrum@Streuobstwiesen-Eberstadt.de.
Anfahrt: Straba 1, 6, 7, 8 bis Carl-Ulrich-Straße, diese hinauf in den Langeweg, am Ende durch den Fußgängerdurchgang und hinter den Häusern links 300 m Richtung Wald. **Infos:** Anmeldung bei den Umweltpädagoginnen Sabine Müller und Annette Wagner; informative Website.

▶ Der Freundeskreis Eberstädter Streuobstwiesen engagiert sich seit 1995 für die Erhaltung der Streuobstwiesen im Eberstädter Osten durch Neuanpflanzungen, die Pflege bestehender Obstwiesen und ein »Apfelsaftaufpreisprojekt«. Der Verein, der mit der Deutschen Waldjugend

kooperiert, hat ein Zentrum mit dem Schwerpunkt Umweltpädagogik aufgebaut und bietet zu bestimmten Terminen ein breites Programm an naturfreundlichen Veranstaltungen für Kinder von 5 bis 12 Jahre als »Ferien am Nachmittag/Wochenende« und »Ferienspiele« an. Die jeweils ca. 2 1/2 Stunden dauernden Aktivitäten sind so aufgebaut, dass die jungen Naturforscher sich das Wissen zum jeweiligen Thema aktiv-spielerisch aneignen. Themen sind u.a.: »Streuobstwiesen«, »Unser Bach«, »Das Leben im Bienenstock«, »Lebensraum Teich«, »Basteln von Wichtelhäuschen«, »Zwergengeburtstag«, »Von der Kuh zur Butter« oder »Indianer«.

Außerdem gibt es noch die festen **Kinder- und Jugendgruppen,** die sich einmal wöchentlich (außer in den Ferien) im Streuobstwiesenzentrum treffen. Da werden Hütten und Nistkästen gebaut, Apfelsaft gekeltert, Eichelkuchen gebacken, Schlitten gefahren und geritten, da wird Bergrettung gespielt oder einfach nur geklettert. Wie nah uns die Natur sein kann, erfahren die Kinder beim Zubereiten von Brennesselsalat und Löwenzahnhonig, beim Papier schöpfen und Wolle filzen. Beliebt sind auch die selbst gemachte Holunderbowle und der Spitzwegerichsirup.

Auch die ganz Kleinen kommen nicht zu kurz, sie können als »Wurzelkinder« ab 2 bis 3 Jahre in wöchentlichen Treffs gemeinsam die Natur erleben, spielen, basteln und kochen.

Happy Birthday!

»Der Wald lädt dich ein, bei ihm deinen Geburtstag zu feiern, er hält viele Überraschungen für dich bereit. Hast du schon mal Memory mit den Schätzen des Waldes gespielt, ein Mandala mit ihnen gelegt oder eine Geräuschlandkarte gezeichnet? Nein? Dann wird es aber Zeit, denn der Wald wartet schon auf dich und Deine Gäste.« Waldkindergeburtstag für Kinder von 4 – 7 Jahren, max. 15 Kinder, pro Kind 4 €, mitzubringen 1 Malblock, Stifte.

Reiten & Kutschfahrten

Reiten für Kinder in Darmstadt

Kinder können bei folgenden Vereinen in Darmstadt reiten lernen:

Darmstädter Reitverein, ✆ 06151/718960, Vereinsgelände Kranichsteiner Straße 252, gegenüber vom Jagdschloss Kranichstein, Kinder ab 6 Jahre;

Reit- und Fahrverein Arheilgen, ✆ 06151/372636, Vereinsgelände Steinstraße 41;

Reiterverein an der TU Darmstadt, ✆ 06151/75356, Vereinsgelände Dieburger Straße 241, Kinder ab 6 Jahre.

Tipp: ↗ auch Freizeitzentrum Steinbrücker Teich!

Oberwaldhaus-Ponys

Reitschule für die Kinder Darmstadts, Dieburger Straße 270, 64287 Darmstadt. ✆ 06151/711588, Fax 997807. Handy 0177/7903552. Im Wald beim Freizeitzentrum Steinbrücker Teich. **Anfahrt:** Vom Schloss oder Louisenplatz Bus F Richtung Oberwaldhaus bis Endstation. Dieburger Straße, 1 km nach dem Ortsausgangsschild auf der rechten Seite, Parkplatz vorhanden. **Zeiten:** März – Okt bei schönem Wetter Mo – Sa 14 – 18, So, Fei 10 – 18 Uhr. **Preise:** Ponyreiten eine Runde zu 20 Minuten 4 €, Kutsche 8 €.

▶ Ihr könnt hier Ponys reiten und mit der Pony-Kutsche fahren. Darüber hinaus gibt es in der Nachbarschaft noch viele andere Freizeitmöglichkeiten – Boot fahren und Minigolf beispielsweise, und auch ein Restaurant ist vorhanden.

Habt ihr solche Spuren schon einmal gesehen? Bestimmt! Es sind nämlich ... -Spuren. Nein, nicht vom Wildschein.

Gärten, Tier- & Freizeitparks

Südländisches Flair in Darmstadts Süden

Orangerie in Bessungen. Anfahrt: Straba 3 Orangerie.

▶ Im 17. und 18. Jahrhundert war es an deutschen Fürstenhöfen Mode, Bäume mit den mediterranen Früchten Orange, Zitrone und Datteln in ihren Parks anzulegen. Da diese Bäume jedoch keinen Frost vertragen, wurden sie im Winter in angenehm warme Häuser umquartiert. Das waren große repräsentativ aussehende Bauwerke mit großen Fenstern, die Orangerie genannt wurden. Ein solcher Park wurde 1719 bis 1721 auch im Darmstädter Stadtteil Bessungen angelegt. Die Gewächse wurden mit der Kutsche von Sizilien herangeschafft. Heute werden im großen Saal im Südflügel der Orangerie Konzerte veranstaltet, im Westflügel hat sich ein Restaurant mit Gartenterrasse niedergelassen. Aber im barocken Parkgelände könnt ihr nach wie vor in der wärmeren Jahreszeit die »Südfrüchte« bewundern.

Dromedar, Tapir & Co.

Tiergarten Vivarium Darmstadt, Schnampelweg 4, 64287 Darmstadt. ✆ 06151/133394 (Infolinie), 133392 (Zooschule), 41002 (Förderverein Kaupiana), Fax 133393. www.darmstadt.de. **Anfahrt:** Ab Hbf Darmstadt Straba 2 bis Louisenplatz, dann K-Bus bis Botanischer Garten/Vivarium. **Zeiten:** April – Sept 9 – 19, Okt und Jan – März 9 – 18, Nov, Dez 9 – 17 Uhr, in den Sommermonaten regelmäßig Themenführungen, in den Wintermonaten interessante Vorträge. **Preise:** 3 €; Kinder 1 €. **Infos:** Freier Eintritt für Mitglieder des Fördervereins Kaupiana, Jahresbeiträge 16 €, Kinder und Jugendliche bis 18 Jahre 5 €, preiswerter Familienbeitrag.

Für die Minis von 2 bis 6 Jahren ist der kleine **Spielplatz** ein ganz nützlicher Freizeitpark, die Eltern können dort sitzen und entspannt die duftenden Bäume genießen.

Eine gute Hilfe für die Vorbereitung und den Rundgang ist der informative und preiswerte Zooführer.

▶ Der Darmstädter Zoo liegt nicht nur am Waldrand, sondern ist auch selbst schön grün. Über 700 Tiere aus über 150 Tierarten leben hier. Die Gehege sind teilweise recht geräumig, es sollen einigermaßen artgerechte Lebensbedingungen geboten werden.

Kinder, die Tiere lieben, können hier schon tolle Entdeckungen machen. Wiedersehensfreude kommt auf bei bekannten einheimischen Tieren wie Hauskaninchen, Ziegen, Stockenten, Hühnern, Graureihern, Wellensittichen oder sogar Uhus. Von anderen Zoobesuchen bekannt sind Känguru, Dromedar, Bison und Zebra. Im Vivarium seht ihr auch einige Tiere, die in deutschen Tiergärten ganz selten sind wie Seychellen-Riesenschildkröte, Krokodilschwanz-Höckerechse, Mönchsgeier, Kleiner Vasapapagei, Schopfmakake und Binturong – klingt interessant, oder?

Zu den **Lieblingsorten** vieler Kinder gehören die Terrarien, das Haus der Schildkröten, Geckos, Leguane, Skinke und Schlangen, wo es so viele ausgesprochen urtümlich aussehende Tiere gibt. Im Affenhaus erwecken die Affenkinder die Neugier der Menschenkinder.

Für die Kleinen ist der kleine **Streichelzoo** mit den Zwergziegen am Nordrand des Geländes ein begehrtes Ziel, praktischerweise nahe beim Picknickplatz mit Tischen und Bänken.

Minigolf in Darmstadt und Umgebung

An folgenden Orten habe ich Minigolfplätze entdeckt:

SG Arheilgen, Auf der Hardt 80, Darmstadt, Ortsteil Arheilgen, ℂ 06151/132071.

Prinz-Emil-Garten, Niederstraße 27, Darmstadt-Bessungen, ℂ 06151/664890 oder

Hunger & Durst

Snacks gibt's im **Café Eulenpick** rechts neben der Kasse, wo es auch Toiletten gibt. Größere Mahlzeiten ab 10 € gibt's im **Ristorante Vivarium** links neben dem Besuchereingang. Bei beiden könnt ihr im Freien sitzen.

DARMSTADT & UMGEBUNG

63278, April – Sept Mi – So ab 13 Uhr. 1,50 €, 10er-Karte 14, Kinder 1 €, 10er-Karte 9,50 €; viele Bäume.

Steinbrücker Teich, Dieburger Straße 257, Am Oberwaldhaus, Darmstadt, ☎ 06151/951500. 2,50 €, Kinder ab 6 Jahre 1,50 €, Gruppenrabatt.

Braunshardter Tännchen, am Ende des Klein-Gerauer-Weges;

Weiterstadt: Erholungsgebiet mit Waldspielplatz und Grillhütte.

Freizeitzentrum am Steinbrücker Teich und Ausflugslokal Oberwaldhaus

Dieburger Landstraße 257, Darmstadt. www.freizeit-park-darmstadt.de. kontakt@freizeitpark-darmstadt.de. **Anfahrt:** Bus F bis Oberwaldhaus. **Zeiten:** Anfang April – Anfang Okt Minigolfanlage, Tret- und Ruderbootverleih 10 – 19 Uhr (witterungsabhängig).

▶ Auch wenn im Steinbrücker Teich nicht gebadet werden darf, können Kinder jedoch viel unternehmen: Ruder- und Tretboot fahren, den See umwandern, Minigolf spielen, Pony reiten, mit der Ponykutsche fahren und vor allem auf dem Bolzplatz kicken oder auf dem gut eingerichteten Spielplatz werkeln. Wer die entsprechenden Utensilien mitbringt, kann Tischtennis spielen, während die anderen die Würstchen auf den Grill legen. Hier kann man locker einen ganzen Tag verbringen, kein Wunder, dass der von Wald umgebene Freizeitpark von vielen Familien aus Darmstadt und Umgebung immer wieder angesteuert wird. Sie sind jedoch keineswegs allein unter sich, denn hier gibt es noch das stark frequentierte Restaurant und Ausflugslokal Oberwaldhaus mit sommerlichem Biergarten unter schattigen Bäumen. Viele Rad- und Wanderwe-

Hunger & Durst

Café-Restaurant Oberwaldhaus, Dieburger Straße 257, ☎ und Fax 06151/712266, www.oberwaldhaus-darmstadt.de, Mo – So 11 – 24 Uhr, geschlossen 1.1., 24.12. Geräumig, Deutsche und Balkan-Spezialitäten sowie Gegrilltes. Neben dem Restaurant Kiosk für den kleinen Hunger und Durst, auch Eis.

ge führen hierher – aus dem Darmstädter Osten, von Arheilgen, Kranichstein, Messel und Dieburg.

Aktivspielplatz im Herrngarten

☎ 06151/712022. **Anfahrt:** ↗ Landesmuseum.
Zeiten: ganzjährig Mo – Fr 13 – 18 Uhr, Ferien Mo – Fr 11 – 17 Uhr, Mo Jungentag, Di Mädchentag.
▶ Der Aktivspielplatz am Westrand des Herrngartens ist recht groß und auch ein wenig urwüchsig. Es gibt eine Seilbahn und einen Bolzplatz. Der Verleih bietet Geräte für Basketball, Fußball, Tischtennis, Skateboard und Rollschuhlauf. Es besteht sogar ein Extra-Lagerfeuerplatz, für den ihr Holz zum Verbrennen bekommt!

Viel los ist bei den Oster-, Sommer- und Herbs-**Ferienspielen:** Beschafft euch rechtzeitig das Programm!

Freizeitgebiet Bürgerpark Nord

Alsfelder Straße, Darmstadt. **Anfahrt:** Bus 4, 5 bis Eissporthalle.
▶ Der Bürgerpark Nord ist eines der wichtigsten Sport- und Erholungsgebiete der Stadt. Es gibt mehrere Sport- und Bolzplätze, zwei Kinderspielplätze für unterschiedliche Altersgruppen, Grillplätze, eine Minigolfanlage, die Eislaufhalle, das Freibad DSW und das Hallenbad Nord. Ihr könnt hier also zu allen Jahreszeiten einiges unternehmen.

Kinder- und Jugendfarm Darmstadt e.V.

Maulbeerallee 59, 64289 Darmstadt. ☎ 06151/ 718781 (Helga Feyerabend). **Anfahrt:** Straba 6, 7, 8 Gleisschleife. **Zeiten:** Mo, Mi, Fr, Sa 15 – 18 Uhr, zwei Betreuerinnen. **Preise:** Kinder 2 – 14 Jahre 1 €, Hauptgruppe sind jedoch Mitglieder, die im Jahr 80 € zahlen, Familienmitgliedschaft 100 €. **Infos:** auch Angebote für Schulklassen und Kindergartengruppen.

Hunger & Durst

Am Rande des Bürgerparks Nord befindet sich der **Bayerische Biergarten,** Kastanienallee 4, 64289 Darmstadt, ☎ 06151/ 711163, www.bayerischer-biergarten.de. Ihr könnt hier unter Kastanien bayerische Spezialitäten essen. Für die Kinder gibt es einen Spielplatz und ein kleines Tiergehege.

Die Tiere werden artgerecht gehalten, im Rahmen des Kinder-Umwelt-Diploms des Umweltamtes Darmstadt ist die Kinder- und Jugendfarm eine Station. Insgesamt zielt deren Arbeit auf eine Sensibilisierung für die Bedürfnisse der Tier- und Pflanzenwelt ab.

▶ Spannende Mischung aus Naturerlebnisraum und Abenteuerspielplatz. Auf dem weitläufigen Gelände findet ihr Koppeln, Schafweiden, ein Feuchtbiotop und eine Obstbaumwiese. Auf ihnen sind Ponys, Esel, Hasen, Ziegen, Schafe, Katzen, Meerschweinchen, Hühner und Enten zu Hause. Ihr könnt auf Ponys reiten, auf dem Tastpfad gehen, Tiere füttern, im Garten säen und ernten, Hütten bauen, Feuer machen, im Schlamm matschen und vieles, vieles andere.

Spiel & Spaß, rotzfrech

Das Rotzfreche Spielmobil, Rhönring 111, 64289 Darmstadt. ✆ 06151/9187-65, Fax 9187-66. www.falken-darmstadt.de. spielmobil@falken-darmstadt.de. **Anfahrt:** Mai – Okt Mo – Do oder Fr nach Standort zwischen 14 – 18, 11 – 18 oder 12 – 17 Uhr. **Infos:** Standorte und Termine auf einem Faltblatt.

▶ Von Mai bis Oktober sind Bus und Hänger des Rotzfrechen Spielmobils schwer bepackt mit Spielgeräten in der Stadt unterwegs. Es lässt sich auf Spielplätzen und öffentlichen Plätzen nieder, baut für euch seine Rollenrutsche, seinen Schminkstand auf, holt seine vielen Spiele heraus und packt seine Hämmer, Zangen, Nägel und vielen anderen Sachen aus – und los kann es gehen mit dem Toben und Spielen.

Freizeitanlage Spießfeld

1,5 km westlich von Dieburg. **Anfahrt:** Bus K71, VU5501, 5502, 5507, 5509, 5510 bis Aubergenviller Allee.

▶ Die Freizeitanlage Spießfeld gruppiert sich um einen Teich. Originellstes Spielgerät ist die Riesenraupe. Es ist reichlich Platz für Ballspiele und Picknick, auch ein Kiosk ist vorhanden.

Grillplätze und -hütten

Bürgerpark, Kastanienallee 27, gegenüber dem Bayerischen Biergarten, Herr oder Frau Klasse ✆ 06151/719530 oder 0177/4633357, Grillplatz mit Hütte, Außengrill, Geschirr für 50 – 60 Personen, 100 € pro Tag plus Strom, 50 € Kaution, lange im Voraus reservieren!

Kranichsteiner Straße, Ziegelbusch, TG 1875 Darmstadt, ✆ 0171/6704815, lange im Voraus reservieren! Grillplatz mit Hütte, Geschirr für 60 Personen, Außenbereich mit 10 Biertischgarnituren, 103 € pro Tag plus Strom, Soft-Getränke sind von der TG 1875 zu übernehmen.

Am Spielplatz Oberförsterwiese im Wald Grillplatz mit offener Hütte für 50 Personen, Holzkohlegrill, Tische, Bänke. Alu-Folie mitbringen, Anm. nicht erforderlich, da alles spontan belegt wird, möglich, dass der Platz mit anderen zu teilen ist.

Steinbrücker Teich, Grillplatz am Ostufer, lediglich Grillstelle mit Wiese, frei zugänglich, manchmal aber wegen großer Veranstaltungen nicht nutzbar, Info: ProRegio ✆ 06151/95150-0.

Darmstadt-Eberstadt, Nußbaumallee 67a gegenüber VFR Sportplatz, IG Eberstädter Vereine, Frau Faber, ✆ 06151/132425, Grillplatz mit Hütte, Elektrogrill innen und Außengrill, Geschirr für 100 Personen, Mai – Aug 100 € pro Tag plus Strom und Wasser, Sept – April 120 € pro Tag plus Strom, Wasser und Heizung, Getränke müssen über die Vermieter bestellt werden. Buchen weit im Voraus erforderlich!

Wintersport

In Darmstadt und Umgebung gibt es nur kleine Hügel ohne viel Gefälle. Die Rodelprofis fahren selbstverständlich in den Odenwald. Das gilt erst recht für Alpinski und Skilanglauf. Ganz anders sieht es dagegen beim Eislaufen aus, denn die weitaus beste Möglichkeit dafür bietet ja nun mal die Darmstädter Eislaufhalle. Nicht zu verachten ist auch die Roßdorfer Kunsteisbahn am Freibad.

Rodeln

Aktivspielplatz Herrngarten, ganz leichter »Rodelberg«;

Schuttberg im Bürgerpark Nord, ebenfalls eine ganz leichte Rodelabfahrt;

Mainzer Berg, 3,5 km westlich von Dieburg, anspruchsvoller, am Sonntag Essen und Getränke im nahe gelegenen Naturfreundehaus Mainzer Berg.

Eissporthalle Darmstadt

Bürgerpark Nord, Alsfelder Straße 45. ℡ 06151/77790, www.darmstadt-online.de/eissporthalle.
Anfahrt: Straba 4, 5 Eissporthalle. Parkplätze beim Nordbad und Messplatz. **Zeiten:** Ende Sept – Anfang April Mo – Fr 9 – 13, 14 – 17 Uhr, Mi auch 20 – 23, Do auch 19 – 21.30, Fr auch 19 – 22 Uhr, Weihnachtsferien Mo – Fr durchgehend 9 – 17 Uhr, Sa 9 – 12, 15.30 – 19, 19.30 – 23 und So 10 – 18 Uhr, Kassenschluss 40 Min vor Laufzeitende. **Preise:** 4,50 €, 5er-Karte 18 €; Kinder bis 17 Jahre 3 €, 5er-Karte 13,50 €; Ermäßigung für Kindergärten und Schulklassen. **Infos:** Schlittschuhverleih 3,50 € gegen Personalausweis als Kaution, Schlittschuhschleifen 4 €.

▶ Wie der Wind über die große spiegelglatte Eisfläche zu fegen, ist schon eine Riesensache.

Alice Selinger, *Odenwald mit Kindern,* Peter Meyer Verlag, 336 S., 12,95 €. Das ist der ergänzende Ausflugsführer für Darmstadt und die Bergstraße bis Heidelberg, den ganzen Odenwald bis zum Main sowie den Neckar bis Mannheim.

Happy Birthday!
Alle Geburtstagskinder bis 100 Jahre haben freien Eintritt. Ausweis mitbringen!

Bis ihr so sicher und schnell laufen könnt, müsst ihr aber schon fleißig üben. Noch mehr Zeit braucht ihr, wenn ihr es auch zu kunstvollen Pirouetten und Sprüngen bringen wollt.

Kunsteisbahn am Freibad Roßdorf

Schulgasse 24, 64380 Roßdorf. ✆ 06154/696853, www.rossdorf.de. freizeitzentrum@rossdorf.de. **Zeiten:** Nov – März so lange die Außentemperaturen nicht über +10 Grad liegen. **Preise:** Kinder 1,50 €, nach 16 Uhr Eintritt frei.

▸ Rutschen, gleiten, drehen, tanzen und springen, alles im Freien mit Blick auf die Kirche.

Bahnen & Burgen

Im Datterich-Express durch Darmstadt

HEAG Kundenzentrum, Louisenplatz 6, 64283 Darmstadt. ✆ 06151/7094168, Fax 7092981. www.heag.de. verkehr@heag.de. **Anfahrt:** Bus- und Straßenbahnknotenpunkt Louisenplatz. **Preise:** 3 Std Triebwagen 214 €, mit Anhänger 275 €, Drei-Wagen-Zug 340 €.

▸ Mit der Straßenbahn von Annodazumal mal drei Stunden kreuz und quer durch ganz Darmstadt und bis Alsbach und Arheilgen zu rattern, ist schon ein besonderes Erlebnis. Je nach Zahl der Gäste und deren Zusatzwünsche wird entweder lediglich mit dem Triebwagen (22 Sitze) gefahren oder mit einem ganzen Zug (weitere Sitzplätze, Bar, Freifläche). Musik sorgt für Stimmung, Speisen und Getränke an Bord runden das Erlebnis ab.

HANDWERK UND GESCHICHTE

DARMSTADT & UMGEBUNG

Mit der Dampfbahn von Kranichstein zum Bessunger Forsthaus

Steinstraße 7, 64291 Darmstadt-Kranichstein.
℡ 06151/376401, 377600 (Info), Fax 377600.
www.museumsbahn.de. museumsbahn@t-online.de.
Anfahrt: ↗ Eisenbahnmuseum Kranichstein. **Infos:** Termine im Internet, Jahresprogramm auch als Faltblatt.

▶ Das **Kranichsteiner Eisenbahnmuseum** unternimmt tolle Sonderfahrten mit seinen dampfenden Oldies. Da sind einmal die Touren mit der **Dampfeisenbahn** auf der Museumsstrecke von *Darmstadt-Ost* zum *Bessunger Forsthaus* an mehreren Tagen im April, am 1. Mai, am 3. Oktober und am 4., 5. und 6. Dezember (Nikolaus) – einfache Strecke 15 Minuten.
Und da sind ferner die Touren mit der **Dampfstraßenbahn** von *DA-Eberstadt* nach *Alsbach* (So, Fei Mitte Mai/Mitte Juni) bzw. *DA-Schloss* nach *Griesheim* (Sa, So Ende August/September).

Bitte einsteigen!

Roßdorfer Garteneisenbahn, REC Roßdorfer Eisenbahnclub 1983 e.V., Heinz-Jürgen Neuhaus, Steinweg 20, 64807 Dieburg. ℡ 06071/32476, 1798, www.rossdorfer-eisenbahnclub.com. **Zeiten:** ↗ Homepage. **Infos:** Fahrveranstaltungen: Bahnhof, Holzgasse, 64380 Roßdorf.

▶ Der Club hat auf dem ehemaligen Bahngelände hinter dem alten Roßdorfer Bahnhof eine Gartenbahn Spur 5 eingerichtet. Auf der 700 Gleismeter langen Strecke mit 13 Weichen verkehren Dampf-, Elektro- und Benzinloks. Nicht nur Kinder dürfen auf den kleinen Wagen mitfahren. Aber diesen bereitet das besonders großen Spaß. Von Frühjahr bis Herbst wird an ausgewählten Tagen gefahren.

Gruseln auf Burg Frankenstein

www.burg-frankenstein.de. info@burg-frankenstein.de.
Anfahrt: Von der Innenstadt/Luisenplatz mit den Straßenbahnen 1, 6, 7, 8 bis Eberstadt, Haltestelle an der Kirche, weiter **zu Fuß,** ausgeschildert. 3,5 km mit »B« markierter Wanderweg durch Wald, erst leicht, dann steil bergan. **Auto:** Südlich von Eberstadt an der B3. Während des Festivals Sperrung der Auffahrt zur Burg, dafür Bus-Shuttle von Parkplätzen im Industriegebiet Pfungstadt.

▶ Auf dem steilen Eberstadter Hausberg wurde in hochmittelalterlicher Zeit 1252 eine Burg namens Frankenstein errichtet, die im Laufe der Zeit zu einem massiven Bollwerk erweitert wurde. Später – ab dem 17. Jahrhundert – als sie mittlerweile jegliche Funktion verloren hatte, wurden große Teile der Burg als Steinbruch benutzt und die Steine woanders verwertet. Mitte des 18. Jahrhunderts war die Vorburg abgetragen und die ältere Kernburg im Verfall begriffen. Dann kam das 19. Jahrhundert und mit ihm die Burgenromantik. Nun wurde landauf, landab altes Gemäuer wieder instand gesetzt, um es zu bewundern. Die Burg Frankenstein gehörte dazu. Meist wurde es mit der Rekonstruktion nicht allzu genau genommen. Das war auf dem Eberstädter Hausberg nicht anders. Beispielsweise ist der nördliche Turm ein Stockwerk höher ausgefallen und auch die beiden ins Auge springenden Turmhelme dürften ehemals anders ausgesehen haben. In den späten 1960er Jahren kam als letzte Bausünde der stil- und geschmacklose Restaurantbau hinzu. Gemeinhin neigen Besucher freilich zum Verzeihen, wenn sie verschwitzt und hungrig auf dem Gipfel eintreffen und hier gemütlich kulinarisch Bedürfnisse stillen können. Zur Versöhnung trägt auch

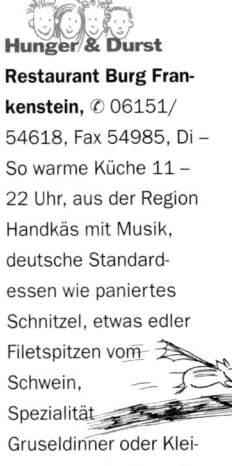

Hunger & Durst

Restaurant Burg Frankenstein, ✆ 06151/54618, Fax 54985, Di – So warme Küche 11 – 22 Uhr, aus der Region Handkäs mit Musik, deutsche Standardessen wie paniertes Schnitzel, etwas edler Filetspitzen vom Schwein, Spezialität Gruseldinner oder Kleiner Vampir, Preise mittel bis gehoben.

der schöne Blick auf Darmstadt, die Rheinebene und die Frankfurter Skyline bei.

Über die Burg werden viele **Gruselgeschichten** erzählt. Das ist natürlich »Burgenlatein«; aber an den Wochenenden Ende Oktober und Anfang November herrscht hier vorübergehend tatsächlich Gruselei. Dann ist nämlich anlässlich des Halloween-Festes auf der Burg eine Bühne aufgebaut, auf der es Schauspieler – Amateure und Profis – Gruseln lassen, Vampire und Hexen ihr Unwesen treiben. Nachmittags wird sogar ein Extra-Kinder-Halloween – sozusagen »Grusel-Light« – veranstaltet.

Wie dem auch sei, für Kinder ist die Burg zu jeder Zeit interessant. Sie können im Burghof fantasievoll Ritterspiele betreiben und den mächtigen Wohnturm besteigen.

Wenn ihr dann noch genügend Energiereserven habt, könnt ihr auf dem spannenden **Naturlehrpfad** den Burgberg umrunden. Er ist 3 km lang, gut mit großem gelbem L markiert und abwechslungsreich, u.a. mit Riechgarten, Barfußpfad, Baumuhr, Laubtunnel, Teich mit Spielplatz, und Picknickplatz.

Museen & Grube Messel

Für jeden etwas im Hessischen Landesmuseum

Hessisches Landesmuseum, Friedensplatz 1, 64283 Darmstadt. ✆ 06151/165703, 165732 (Sa, So), Fax 28942. www.hlmd.de. info@hlmd.de. **Anfahrt:** Straba 2, 3, 9, Bus F, H, K, L, Regionalbus K55, K56, 5501 – 5503, 5507, 5510, 5512 bis Schloss. Parkmöglichkeiten in der Schloss-Tiefgarage im Zentrum. **Zeiten:** Di – Sa 10 – 17, Mi 10 – 20, So 11 – 17 Uhr. **Preise:** 2,50,

Jahreskarte 25 €; Kinder 1,20 €, Jahreskarte 12,50 €; freier Eintritt ab 16 Uhr, Mi 15 – 20 Uhr.

Infos: Programmheft vierteljährlich; Unterricht im Museum, Workshops für Schulen, Lehrerfortbildung.

▶ Das Darmstädter Landesmuseum gehört zu den ältesten und materialreichsten Museen Deutschlands. Es ist vom Typ des Universalmuseums, d.h. dass es sehr viele Gebiete umfasst. Ein solches Museum könnt ihr nicht im Schnellverfahren in wenigen Stunden durcheilen. Besser kommt ihr immer mal wieder und setzt euch jeweils einen Schwerpunkt. Für Kinder ist z.B. die zoologische Sammlung ein spannendes und weites Feld. Ihr könnt euch zunächst mal die Tiere aus Hessen vornehmen und später eure Neugier auf andere Regionen der Erde ausdehnen, etwa die Tierwelt der Alpen, der Galapagos-Inseln oder des Amazonas oder Madagaskars. Alles ist detailliert dargestellt. Genauso spannend geht es in der Sammlung Geologie/Paläontologie zu, zu entdecken gibt es hier u.a. die Rekonstruktion eines Rudistenriffs, einer eigenartigen Muschel, die einmal für 60 bis 70 Mio Jahre die warmen, flachen Meeresräume der Tropen und Subtropen dominierte, oder die 49 Mio Jahre alten Versteinerungen aus der Grube Messel, insgesamt 16.000 Funde, darunter das weltberühmte Urpferdchen.

Das Hessische Landesmuseum bietet ein interessantes Programm für Kinder.

Museum Jagdschloss Kranichstein

Stiftung Hessischer Jägerhof, Kranichsteiner Straße 261, 64289 Darmstadt-Kranichstein. ✆ 06151/718613, Fax 732332. www.Jagdschloss-Kranichstein.de. Hessischer.Jaegerhof@t-online.de. **Anfahrt:** Bus U Jagdschloss Kranichstein, Bus F Oberwaldhaus

Abteilungen:
• Ur- und Frühgeschichte, griechische und römische Archäologie,
• Mittelalterliche Elfenbeinarbeiten und Altargemälde,
• Glasmalerei vom Mittelalter bis zum 20. Jahrhundert,
• Malerei, Plastik und Kunstgewerbe von der Renaissance bis zur Gegenwart,
• Physikalisches Kabinett und historische Musikinstrumente,
• Grafische Sammlung,
• Zoologische Sammlungen,
• Geologisch-Mineralogische Sammlungen,
• Paläontologische Sammlungen (Fossilien der Grube Messel),
• Werkkomplex Joseph Beuys.

Hunger & Durst

Ristorante Pizzeria Reiterschänke da Vito, Kranichsteiner Straße 252, ☎ 06151/669606. Mi – Mo 11.30 – 14.30, 18 – 24 Uhr. Nicht so teuer wie das Restaurant im Jagdschloss.

Knüller: **Kutschfahrten in der historischen Postkutsche** rund um den Backhausteich und im Schlosspark, Dauer ca. 1/2 Std, 2,50 € pro Kopf, in der geschlossenen Kutsche bis 6, in der Kutsche mit offenem Anhänger bis 12 Personen. Nur sehr selten, Termine erfragen!

plus 15 Gehminuten durch Wald. **Zeiten:** April – Okt Mi – Sa 13 – 18, So, Fei 10 – 18, Nov – März Mi – Sa 14 – 17, So, Fei 10 – 17 Uhr, So öffentliche Führungen mit thematischem Schwerpunkt, Themen und Termine im Internet. **Preise:** 2,70 €; Kinder 1,60 €; Familie 7,50 €.

▶ Im ehemaligen Jagdschloss Kranichstein ist ein Museum untergebracht, in dem sich alles um die Geschichte der Jagd dreht. Das beginnt in der Steinzeit und reicht bis in die Gegenwart. Jagdgeschichte wird hier aus der Perspektive der Herrschaft der Menschen über die Tierwelt geschrieben, wie sie auch im christlichen Weltverständnis gepflegt wird. Da ist es ganz selbstverständlich, dass Menschen auf Tiere Jagd machen dürfen und sie sogar ungestraft töten. Das ist jedoch nicht in allen Kulturkreisen so. Die Buddhisten etwa sehen alle Lebewesen als gleich an und lehnen die Jagd auf Tiere ab.

Im Museum wird recht viel für Kinder getan. Es gibt Führungen durch die Dauerausstellung, Begleitprogramme zu Sonderausstellungen und allerlei Lesungen und Workshops für Einzelbesucher zu feststehenden Terminen und Aktivitäten für Schulklassen nach Absprache.

Modelleisenbahnbau in Kranichstein

Der MoBaTrain, Gruppe Modellbahn & Ausstellung, 64291 Darmstadt-Kranichstein. www.mobatrain.de. mobatrain@aol.com. **Anfahrt:** ↗ Museum Kranichstein. **Zeiten:** Genaue Termine im Internet. **Infos:** Karl Assmann, Schulgasse 34, 64380 Roßdorf, ☎ 06154/9000 ab 14 Uhr, Fax 9000.

▶ Im Eisenbahnmuseum haben die Modelleisenbahnfreunde einen richtigen Eisenbahnzug für sich ganz alleine, den **MoBaTrain**, in dessen vier Wagen sie herrlich viel Platz für die Anlage von Modelleisenbahnen haben. Schon seit 1985 existiert eine große HO-Anlage, die seit 1991 vollautomatisch läuft, aber auch manuell betrieben werden kann. Zur Vorführung stehen 100 Lokomotiven und Triebwagen sowie 240 Personen- und Güterwagen zur Verfügung. Die Anlage ist 18,50 m lang und 1,80 m breit, es gibt 5 Bahnhöfe, die Gleise sind 200 m lang und liegen auf echtem Schotter. Inzwischen gibt es eine ganze Reihe von weiteren Bahnen, die alle ihre Besonderheiten haben. Ihr könnt diese wunderbaren Modelleisenbahnen zu den *Kranichsteiner Eisenbahntagen* am 4. Mai-Wochenende, zum *Dampflokfest* im Eisenbahnmuseum Mitte September, während der *Kranichsteiner-Modellbahntage* am 3. November-Wochenende sowie *»zwischen den Jahren«* im Betrieb sehen.

Tipp: Ihr könnt bei MoBaTrain mitarbeiten, meldet euch bei den Eisenbahnfreunden!

Eisenbahnmuseum Kranichstein

Museumsbahn e.V., Steinstraße 7, 64291 Darmstadt-Kranichstein. ✆ 06151/376401, 377600 (Info), Fax 377600. www.museumsbahn.de. info@museumsbahn.de. **Anfahrt:** RB 63 Darmstadt Hbf – Babenhausen bis Bhf. Kranichstein, Straba 4, 5 bis Bhf Kranichstein. **Zeiten:** April – Sept Mi, So 10 – 16, Okt – März So 10 – 16 Uhr sowie Karfreitag, Ostermontag, 1. Mai, Pfingstmontag und Fronleichnam, Führungen, Gruppen ab 20 Personen vorher anmelden, Führungen zu anderen Terminen für Gruppen, Schulklassen n.Vb, mindestens 14 Tage vorher anfragen. **Preise:** 4 €, an Dampftagen 5 €; Kinder 4 – 14 Jahre 2 €, an Dampftagen 2,50 €; Familien (2 Erw., bis 3 Ki.) 10 €, an Dampftagen 12 €. **Infos:** Termine im Internet.

▶ In dem mit viel ehrenamtlichem Engagement von dem kleinen Verein Museumsbahn e.V. auf dem Gelände des ehemaligen Bahnbetriebswerks Darmstadt aufgebauten Eisenbahnmuse-

um könnt ihr zahlreiche Lokomotiven und Waggons aus früheren Eisenbahnzeitaltern bestaunen: 14 Dampf-, 13 Diesel- und 4 Elektrolokomotiven, 3 Triebwagen und mehr als 100 Wagen, die ältesten Dampfloks stammen sage und schreibe von 1887 und 1893.

Alle sind sie schrottreif hierher gekommen und wurden dann in mühevoller Kleinarbeit wieder instand gesetzt. Da der Verein klein ist und auch nicht durch staatliche Gelder unterstützt wird, bleibt noch sehr viel zu tun.

Außer den zahlreichen Lokomotiven und Wagen gibt es auf der Führung Signalanlagen, eine große Modelleisenbahn und eine Ausstellung zur Geschichte der Fahrkartenautomaten zu sehen.

Besonders lohnend sind Besuche an den von April bis September veranstalteten **monatlichen Dampftagen** (1. So im Monat außer im Mai), dann könnt ihr nämlich sogar eine Dampflokomotive bei vollem Betrieb kennen lernen. Einen Riesenspaß bereiten neugierigen jungen Eisenbahnfreaks ferner die **Kranichsteiner Eisenbahntage** mit ihrem großen Sonderprogramm (Do – So am 4. Mai-Wochenende), das Dampflokfest (3. Sept-Wochenende) und die Kranichsteiner Modellbahntage (3. Nov-Wochenende).

Schließlich unternimmt das Eisenbahnmuseum eine Reihe von **Dampfbahnsonderfahrten** auf der Hausstrecke von Darmstadt-Ost zum Bessunger Forsthaus (4,7 km, Dauer 15 Minuten), aber auch auf anderen Strecken. Besonders beliebt sind die **Nikolausfahrten** vom Darmstädter Hauptbahnhof, die Fahrkarten solltet ihr euch schon frühzeitig beschaffen!

Museum Ober-Ramstadt

Altes Rathaus, Grafengasse, 64372 Ober-Ramstadt.
✆ 06154/1797. **Zeiten:** So 14.30 – 17.30, Mo 19.30
– 21.30 Uhr sowie n.Vb.

▶ Ein ausgesprochen interessantes Ziel für
Technikfreunde unter den Kids ist das Museum
Ober-Ramstadt, denn zu seinen Schwerpunkten
gehört eine Abteilung, in der ihr unglaublich
viel über die Handwerke »von früher« sehen
könnt: Schmiede, Wagner, Schuhmacher, Küfer,
Pumpenmacher etc. Erstaunlich, wie viele spezielle Werkzeuge es damals gab.

Wundersames Urpferdchen:
Fossilien- und Heimatmuseum Messel

Langgasse 2, 64409 Messel. ✆ 06159/7157-0,
www.messel.de. 9 km nordöstlich von Darmstadt.
Anfahrt: Bus U von Darmstadt/Mathildenplatz oder
vom Bhf. Messel bis Rathaus. Rad: Auf waldreichen
Radtouren auf markierten Radwegen von Darmstadt,
Wixhausen, Erzhausen, Egelsbach, Dieburg, Eppertshausen, Rödermark gut erreichbar. **Zeiten:** Mai – Okt
Di – So 14 – 17, Nov – April Sa 14 – 16, So 10 – 12,
14 – 16 Uhr. April – Okt für Gruppen Führungen durch
die Grube Messel nach Vereinbarung unter ✆ 06159/
5119. **Preise:** Eintritt frei.

▶ In Messel wurde beim Abbau von Ölschiefer
in dieser kompakten Erdschicht außerordentlich
gut erhaltene Fossilien von Tieren und Pflanzen
aus einer 49 Mio Jahre zurückliegenden Zeit gefunden. Das war die Epoche nach dem Unter-
gang der Dinosaurier und der rasanten Entwicklung der Säugetiere. Entsprechend geben die
Versteinerungen einen faszinierenden Einblick
in frühe Vorfahren heutiger Tiere und Pflanzen.
Die Region lag damals in den Tropen, die Fauna
und Flora war üppig.

 Weitere Mu-
seen in Darm-
stadt und Umgebung:
Industriemuseum Darm-
stadt, Wellamuseum
Darmstadt, Dorfmuse-
um Darmstadt-Wixhau-
sen, Kreis- und Stadt-
museum Dieburg,
Städtisches Museum
Pfungstadt, Kulturhisto-
risches Museum Roß-
dorf, Stein- und Beinmu-
seum Weiterstadt-Grä-
fenhausen.

Die berühmtesten Fossilien von Messel sind die Urpferdchen, katzen- oder fuchsgroße Urwaldbewohner, die in der Gestalt aber durchaus heutigen Pferden ähneln. Andererseits bestehen aber – nicht nur in der Größe – deutliche Unterschiede, so waren die Urpferdchen noch keine Paarhufer. Außer den Urpferdchen findet ihr in dem kleinen Museum im malerischen Fachwerkhaus u.a. noch Fossilien urtümlicher Vorläufer von Halbaffen, Krokodilen, Fledermäusen, Fischen und Vögeln. Diese Sammlung macht das Museum zum Pilgerort von Schulklassen und Wissenschaftlern.

Ansonsten gibt es noch einen informativen Überblick zum ehemaligen Messeler Braunkohle- und Ölschieferabbau sowie der Ölverarbeitung.

Schatz der Naturgeschichte: Grube Messel

Anfahrt: Vom Bhf Messel (RB 63 Darmstadt Hbf – Babenhausen) zu Fuß oder per Rad 3 km in zunächst südlicher und dann östlicher Richtung, ausgeschildert.

Zeiten: Plattform jederzeit zugänglich; Führungen durch die Grube ↗ Fossilien- und Heimatmuseum Messel.

▶ Nach dem Ende des Tagebaus im Jahre 1971 blieb in Messel eine Riesengrube zurück, 70 m tief, in Nord-Süd-Richtung 1000 m lang, in Ost-West-Richtung 700 m breit. Bald darauf wurden sensationelle Fossilien-Funde gemacht, gleichzeitig wollte die Hessische Landesregierung in dem Loch eine riesige Mülldeponie anlegen. Nach jahrelangem Widerstand örtlicher Bürgerinitiativen wurde diese Pläne 1990 aufgegeben. An der Südwestseite des durch einen Zaun abgesperrten ehemaligen Grubengeländes ist eine

Aussichtsplattform angelegt worden, von der ihr einen hervorragenden Ausblick über das gesamte Gebiet habt. Infotafeln helfen euch, Übersicht zu gewinnen. Mittlerweile ist in die zurückgelassene Mondlandschaft eine artenreiche Flora und Fauna mit ganz unterschiedlichen Biotopen eingezogen.

Fenster zur Urzeit, Weltnaturerbe Grube Messel, 72 S., 2,50 €, erhältlich im Fossilien- und Heimatmuseum Messel. Für die Eltern.

Tanz, Kino, Flohmarkt für Kinder

Tanz & Ballett in Darmstadt & Pfungstadt

Ballett-Werkstatt Claudia Sauter, Mathildenplatz 5, 64283 Darmstadt, ✆ 06151/292822, Tänzerische Frühausbildung ab 4, Grundausbildung ab 6 Jahre.

Harlekin Tanz & Gymnastik, Ludwigstraße 10a, 64283 Darmstadt, ✆ 06151/20020.

MüllerMerkt, Neckarstraße 14, 64283 Darmstadt, ✆ 06151/9515960, www.muellermerkt.de, muellermerkt@t-online.de, Kindertanz ab 4 Jahre.

Werkstatt für Gymnastik & Tanz, Wormser Straße 2a, 64319 Pfungstadt, ✆ 06157/6274, www.wgt-klimmeck.de, info@wgt-klimmeck.de, musikalische Früherziehung ab 4 Jahre.

Kinderkino & Kinderflohmarkt

CinemaxX, Goebelstraße 11, Darmstadt, ✆ 06151/870590, www.kinos-darmstadt.de.

Helia Kino Center, Wilhelminenstraße 9, Darmstadt, ✆ 06151/29789.

Nachbarschaftsheim Darmstadt, Schlösschen im Prinz-Emil-Garten, Heidelberger Straße 56, 64285 Darmstadt, ✆ 06150/63278, Büro Mo – Fr 8 – 12 Uhr, ein- bis zweimal im Mo-

BÜHNE, LEINWAND & AKTIONEN

Vi mit limit'x hil'mi

nat Mo 15 Uhr Kino für Kinder ab 6 Jahre, alle drei Monate Programmheft.

Staatstheater-Cinemafoyer, Georg-Büchner-Platz 1, Staatstheater Darmstadt, 64283 Darmstadt, regelmäßig im Foyer des Großen Hauses montagabends Filme, manchmal auch für Kinder, monatliches Programm erhältlich per eMail: cinemafoyer@friemann.de.

Weiterstadt: Kommunales Kino, im Bürgerzentrum, Zugang Carl-Ulrich-Straße, 64331 Weiterstadt, ✆ 06150/12185 oder 189712, www.weiterstadt.de/koki, am letzten Sa im Monat Filme für Kinder ab 6 Jahre, gelegentlich Kinderfilm mit Familienfrühstück oder sogar Kinderkinowochen.

Kinderflohmarkt auf dem Marktplatz

Am Schloss im Zentrum. **Anfahrt:** ↗ Schloss/Landesmuseum. **Zeiten:** Termine beim Jugendamt sowie in der Presse. **Infos:** Frau Lange vom Jugendamt, ✆ 06151/13-2536, Mo – Fr 8 – 12 Uhr.

▶ Von Mai bis September findet ca. einmal im Monat sonntags auf dem Darmstädter Marktplatz von 10 – 14 Uhr ein Flohmarkt von Kindern für Kinder statt. Organisator ist das Jugendamt. Kinder dürfen nur so viel mitbringen, wie sie selbst tragen können. Es dürfen keine Tische oder ähnliches aufgebaut werden, die Gegenstände sollen vielmehr auf einer Iso-Matte oder Wolldecke ausgebreitet werden. Zum Verkauf kommen Spielsachen, Kleider, Bücher, Comics und was sich sonst so angesammelt hat.

Achtung!: Kriegsspielzeug ist unerwünscht! Richtig so!

Theater zum Gucken & Mitmachen

Staatstheater Darmstadt – Kindertheater

Theater im Kontakt, Georg-Büchner-Platz 1, 64283
Darmstadt. ℘ 06151/2811-314, -313, Fax 296581.
www.staatstheater-darmstadt.de. TheaterImKontakt@
staatstheater-darmstadt.de. **Anfahrt:** ↗ Vom Straba-
und Busknotenpunkt Luisenplatz 5 Min zu Fuß via
Sandstraße. **Infos:** Katja Homann und Michael Kaiser.

▶ Zwar ist das Staatstheater die große Bühne
der Erwachsenen, aber auch Kinder können hier
das ein oder ander erleben. So wird pro Spielzeit
ein Kinderstück geboten, beispielsweise Ru-
dyard Kiplings »Dschungelbuch«. In dieses
Programm gehören ferner das Familienkonzert
»Karneval der Tiere« für Kinder ab 5 Jahre und
die Oper »Till Eulenspiegel« für Kinder ab 6
Jahre.

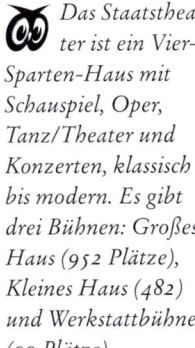

*Das Staatsthea-
ter ist ein Vier-
Sparten-Haus mit
Schauspiel, Oper,
Tanz/Theater und
Konzerten, klassisch
bis modern. Es gibt
drei Bühnen: Großes
Haus (952 Plätze),
Kleines Haus (482)
und Werkstattbühne
(99 Plätze).*

Und da ist auch noch der Theaterclub für Kinder von 5 bis 13 Jahre, die **Theaterkiste**. Ihre
Mitglieder treffen sich einmal im Monat, um
»einen Blick hinter die Kulissen zu werfen, die
Arbeit der Werkstätten kennen zu lernen, mehr
über das Kinderstück, das Jugendstück und die
Familienkonzerte zu erfahren und gemeinsam
jede Menge Theater zu erleben.« Die Mitglied-
schaft ist jeweils für eine Spielzeit und kostet
kein Geld. Da nur wenige Kinder in den Club
aufgenommen werden, müsst ihr euer Glück
frühzeitig versuchen.

halbNeun Theater

Sandstraße 32, 64283 Darmstadt-Innenstadt.
℘ 06151/23330, www.local-pages.de/halbneun-
theater. **Anfahrt:** ↗ Staatstheater. **Zeiten:** Okt – April
So 15 Uhr. **Infos:** im halbjährlich erscheinenden Programmheft und im Internet.

▶ Die kleine Bühne befindet sich in der Nachbarschaft zum Staatstheater. Atmosphärisch ist das freilich der absolute Kontrast, denn hier sitzen die Zuschauer nicht dicht aufgereiht, sondern an kleinen Tischen und können bei Speis und Trank in lockerem Stil die Performance genießen.

In der Theatersaison präsentiert das halbNeun Theater am Sonntagnachmittag Stücke für Kinder. Das Theater ist allerdings lediglich Spielstätte. Die Ensembles kommen von anderen Bühnen, zumeist von auswärts. Das Programm – für Kinder ab 4 Jahre – ist abwechslungsreich.

Georg Moller (1784 – 1852) ist ein für Darmstadt wichtiger Architekt gewesen. Als Hofbaumeister schuf er zahlreiche Bauwerke der Neustadt, meist im klassizistischen Stil.

Kindertheater »Die Stromer«, Birgit Nonn, Jahnstraße 4, 64285 Darmstadt. ✆ 06151/ 63466, Thomas Best, Wolfsweg 27, 64347 Griesheim, ✆ 06155/ 77557. Infos über Spielorte und Programm: www.kindertheater-diestromer.de. mail@kindertheater-diestromer.de.

Theater im Moller-Haus

Freie Szene Darmstadt e.V., Sandstraße 10, 64283 Darmstadt-Innenstadt. ✆ 06151/26540, Fax 9515970. www.theatermollerhaus.de. kontakt@theatermollerhaus.de. **Anfahrt:** ↗ Staatstheater. **Infos:** Termine in der halbjährlichen Programmbroschüre und im Internet.

▶ Das Theater im Moller-Haus (max. 130 Zuschauer) befindet sich wie das halbNeun Theater in der Nachbarschaft des Staatstheaters. Es wird von dem Verein »Freie Szene Darmstadt e.V.« mit ehrenamtlichem Engagement betrieben. 23 Künstlergruppen bzw. Einzelkünstler sind hier aktiv. Daraus ergibt sich ein ausgesprochen vielseitiges Programm mit 120 Veranstaltungen im Jahr. Schwerpunkte bilden das Kindertheater, das Jugendtheater und das Abendprogramm.

Unter anderem treten hier die »**Stromer**« auf: Das Repertoire des Ensembles um Birgit Nonn und Thomas Best, ist auf Kinder von 3 bis 12 Jahre ausgerichtet und zählt mittlerweile 8 Produktionen.

Schlösschen im Prinz-Emil-Garten

Nachbarschaftsheim Darmstadt, Heidelberger Straße
56, 64285 Darmstadt. ✆ 06151/63278, Fax 663647.
Anfahrt: Straba 1, 6, 7, 8 Prinz-Emil-Garten. **Zeiten:**
Kartenvorverkauf Mo – Fr 8 – 12 Uhr.

▶ Im Schlösschen – einer der Hochburgen der
Darmstädter Kinderkulturszene – wird regelmäßig Puppen- und Clownstheater für Kinder
ab 3 Jahre geboten. Zumeist sind die Aufführungen sonntags um 11 und 15 Uhr, gelegentlich
wird aber auch am Samstag gespielt. Außerdem
gibt es hier ein reichhaltiges Programm während
der alljährlichen »Puppenspieltage« Ende Oktober. Gut zu wissen, dass im Schlösschen auch regelmäßig Zauberer auftreten und Kinderkino
stattfindet und im Rahmen der Ferienspiele einiges los ist.

Tipp: Alle drei Monate Programmheft mit Kurzbeschreibungen der Theaterstücke, aber auch aller anderen Veranstaltungen der Kulturinstitution Schlösschen.

Kikeriki-Theater für Kinder

Comedy Hall, Heidelberger Straße 131, 64285 Darmstadt-Bessungen. ✆ 06151/964266, Fax 661748.
www.kikeriki-theater.de. kindertheater@comedyhall.de.
Anfahrt: Straba 1, 6, 7/8, Bus R Landskronstraße.
Zeiten: Okt – April Aufführungen 15 Uhr fast immer
So, manchmal aber auch an anderen Tagen, vor allem
Do. **Preise:** Kindertheater 5 € pro Person. **Infos:**
außerhalb des Spielplans Gruppenvorstellungen für
Kindergarten- und Grundschulgruppen nach Absprache.

▶ Das Kikeriki-Theater bietet in der Saison
nachmittags mindestens einmal wöchentlich
Theater für Kinder ab 3 Jahre. Fast jeden Monat
gibt es ein anderes Stück. Die Aufführungen
dauern in der Regel 50 Minuten. Das Kikeriki-
Theater für Kinder ist ein ganz spezielles Theater, denn es macht Puppentheater, Handpuppenspiel sowie Theater mit Puppen und Menschen.

Tipp: Programm im Internet. Oft ausverkauft, deshalb Tickets frühzeitig beschaffen!
In der Comedy Hall Lokal mit Spezialitäten aus der hessischen Küche.

Hoff-Art: Kindertheater zum Mitspielen

Klaus Lavies, Lautenschlägerstraße 28a, Hinterhof, 64289 Darmstadt. ✆ 06151/2797332. **Anfahrt:** Bus H, U Kopernikusplatz. **Zeiten:** Theaterproben Mi 16 – 18 Uhr.

▶ In diesem kleinen Theater in einer ehemaligen Auto- und Schmiedewerkstatt in einem Hinterhof des Martinviertels können Kinder mitspielen. Es wird pro Jahr ein Stück einstudiert. Ihr dürft euch zunächst einmal Proben ansehen, um zu erkennen, ob das was für euch ist. Zu den Aktivitäten des Hoff-Art-Theaters, in dem rund 20 Künstler aus ganz verschiedenen Sparten als gemeinnütziger Verein aktiv sind, gehören außerdem Pantomime, Jonglage, Comedy, improvisierte Musik, Kurzfilme, Lesungen und Konzerte von Liedermachern.

Die Komödie TAP

Bessunger Straße 125, 64295 Darmstadt. ✆ 06151/33555, www.die-komoedie-tap.de. info@die-komoedie-tap.de. **Anfahrt:** Straba 1, 6, 7, 8 Bessunger Straße. **Zeiten:** Kindertheater Okt – April Sa 15.30, So 11 Uhr. **Preise:** Kinderprogramm 7,50 € pro Person. **Infos:** Sondervorstellungen für Kindergärten und Schulklassen Di – Fr 9.15, 11 Uhr nach Absprache, 5,50 € pro Person.

Tipp: Auf Wunsch könnt ihr regelmäßig das Programm per eMail oder Post erhalten.

▶ Die Komödie TAP, Darmstadts Boulevardbühne, spezialisiert auf Lustspiele, Komödien, Farcen und Schwänke, ist nicht ausschließlich für Erwachsene da, denn an fünf Vormittagen und am Samstagnachmittag wird Kindertheater aufgeführt. Fast monatlich steht ein anderes Stück auf dem Programm. Pro Saison gibt es zwei bis drei Produktionen.

LANGEN – RODGAU

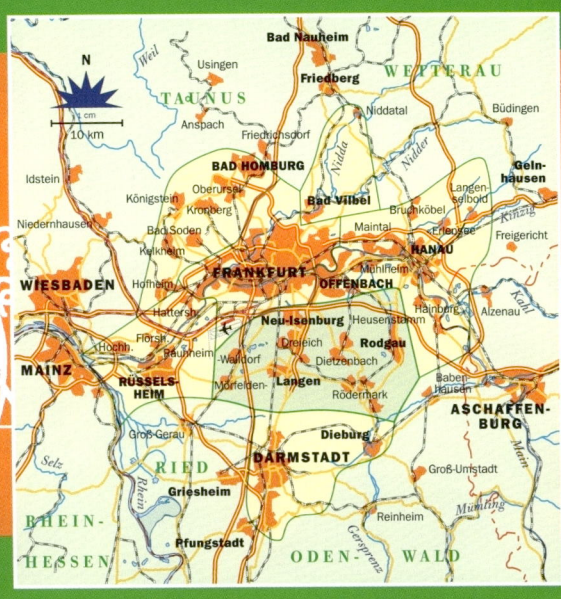

FRANKFURT: NATUR & SPORT

FRANKFURT: WISSEN & KULTUR

OFFENBACH & HANAU

VOR DER MAINMÜNDUNG

AM SÜDHANG DES TAUNUS

BAD VILBEL – NIDDATAL

DARMSTADT & UMGEBUNG

LANGEN – RODGAU

INFO & KARTEN

Die Region zwischen Heusenstamm im Norden und Rödermark im Süden sowie Mörfelden-Walldorf im Westen und Rodgau im Osten bestehen aus ausgedehnten Wäldern (45 % der Fläche), in denen zahlreiche Dörfer und Städtchen wie große Lichtungen eingestreut sind. Früher waren das kleine Bauernorte, heute sind es ausgedehnte Wohnstädte von Menschen, die als Pendler in Frankfurt, Offenbach, Hanau und Darmstadt arbeiten – Dreieich hat 40.000, Langen 35.000, Neu-Isenburg 35.000, Rodgau 43.000, Dietzenbach 33.000, Rödermark 26.000 und Obertshausen 24.000 Einwohner.

Das gut ausgebaute Wegenetz in den Wäldern und Fluren bietet Familien mit Kindern viele Möglichkeiten zum Radeln und Wandern. Die ganz großen Freizeitattraktionen der Region sind der Langener Waldsee und der Rodgau-See. Beliebteste Bäder des Landes zwischen Langen und Rodgau sind das Freibad Langen, das Frei- und Wellenbad Neu-Isenburg, das Allwetterbad Heusenstamm und das Erlebnisbad Obertshausen. Es gibt mehrere sehenswerte Museen, so das Zeppelinmuseum in Zeppelinheim, das Töpfermuseum in Rödermark-Urberach, das Dreieich-Museum in Dreieich-Dreieichenhain und das Feuerwehrmuseum in Dietzenbach.

Geo Map, *Radwanderkarte Rhein-Main,* 1:50.000, 6,60 €. Für alle genannten Aktivitäten zu empfehlen.

Frei- & Hallenbäder

Erlebnisbad Atlantis Obertshausen

Badstraße 12. ✆ 06104/8019-0, Fax 8019-99. www.atlantis-erlebnisbad.de. obertshausen@atlantis-erlebnisbad.de. **Anfahrt:** Alpina-Bus 956 bis Erlebnisbad am Südostrand von Obertshausen. **Zeiten:** Mo – Fr 9 – 23, Sa 9 – 24, So, Fei 9 – 22 Uhr, Einlass bis 2 Std vor Ende, Badeschluss 30 Min vor Ende, Früh-

TIPPS FÜR WASSER-RATTEN

LANGEN – RODGAU

schwimmen Mi 7.30 – 9 Uhr; am 24. und 31.12. 9 –
15 Uhr, 1.1. 12 – 22 Uhr. **Preise:** Wasserlandschaften
2 Std 5 €, 4 Std 8, Tageskarte 11 €; Kinder 4 – 16
Jahre 2 Std 4,50 €, 4 Std 6,50, Tageskarte 8,50 €;
preiswerte Sondertarife, darunter die Familienkarte,
Sauna und Solarien extra.

Happy Birthday!
Kinder unter 16 Jahre
haben an ihrem Ge-
burtstag freien Eintritt.
(Schüler-)Ausweis mit-
bringen!

▶ In dem Obertshausener Funbad zieht's Kinder je nach Alter und Laune primär in den Kin-
derbereich, das Erlebnisbecken, das Sportbecken, auf die Rutschen oder in den Whirlpool.
Fast ausschließlich von Jugendlichen und Erwachsenen bevölkert sind dagegen das Textil-
dampfbad, das Relaxbecken, die Solarien, der
Saunagarten, der nordische Bereich, die Sauna-
bar, der römisch-osmanische Bereich und der
Massageraum. Hunger und Durst können im
Bistro oder Café gelindert werden.

Waldschwimmbad Dietzenbach

Offenthaler Straße 85. ✆ 06074/ 28367, www.diet-
zenbach.de. Südwestlich von Dietzenbach im Wald.
Anfahrt: VU-Bus 960 Schwimmbad. **Zeiten:** Mai – Sept
8 – 20 Uhr. **Preise:** 3 €; Kinder 1 €.

Das **Open-Air-
Kino** animiert
dazu, Sommerabende
im Dietzenbacher Wald-
schwimmbad zu verbrin-
gen.

▶ Das fast ausschließlich solarbeheizte Dietzenbacher Freibad verfügt über ein Schwimmerbecken von 50 x 21 m, einen Sprungturm mit
Springerbecken, ein Nichtschwimmerbecken
von 50 x 25 m mit Riesenrutsche und ein
Plantschbecken. Spielplatz und Kiosk sind
ebenfalls vorhanden.

Schwimmbad im Forst Heusenstamm

Jahnstraße 50. ✆ 06104/607230, 3345 (Büro), Fax
607278. Nördlicher Stadtrand. **Anfahrt:** Bus OF119,
Alpina900, VU960. **Zeiten:** Ganzjährig Mo 12 – 19 Uhr
(nur Sommerferien), Di, Do 8 – 19, Mi 13 – 21.30 (in
den Schulferien ab 10 Uhr), Sa, So 8 – 18, bei schö-

nem Wetter 20 Uhr, Freibad ca. Mitte Mai – Mitte Sept.
Preise: 3 €, 10er-Karte 26 €; Kinder 3 – 18 Jahre 2 €,
10er-Karte 18 €; preiswerte Familienkarte.

▶ Das Heusenstammer Schwimmbad ist ein
Allwetterbad. Das Schwimmerbecken mit 1-
und 3-m-Brett befindet sich in der Halle, die
aber, sobald die Temperatur auf 26 Grad steigt,
geöffnet wird. Auch das kleine Nichtschwimmerbecken ist überdacht. Dagegen ist das
Plantschbecken mit seinen zwei kleinen Rutschen im Freien. An heißen Sommertagen pro-
fitiert es, wie der Spielplatz, von Schatten spendenden Bäumen. Die Liegewiese ist am Hang
angelegt. Gespielt werden kann Tischtennis,
Freischach und Volleyball.

Freizeit- und Familienbad Langen

Teichstraße 28. ℂ 06103/90310, <u>www.langen.de</u>. Am
östlichen Stadtrand. **Anfahrt:** VU-Bus 970 Schwimmbad. **Zeiten:** Mitte Mai – Mitte Sept 8 – 20.30 Uhr.
Preise: 3 €, 10er-Karte 25 €, Saison 50 €; Kinder 4 –
17 Jahre 2 €, 10er-Karte 15 €, Saison 35 €; preiswerte Familienkarte.

▶ Gut ausgestattetes Aktiv-Freibad, das sich zu
Recht als familienfreundlich bezeichnet. Junge
und alte Schwimmfans können im 50-m-
Schwimmerbecken ihre Bahnen ziehen. Das se-
parate Sprungbecken mit dem Turm, von dem
ihr aus 5, 3 und 1 m Höhe zu kraftvollen Sprüngen abheben könnt, ist fest in der Hand von un-
erschrockenen 10- bis 18-Jährigen. Nichtschwimmer und Schwimmanfänger haben viel
Spaß in der Badelandschaft des Nichtschwim-
merbeckens mit Flächenrutsche, Wildwasserka-
nal und 50-m-Riesenrutsche. Auch das Baby-
und Kleinkinder-Plantschbecken ist keineswegs
monoton gestaltet. Die große Liegewiese bietet

viel Baumschatten. Es gibt einen schönen Kinderspielplatz, ein Beachvolleballfeld, einen Basketballplatz, Tischtennisplatten und ein Badmintonfeld.

Hallenbad Langen

Südliche Ringstraße 75. ✆ 06103/203453, www.langen.de. Im Süden von Langen gegenüber vom Rathaus. **Anfahrt:** VU-Bus 972/973 Rathaus. Gebührenfreie Parkplätze unmittelbar am Bad. **Zeiten:** Mitte Sept – Mitte Mai Mo 13.30 – 21.30, Di – Fr 8 – 21.30, Sa 8 – 18.30, So 11 – 17 Uhr, Mi und Do Warmbadetag. **Preise:** 3 €, 10er-Karte 25 €; Kinder 2 €, 10er-Karte 15 €.

▸ Auch im Winter müssen in Langen und Umgebung Wasserratten nicht auf das geliebte Nass verzichten. Das Hallenbad ist insgesamt sehr sportlich ausgerichtet und bietet euch ein Schwimmerbecken, ein Sprungbecken mit 5-m-Plattform, 1- und 3-m-Brettern sowie ein Lehrschwimmbecken. Für Kleinkinder gibt es ein Plantschbecken.

Tipp: Im Winter Schwimmkurse für Kinder ab 5 Jahre, ✆ 06103/203-451 oder 450 (Rathaus).

Frei- und Hallenbad Neu-Isenburg

Stadtwerke Neu-Isenburg GmbH, Alicestraße 118. ✆ 06102/367850 (Kasse), 367849 (Schwimmhalle), www.swni.de. Am westlichen Stadtrand. **Anfahrt:** Bus OF51 Alicestraße. **Zeiten:** Freibad Mitte Mai – Mitte Sept 8 – 19.45, Kassenschluss 19.15 Uhr; Halle Mo 7 – 18.45, Di 7 – 21.45, Mi 12 – 19.45, Do 7 – 19.45, Fr 7 – 18.45, Sa 7 – 19.45, So 8 – 12.45 Uhr, erste Wellen 9.50 Uhr, Warmbadetage Di, Do, Sa. **Preise:** 2,50 €, 10er-Karte 20,50 €, Jahreskarte 128, Freibadsaison 41 €; Kinder 4 – 14 Jahre 1,20 €, 10er-Karte 10,20 €, Jahreskarte 63, Freibadsaison 20 €; preiswerte Jahres- und Freibadsaisonkarten für Familien.

▸ Das Neu-Isenburger Waldschwimmbad, ein Kombibad aus Frei- und Hallenbad, hat ein breites und grundsolides Angebot. So verfügt das **Freibad** über ein Sportbecken mit 8 Bahnen und ein separates Sprungbecken mit einem 5-m-Turm. In das Nichtschwimmer- und das Plantschbecken münden Rutschen, in das Erstere eine große, das Letztere mehrere kleine. Es gibt eine schattige Liegewiese, einen Kinderspielplatz, ein Beachvolleyballfeld, zwei Tischtennisplatten und eine Cafeteria mit Terrasse. Im **Hallenwellenbad** findet ihr ein kombiniertes Schwimmer- und Nichtschwimmerbecken mit Sprungturm sowie eine Snackeria vor.

Familien-Hallenbad Dreieich

August-Bebel-Straße 75. ✆ 06103/571876, Fax 5718775. www.dreieich.de. **Anfahrt:** Bus OF60, OF67, OF68 Bürgerhaus. **Zeiten:** Mitte Sept – Mitte Mai Mo, Di, Do, Fr 8 – 22, Mi 13 – 22, Sa 13 – 19, So 10 – 16, Warmbadetage Do, Fr, Kassenschluss ist 1 Std vor Schließung des Bades. **Preise:** 3,50 €; Kinder 3 €.

▶ Das Dreieicher Hallenbad ist recht gut auf die Bedürfnisse von Kindern eingestellt, denn außer dem 25-m-Schwimmerbecken und dem Nichtschwimmerbecken gibt es auch eine 40-m-Röhrenwasserrutsche und einen Wasserspielbereich für Kleinkinder mit Wickelecke. Ein Bistro sorgt für das leibliche Wohl.

Parkschwimmbad Dreieich

Am Schwimmbad 11 – 15. ✆ 06103/62578, www.dreieich.de. Im Süden von Sprendlingen. **Zeiten:** Mitte Mai – Mitte Sept Mo, Mi, Fr 8 – 20.15, Di, Do 7 – 20.15, Sa, So 9 – 20.15 Uhr. **Preise:** 3 €, 10er-Karte 20 €; Kinder ab 6 Jahre 2 €, 10er-Karte 10 €; preiswerte Familiensaisonkarte.

▶ Solarbeheizte Schwimmer-, Nichtschwimmer- und Kleinkinderbecken, Sprunganlage bis

 **Spielnachmittag** für Kinder Mi 15 – 17 Uhr, richtig was zum Austoben. Luftmatratzen, Flossen und Taucherbrillen dürfen mitgebracht werden.

5 m, Kinderspielplatz, Liegewiese mit viel Schatten, Kiosk. Ein wirklich schönes Familienbad mit netter Atmosphäre!

Freibad Egelsbach

Freiherr-vom-Stein-Straße 17. ✆ 06103/947934, 405-120 (Rathaus). **Anfahrt:** Bus OF203, VU972/973. Nahe Rathaus, neben dem Sportgelände. **Zeiten:** Mitte Mai – Anfang Sept, im Mai 10 – 20, Juni – Aug 9 – 21, im Sept 10 – 19.30 Uhr. **Preise:** 3 €, 10er-Karte 24, Saison 45 €; Kinder bis 18 Jahre 1,50 €, 10er-Karte 12, Saison 22,50 €; preiswerte Familienkarte.

▶ Das Freibad im Süden von Egelsbach ist grundsolide, sozusagen ohne Erlebnisbad-Extravaganzen. Es existiert die klassische Kombination Schwimmer-, Nichtschwimmer-, Springer- und Plantschbecken. Die Liegewiese ist groß genug, die Kleinkinder haben ihren Spielplatz, ein Kiosk sorgt für Getränke und Snacks. Nicht zu vergessen: von Fußballspielen auf dem benachbarten Sportplatz an wenigen Wochenendstunden abgesehen, ist die Lage ausgesprochen ruhig.

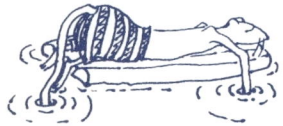

Baden am Baggersee

Waldschwimmbad Mörfelden

Am Schwimmbadweg, ✆ 06105/25747, www.moerfelden-walldorf.de. Südweststrand von Mörfelden beim Waldstation an der B486. **Anfahrt:** Bus L5 Schwimmbad. **Zeiten:** Anfang Mai – Sept Mo – Fr 9 – 21, Sa, So, Fei 8 – 21 Uhr, Einlass bis 45 Min vor Badeschluss. **Preise:** 3 €, 10er-Karte 21 €; Kinder 1,50 €, 10er-Karte 10,50 €.

▶ Ihr könnt im solarbeheizten Mörfelder Waldschwimmbad zwischen Schwimmer-, Nichtschwimmer- und Plantschbecken wählen. Für zusätzlichen Spaß sorgen Riesenrutsche und Sprungturm. Die ganz Kleinen haben ihre besondere Freude im Sand-Wasser-Spielbereich. Und dann gibt es da ja auch noch Kinderspielplatz, Bolzplatz, Basketballplatz und Tischtennisplatten. Der Durst und der kleine Hunger können am Kiosk gestillt werden.

Rodgauer Meer: Strandbad Rodgau

✆ 06106/733148, www.hessennet.de/rodgau/. sport@rodgau.de. **Anfahrt:** Bus OF40 Badesee. Rad: Radwege von Heusenstamm, Dietzenbach, Jügesheim und Nieder-Roden; auch als Wanderweg nutzbar.
Zeiten: Mai – Mitte Sept 8.30 – 20 Uhr. **Preise:** 2,50 €, 10er-Karte 20 €, Saison 45 €; Kinder 4 – 16 Jahre 1 €, 10er-Karte 8 €, Saison 18 €; Familienkarte (2 Erw. mit 1 Kind 4 – 16 Jahre) 5 €, Saison 65 €, Guten-Abend-Karte ab 18 Uhr halber Preis.

▶ Das Rodgauer Meer nördlich von Nieder-Roden ist wie fast alle Seen der Region aus einer Kiesgrube hervorgegangen. Am Nordrand des 60 ha großen Gewässers wurde vor Jahrzehnten ein properes Strandbad angelegt, das die »Rodgau Monotones« seinerzeit als »St. Tropez am Baggersee« besangen. Auf jeden Fall zieht sich am Ufer ein Sandstreifen hin, an dem Kinder Burgen bauen und Matschen können. Für sie ist auch ein kleiner Nichtschwimmersektor abgegrenzt – natürlich nicht zu vergleichen mit dem weiten Seeabschnitt, in dem sich die Schwimmer tummeln dürfen. Jedoch gehört den Badenden nicht der ganze See, denn im Westteil wird immer noch Kies abgebaut und auch die Angler durften sich einen Sektor abstecken, um Forellen, Hechte, Welse, Zander und Karpfen zu fischen.

Am Rodgau See leben viele Vögel. Versucht doch mal herauszufinden, welche das sind. Kommen eigentlich im Herbst auch Zugvögel?

LANGEN – RODGAU

Von der Cafeteria des Strandbades habt ihr Seeblick. Nackedeis haben ihren eigenen Strandabschnitt. Vor dem Badeingang kann Volleyball gespielt werden und auf einer Halfpipe geskatet werden.

Langener Waldsee

Strandbad. ℂ 069/692688, www.langen.de, www.triathlon.de. **Anfahrt:** S3, 4, vom S-Bhf Dreieich-Buchschlag an warmen Wochenenden Shuttle-Bus; empfehlenswert die Waldwanderung vom S-Bahnhof Zeppelinheim zum Langener Waldsee. Nahe der B44 zwischen Walldorf und Zeppelinheim, am See 800 Parkplätze.
Rad: Auf Radwegen erreichbar von Ffm-Höchst bzw. -Schwanheim (markiert), Frankfurt/Friedensbrücke, Zeppelinheim, Neu-Isenburg, Dreieich-Buchschlag, Mörfelden-Walldorf und Langen, alles zünftige Waldrouten.
Zeiten: Mitte Mai – Mitte Sept 8.30 – 20.30 Uhr.
Preise: 3 €; Kinder 2 €.

Der Langener Waldsee ist Lebensraum von zahlreichen Fischen, Vögeln und Pflanzen, z.B. Neunauge, Hecht, Muschel, Krebs, Schwan, Kanadagans, Kormoran und Reiher. Damit deren Lebenswelt intakt bleibt, lasst bitte das Baden außerhalb des abgegrenzten Strandbades und werft keinen Müll in die Landschaft.

▶ Nach 1938 ist durch Kiesabbau 2,5 km nordwestlich von Langen allmählich eine richtige Seenplatte entstanden. Im Zentrum dieses Gebietes liegt der Waldsee, ein 72 ha großes Gewässer, das heute der größte und meistbesuchte Badesee des Rhein-Main-Gebietes ist. An heißen Sommertagen ist hier allerhand los, dann können schon mal 20.000 Badegäste zusammenkommen.

Das große Strandbad nimmt einen breiten Streifen des Nordufers ein. Kinder und Nichtschwimmer können sich allerdings nur im Randbereich tummeln, während gute Schwimmer ganz weit in den See hinausschwimmen dürfen. Das DRK Langen passt auf, dass keinem etwas passiert.

Der »normale« Bereich des Sandstrandes ist leider ganz kahl, so dass ihr auf den Schutz von

Sonnenschirmen angewiesen seid. Da sind die Leute am Nackedei-Strand viel besser dran, denn hier gibt es immerhin einige Bäume. Es existieren einfache sanitäre Anlagen, die Duschen reichen aber bei Massenandrang längst nicht aus. Das gilt auch für den Kiosk (recht viele Gerichte), wo ihr an solchen Tagen lange anstehen müsst. Bislang fehlt ein großer, vielseitig ausgestatteter Spielplatz. Dass das Strandbad eine Hochburg für Beachvolleyball ist, ist höchstens für 12- bis 14-Jährige von Interesse. Toll für Kinder ist dagegen, dass im Strandbad gezeltet werden darf, das können ein paar Stunden, aber auch mehrere Tage sein. Schön auch, dass es einen Grillplatz gibt. Und noch etwas: Wenn ihr schon gut schwimmen könnt, verwehrt euch auch niemand, mit dem Schlauchboot in See zu stechen.

Auf der Westseite des Sees ist mittlerweile ein stattlicher Bootshafen angelegt worden. Im Nordwesten wird dagegen immer noch Kies gebaggert. Andererseits ist man aber auch dabei, das vom Kiesabbau geschädigte Ufer zu rekultivieren. So wird es hier in Zukunft Wiesen und Amphibienteiche geben. Die frühere Ostgrube wird bis auf einen kleinen, tiefen Restsee verfüllt. Ihr könnt die Seenplatte auf einem Rundweg erkunden.

Waldsee bei Walldorf

Strandbad Walldorf. An der A5 nordöstlich von Walldorf. **Anfahrt:** KVK-Bus 77, VU5514 bis Wohnpark. **Zeiten:** Mitte Mai – Mitte Sept Mo – Fr 9 Uhr – Eintritt der Dunkelheit, Sa, So, Fei 8 Uhr – Eintritt der Dunkelheit, außerhalb der Badesaison für Spaziergänger geöffnet; auch FKK-Bereich. **Preise:** 1,80 €, Saison 24 €; Kinder 6 – 17 Jahre 1 €, Saison 12 €.

Hunger & Durst
Kiosk-Lokal, kleine Speisen wie Bockwurst und Bayerischer Leberkäse. Auch ein Grillplatz ist vorhanden.

▸ Der kleine See (15 ha, 6 – 10 m tief) ist auf mehreren Seiten von Wald umgeben. Das Strandbad befindet sich auf der Südseite. Da das Wasser bereits in Ufernähe recht tief ist, sollten Eltern Kinder, die noch nicht gut Schwimmen können, nicht allein ins Wasser lassen. Es gibt einen Sandstreifen. Die Liegewiese ist karg und fast baumlos. Toiletten und Duschen sind vorhanden, an Tagen mit starkem Besucherandrang jedoch überlastet. Durch die Nähe zu Autobahn und Bundesstraße und die Lage in einer Flugschneise ist das landschaftlich schöne Strandbad ständig lautem Verkehrsgedröhn ausgesetzt.

RAUS IN DIE NATUR

Radeln & Skaten

Radelspaß im Raum Langen – Rodgau

Der Raum zwischen Langen im Westen und Rodgau im Osten, Neu-Isenburg im Norden und Rödermark im Süden ist ein richtiges Radelparadies für alle, die Strecken durch Wälder und Felder lieben. Alles ist ganz flach, das macht die Touren so einfach – für viele Kinder und Großeltern ja eine Voraussetzung, dass ihnen Radausflüge Spaß versprechen. Das Radwegenetz ist eng und durchgängig markiert.

Einige empfehlenswerte Routen:

1) **Von Langen zum Jagdschloss Kranichstein,** 13 km, zumeist Wald, flach, leicht. Einkehren: Forsthaus Kalkofen, Jagdschloss Kranichstein.

2) **Von S-Bhf Buchschlag** via **Hegbach-Tal, Sprendlingen** und **Gut Neuhof** nach **Dietzenbach S-Bhf,** Wald und Flur, Ausblick auf die Frankfurter Skyline, 11 km, flach, leicht. Einkehren: Gut Neuhof.

3) **Von Egelsbach S-Bhf via Messel und Thomashütte nach Eppertshausen,** 18 km, flach, leicht, lange Streckenabschnitte durch tiefen Wald. Einkehren: Forsthaus Kalkofen, Thomashütte.

Von Heusenstamm zum Rodgau See

Länge: 8,5 km, flach, leicht, großenteils durch Wald. Einkehren erst im Strandbad möglich, Proviant mitnehmen. **Anfahrt:** S2 Heusenstamm, zurück S2 ab Dietzenbach oder S1 ab Dudenhofen.

▶ Zum Rodgauer Bagger- und Badesee radelt ihr vom **S-Bhf Heusenstamm** zunächst ca. 600 m auf der Eisenbahnstraße/Frankfurter Straße Richtung Obertshausen. Vor der Kirche wendet sich die Route nach rechts und folgt der Niederröder Straße zum Südostrand des Städtchens. Dort geht es – immer noch in südöstlicher Richtung – auf dem Radweg R4 zum Wald. Das ist der Beginn einer ganz langen Waldstrecke, die erst nach 4,5 km an der K174 endet. Ihr wendet euch dort nach links und folgt dieser Straße ca. 1 km. Dann geht es nach rechts ab. Das **Strandbad** ist jetzt nur noch etwa 1 km entfernt. Ihr könnt nach dem Badevergnügen entweder wieder auf derselben Route nach Heusenstamm zurückkehren oder ein anderes Ziel mit S-Bahn- oder RB-Anschluss ansteuern wie Babenhausen (12 km), Dudenhofen (2 km), Dietzenbach (7,5 km) oder Dietzenbach-Steinberg, 9 km.

Von Zeppelinheim zum Langener Waldsee

Länge: 9 km hin und zurück auf flachen, einfach zu befahrenden Waldstrecken. **Anfahrt:** S3, 4 Zeppelinheim.

▶ Ihr fahrt vom S-Bahnhof zunächst 200 m nach **Zeppelinheim** hinein und biegt dann bei

der Kirche und dem Zeppelinmuseum nach rechts ab. Es geht nun durch dichten Laubwald auf einem breiten Weg gut 2 km immer geradeaus. Dann biegt ihr nach links ab, überquert die B44 und radelt schließlich noch etwa 1 km am Nordrand des Langener Waldsees entlang, bevor ihr beim **Strandbad** anlangt. Auf dem Rückweg könnt ihr entweder wieder nach Zeppelinheim fahren oder den Ausflug durch neue Ziele wie Langen, Walldorf oder Buchschlag bereichern. Alle diese Strecken führen großenteils durch Wald. Diese Zielorte haben ebenfalls S-Bahn-Anschluss, in Langen halten sogar Regionalbahnen und -expresse.

Von Erzhausen zum Jagdschloss Kranichstein

Länge: 8 km, flach und leicht durch Wald, herrlich schattig an heißen Tagen. **Anfahrt:** S3, 4 Erzhausen, zurück mit RB 63 ab Bhf Kranichstein.

▶ Die Tour beginnt am **S-Bhf Erzhausen,** der am Ostrand des Städtchens liegt. Es geht auf einem etwas holprigen Radweg durch Wald neben der K167 nach Osten. Auf der nächsten Kreuzung verläuft die Route 300 m nach Norden, bevor es nach rechts wieder gen Osten geht. Ihr radelt nun fast 2 km am Hegbach entlang, bevor ihr nach rechts in den Fernradweg R8 einbiegt. Die Route bleibt dann bis zum Ziel Jagdschloss Kranichstein auf dieser gut markierten Strecke – eine prima Orientierung. Nach 1,2 km überquert ihr die schmale Lichtung *Mörsbacher Grund.* Dann folgt ein Waldstreifen und ein Abschnitt Waldrand, bevor ihr an der denkmalgeschützten **alten Eiche** eintrefft. Hier lohnt es sich, mit den mittlerweile längst hungrigen und durstigen Kindern in dem rechter Hand lediglich 100 m entfernten **Ausflugslokal Forsthaus Kalkofen** eine Rast einzulegen. Danach radelt ihr auf dem R8 – wieder durch Wald – Richtung Süden weiter. Nach ca. 1 km führt die Route über die Bahnlinie, rechts sind der **Bahnhof Kranichstein** und das Eisenbahnmuseum lediglich ca. 2 km entfernt. Das könnte ein spannender Abstecher sein. Es folgt jetzt noch der letzte, 2,5 km lange Abschnitt. Etwa die Hälfte verläuft auf dem Jagdlehrpfad. Direkt vor dem **Jagdschloss** befindet sich ein Weiher, ↗ Darmstadt.

Wandern & Spaziereen

Von Dietzenbach nach Heusenstamm

Länge: 5,5 km, durch Wald und Feld, leicht. **Anfahrt:** S2 Dietzenbach-Steinberg, zurück S2 ab Heusenstamm.

▶ Ihr beginnt die Wanderung 600 m nördlich vom S-Bahnhof des nördlichen Dietzenbacher Stadtteils **Steinberg**. Es geht zunächst einmal auf der Waldstraße ca. 600 m nach Südosten und dann links in den Rad- und Wanderweg Nr. 7 nach Heusenstamm. Die Route führt zuerst durch ein Waldstück. Danach geht ihr durch Flur zum **Patershäuser Hof**, einem ökologisch-dynamisch wirtschaftenden Betrieb (1741 erbaut), der auch einen Hofladen besitzt. Die Route – immer geradeaus Richtung Norden – führt danach ein Stück am Rand der Flur entlang, bevor es noch einmal vor **Heusenstamm** durch einen Waldstreifen geht. Dort verläuft die Tour via Niederröder Weg, Frankfurter Straße und Eisenbahnstraße zum S-Bahnhof Heusenstamm. Zum Schluss krönt ein Abstecher zum Allwetter-Freizeitbad den Ausflug.

Hunger & Durst

Hofgut Patershausen, ✆ 06104/67963, auf ein ehemaliges Benediktinerkloster zurückgehend, heute Biolandbetrieb. So, Fei 11 – 18 Uhr Gartenbewirtung mit leckeren Ökowürsten und verschiedenen kleinen Gerichten.

🍎 **Hofladen** mit Fleisch, Wurst, Molkereiprodukten, Säften, Gemüse, Obst und Getreide. Do 15 – 19, Fr 9.30 – 12 Uhr.

LANGEN – RODGAU

Hunger & Durst

Hofgut Neuhof, Gutsschänke, ✆ 06102/ 30000, www.gutsschaenkeneuhof.de. Di – So warme Küche 12 – 14.30 und 18 – 21.30 Uhr, dazwischen Kaffee, Kuchen und Snacks von der Vesperkarte. Deutsche Küche, gehobene Preise.

Alte Backstube mit Gutsmetzgerei und Bäckerei im Hofgut Neuhof, Di – So 11.30 – 21 Uhr. Außerdem Weiher, Spielplatz, Reitstall und Golfplatz.

Ganz in der Nähe, am Gundbach, befindet sich ein toller **Spielplatz.** Hangelseilbahn, Rutsche, Bolzplatz und einige andere Geräte erwarten euch.

Von Sprendlingen zur Gutsschänke Neuhof

Länge: 4 km, flach, leicht. **Anfahrt:** Bus VU970, OF64, OF99 Feuerwehr/Sprendlingen, Bus VU963 ab Gut Neuhof.

▶ Vom **Sprendlinger Schwimmbad** geht es auf der gleichnamigen Straße in nordöstlicher Richtung ortsauswärts. Am Ende biegt ihr rechts ab und unterquert alsbald die A661. Dahinter geht es nach links 500 m nach Nordosten und dann rechts in den Weg am Spitalgrund. Die Route verläuft nun immer gen Osten durch Felder und Wiesen. Sie führt am Wasserhochbehälter und der futuristischen **Aussichtspyramide** vorbei, wo ihr einen hervorragenden Ausblick auf die Frankfurter Skyline genießen könnt. Dann geht es noch ein Stück am Golfplatz entlang, bevor ihr kurz vor der L3317 links in einen Weg einbiegt, der direkt zum nahe gelegenen **Hofgut Neuhof** führt, einem 500 Jahre alten Gutskomplex. Es gibt hier einen Weiher und einen Spielplatz sowie ein Restaurant, das allerdings ziemlich teuer ist.

Von Mörfelden zum Gundhof

Länge: 6,5 km, flach und leicht, durch Wald und Flur, Lokal zum Einkehren und Spielplatz am Ende der Tour. **Anfahrt:** S7 Mörfelden.

▶ Ihr geht von der Westseite des **S-Bahnhofs Mörfelden** auf einem verkehrsfreien Sträßchen schnurstracks durch eine weite Flur gen Norden. Nach gut 2 km ist der Nachbarort **Walldorf** erreicht. Dort biegt ihr nach ca. 800 m von der Mörfelder Straße nach links ab. Die Route führt via Langstraße und Parkschneise wieder zum Ort hinaus und nun durch Wald. Auf der Kreuzung nach 1,2 km haltet ihr euch rechts, es geht nun nach Norden. Kurz darauf überquert die Route den Gundbach. Knapp 1 km nördlich davon biegt ihr schließlich rechts ab. Immer geradeaus sind es nur noch 1,7 km bis zum Ausflugsziel **Gaststätte Gundhof.**

Naturerkundung & Umwelt-Infozentren

Grastränke bei Neu-Isenburg

An der Schneise »Feuerlinie F5«, parallel zur Babenhäuser Landstraße. **Anfahrt:** Bus 30, 36 Hainer Weg oder OF51 Am Mühlgraben/Bansamühle, danach 1,5 km zu Fuß. Parkplatz Babenhäuser Landstraße/Kesselbruchschneise. **Zeiten:** April – 15. Okt So, Fei 9.30 – 17.30 Uhr. **Preise:** Eintritt frei.

▶ Das kleine Vogelschutzgebiet um den *Weiher Grastränke,* in dem die Frösche um die Wette quaken und ständig ein munteres Vogelkonzert herrscht, liegt rechtlich zwar im Frankfurter Stadtwald, muss aber geografisch Neu-Isenburg zugeordnet werden, das nur 1,5 km entfernt ist. Das Gelände ist von einem Zaun umgeben und nur an Sonn- und Feiertagen zugänglich. Als Ziel ist der urwüchsige Flecken, der sich übrigens auf der Route des **Waldlehrpfades Weilruh** befindet, allemal interessant, zumal hier etliche seltene Tierarten leben, z.B. der Eisvogel oder die Adonislibelle. Unter mächtigen Eichen, Buchen und Sommerlinden führt ein **Lehrpfad** durch das Gelände. Auf den zahlreichen Infotafeln erfahrt ihr sehr viel über die einheimische Vogelwelt und Tiere und Pflanzen des Stadtwaldes. Sehr interessant sind die Ausstellungen von Vogelnestern mit Eiern und von Vogelkästen und Nisthilfen im Informationszentrum.

Hunger & Durst

Gaststätte Gundhof, Am Gundhof 2, Ortsteil Walldorf, ✆ 06105/ 5968, www.der-gundhof.de. Mai – Sept Di – Sa 12 – 23, So, Fei 11 – 23, Okt – April Di – Sa 17 – 23, So, Fei 12 – 23 Uhr, geräumiger Innenhof, bei schönem Wetter Biergarten unter alten Bäumen, hessische Spezialitäten, Äppler, Gundhofbier und Kuchen.

Ihr könnt den Besuch gut in **Rundwanderungen** von Neu-Isenburg oder vom Hainer Weg am Südostrand von Ffm-Sachsenhausen einschließen.

LANGEN – RODGAU

Natur- und Erlebnispfad »An den Eichen«

Mörfelden-Walldorf. **Länge:** 2 km, gemütliche, flache Rundwanderung im Wald, interessante Infos. **Anfahrt:** S7 Walldorf, auf der Radroute 6 via Jourdanallee und Waldweg zum Forsthaus »An den Eichen«, 1,5 km süd-östlich.

▶ Der Mörfeldener Natur- und Erlebnispfad beginnt am Forsthaus »An den Eichen« am Süd-ostrand von Walldorf. Er ist als Rundweg angelegt. Auf einer Infotafel könnt ihr euch vor dem Aufbruch einen Überblick verschaffen. Die Infostationen sind ausgesprochen abwechslungs-reich. Attraktionen sind das kleine artenreiche Biotop Teich mit 5 Fisch- und 10 Libellenarten, 25 Pflanzenarten und zahlreichen Insekten, der aufklappbare Schau- und Nistkasten für über 30 Insektenarten, der Bodenaufschluss als Fenster zum Bodenaufbau und der Wurzeln der Bäume oder die Schwarzspechthöhle in einem alten Buchenstamm. Ein kurzer **Barfußpfad** macht Sand- und Waldboden, Schotter u.a. fühlbar. Ein **Kräutergarten** gibt euch eine Einführung in unsere Gewürz- und Heilpflanzen. In einer Schutzhütte kann eine Pause eingelegt oder die Information zur Schadstoffbelastung des Waldes studiert werden.

Welcher unserer Singvögel steht am frühesten, welcher am spätesten auf? Wenn ihr geduldig alle Infotafeln studiert, könnt ihr das beantworten!

Reiten & Kutschfahrten

Mit dem Planwagen bei Dreieich unterwegs

Gerhard und Karla Schäfer, Schulstraße 49, 63303 Dreieich-Sprendlingen. ℰ 06103/995346, 67421, Fax 995347. **Zeiten:** Ganzjährig an allen Wochentagen. **Preise:** 50 € pro Std, minimal 2 Std, max. 15 Erwachsene oder 20 Kinder.

▶ Ihr könnt in der Umgebung von Sprendlingen erlebnisreiche Touren mit dem Planwagen unternehmen – etwa zum Gut Neuhof oder zur Hainer Burg in Dreieichenhain. Ihr dürft euch die Routen selbst ausdenken, wenn sie realisierbar sind, werden sie auch gefahren. Am besten bringt ihr viele Freunde und Freundinnen mit, dann wird es billiger.

Reit- und Fahrverein Götzenhain

Reitanlage Stolle, Höllgartenweg, 63303 Dreieich-Götzenhain. ✆ 06103/985462, www.reitundfahrverein-goetzenhain.de. rfq@onlinehome.de. **Anfahrt:** Am Ostrand von Götzenhain nahe Dietzenbacher Straße.

▶ Dem Verein gehören Jugendliche ab 8 Jahre an. Für sie werden Sa 13 – 14 und So 12 – 13 Uhr Jugendreitstunden angeboten. Ihnen steht außerdem der Unterricht im Longieren und Arbeiten mit der Doppellonge offen. Der Reit- und Fahrverein Götzenhain verfügt über eine Reithalle, einen Dressurplatz, einen Springplatz, einen überdachten Longierzirkel, zahlreiche Koppeln sowie ein gutes Ausreitgelände.

Tipp: Die Reitschüler von Götzenhain können sich am Geschicklichkeitsrennen am Faschingssonntag und an der 1.-Mai-Rallye beteiligen.

Sinnesschulung, Erlebnispädagogik, Reiten lernen von A – Z

Pony-Reitschule Offenthal, Lahnstraße 15, 63303 Dreieich-Offenthal. Handy 0171-9070485. **Anfahrt:** Dreieichbahn Dreieich-Buchschlag – Rödermark-Ober-Roden bis Bhf Offenthal. **Zeiten:** Ganzjährig. **Preise:** Spielkurse für die Kleinsten pro Einheit 17 €, Reitkurse für die älteren Kinder erfragen. **Infos:** Es gibt auch Ferienkurse; auch Erwachsene – die Eltern z.B. – können Reitkurse machen.

▶ Die Ponyreitschule, eine belebte Oase inmitten von Feldern, ist eine Mischung von Abenteuerspielplatz und Reitparadies – für Kinder ei-

LANGEN – RODGAU

ne wunderbare Mischung. Auf dem Hof leben außer 9 Lehrgangsponys und 3 Reitpferden noch 3 Ziegen, 5 Hühner, 2 Hasen, 1 Meerschweinchen, 2 Katzen und 10 Jack-Russel-Terrier – auch sie nehmen aktiv am »Leben und Treiben« teil.

Die Tiere werden artgerecht gehalten. Die Schulponys sind nur 1 – 2 Stunden im Einsatz, sonntags haben sie einen ganzen Ruhetag. Die Kinder erfahren wichtige Dinge über die Tiere und werden zu einem fairen Verhalten angehalten.

Früh übt sich, wer einmal eine gute Reiterin oder ein guter Reiter werden will. Schon die 3-Jährigen machen ihre ersten Versuche in den Spielkursen, bei denen Spielen, Toben, Malen und Sinnesschulung am Pferd im Vordergrund stehen. Diese finden täglich von 15 bis 17 Uhr statt. Jede Gruppe ist alle zwei Wochen an der Reihe. Vor den Spielkursen sind ab 14 Uhr schon etwas ältere Kinder als Reitanfänger in Longenstunden aktiv. Nach dem Spielkurs gehören ab 17 Uhr die zwei großen Reitplätze dann den Kindern mit fortgeschrittenen Reitkünsten fürs Abteilungsreiten.

Hof Akita

Familie Baist, Urberacher Straße 23, 63322 Rödermark-Messenhausen. ℡ 06074/881167, Fax 881168. Hof.Akita@t-online.de. **Anfahrt:** VU-Bus 961 Messenhausen. **Zeiten:** Büro Mi 16.30 – 17.30, Fr 15 – 16 Uhr.

▶ Der Hof Akita bietet Kindern allerlei Möglichkeiten zum Reitenlernen. Die ganz Kleinen ab 4 Jahre machen ihr ersten Schritte auf einem geführten Pony. In einem vierwöchigen Kurs sind sie 1 Stunde pro Woche aktiv (Preis 44 €). Die größeren Kinder versuchen sich auf Großpferden. Es beginnt mit Einzelunterricht an der Longe und geht weiter im Gruppenunterricht (Reitstunde 14 €). Es werden auch Ferienkurse durchgeführt (1 Woche täglich 110 €).

Sport & Spiel

Minigolf im Raum Langen & Rodgau

An folgenden Orten habe ich Minigolfplätze entdeckt:

Waldspielpark Tannenwald, im **Frankfurter Stadtwald** am Nordrand von Neu-Isenburg, April – Sept 10 – 17.30 Uhr, Erwachsene 1,50, Kinder 0,75 €, auf einem Waldspielplatz mit Wasserspielen, Liegewiese, Bolzplatz und Kiosk.

Rodgau-Dudenhofen, Bleichstraße, ☎ 06106/21925, Mitte April – Anfang Okt, Mo – Sa ab 14 Uhr, So, Fei ab 10 Uhr, jeweils bis Einbruch der Dunkelheit, Erwachsene 1,50, Kinder bis 16 Jahre 1 €.

Rodgau-Jügesheim, Am Wasserturm, ☎ 06106/61591, Mitte April – Anfang Okt, Mo – Sa ab 14 Uhr, So, Fei ab 10 Uhr, jeweils bis Einbruch der Dunkelheit, Erw. 1,50, Kinder bis 16 Jahre 1 €.

Dreieich-Offenthal, Bahnhofstraße 16, direkt neben der Bahnstation. Mo – Do, Sa 14 – 21, So 10 – 13 und 15 – 21 Uhr.

Turm auf dem Wingertsberg in Dietzenbach

www.dietzenbach.de. Am Südwestrand von Dietzenbach. **Anfahrt:** Bus 960 bis Friedhof.

▶ Auf dem Wingertsberg (198 m), eine der höchsten Erhebungen im Flachlandkreis Offenbach, reckt sich im futuristischen Look ein 33 m hoher spiralförmiger Turm mit drei breiten Ringen unterhalb der Spitze gen Himmel. Von der Aussichtsplattform in 21 m Höhe könnt ihr das Rhein-Main-Gebiet wunderbar aus der Vogelperspektive studieren.

Hunger & Durst

Ristorante Pizzeria Panorama, ☎ 06074/23137, Ö So – Fr 11.30 – 24, Sa 17.30 – 24 Uhr, im Sommer auch Terrasse. Turm ab 8 Uhr geöffnet.

LANGEN – RODGAU

Hunger & Durst

Lokal Scheuer,
☎ 06103/928888; Mo – Sa 15 – 23.30, So, Fei 11 – 23.30 Uhr, Außen- und Innenbereich. Hessisch-bayerische Mischküche, einfache Gerichte wie Grüne Soße, Weißwurst oder Kaiserschmarren, Ebbelwoi und bayerisches Bier. Auf dem eigenen Spielplatz Häuschen mit Hühnerleiter, Kinder- und Babyschaukeln, kleines Karussell, Zählrahmen und Klangstäbe, Sandkasten etc.

Schade, dass die zum nahen Rhein-Main-Flughafen »einschwebenden« Flieger auf dem Waldspielpark und dem Sportpark immer wieder für starken Lärm sorgen.

Erholungsgebiet Mühltal: Spielen, Paddeln und Schmausen

1 km östlich von Langen, wenige hundert Meter östlich der A661 und der B486. **Anfahrt:** VU-Bus 970 Schwimmbad oder Gasthof Waldhaus.

▶ Das Erholungsgebiet Mühltal ist ein schönes Ausflugsziel für Familien mit Kindern. Es gibt dort einen Teich, einen Spielplatz mit Rutschen, Schaukeln, Kletterschiff etc. und Sand sowie einen Bolzplatz. Ihr könnt euch ferner auf Bänken mit Tischen unter Bäumen oder auf einer großen Wiese zum gemütlichen Picknick niederlassen oder im kinderfreundlichen Gartenlokal Scheuer einkehren.

Waldspielpark Tannenwald

☎ 06102/23545, Am Nordwestrand von Neu-Isenburg. **Anfahrt:** VU-Bus 972/973 bis Waldspielpark. Parkplatz an der Friedensallee. **Zeiten:** freier Zugang, Betreuung April – Sept 10.30 – 19 Uhr.

▶ Dieser interessante Waldspielplatz am Südrand des Frankfurter Stadtwaldes befindet sich sozusagen vor der Haustür von Neu-Isenburg. An warmen Sommertagen beherrschen die heiß geliebten Fontänen und Strahlen der Wasserspiele die Szene. Außer Spielplatz und Liegewiese samt Tischen zum Picknick gibt es auch einen Minigolfplatz, eine Rollschuhbahn und Basketball- und Bolzplätze. Am Imbiss warten auf euch Getränke und kleine Gerichte, auch Eis könnt ihr dort bekommen. Es ist ein WC vorhanden, Hunde sind nicht erlaubt.

Sportpark Neu-Isenburg mit Spielplatz Robin Hood

Alicestraße. Am Westrand von Neu-Isenburg. **Anfahrt:** S3, 4 Neu-Isenburg, Bus OF51 bis Alicestraße.

▶ Der Sportpark bietet Kindern aller Jahrgänge reichlich Möglichkeiten zu Spiel und Sport. Da ist z.B. der schattige Spielplatz mit Kletterturm, Seilbahn, Baby- und Kinderschaukel und Sandkasten. Auch zum Picknicken ist reichlich Platz. Und da sind ja auch noch der Bolzplatz, die Halfpipe, die Rollschuhbahn, Tischtennisplatten und das gut ausgestattete Schwimmbad.

Kinder- und Jugendfarm Dreieichhörnchen

Reuterpfad 25, 63303 Dreieich-Sprendlingen. ✆ 06103/469091, Nordwestrand von Sprendlingen, im Wald. **Anfahrt:** Bus OF64, OF67 Hegelstraße. **Zeiten:** Mo – Fr 14 – 18 Uhr.

▶ Kinder ab 6 Jahre können auf dem naturbelassenen Gelände eine tolle Freizeit wie auf einem Abenteuerspielplatz verbringen. Es werden Hütten gebaut, es wird mit allerlei Rohstoffen und Werkzeugen gebastelt, es wird im Garten gesät, gepflegt und geerntet, es werden Tiere gestreichelt und versorgt usw. Es ist das Ziel der Pädagogen, die Kinder dabei zu unterstützen »die handwerklichen und kreativen Anlagen im freien Spiel zu entfalten«.

Gasthaus und Streichelgehege Thomashütte

Anfahrt: Bus K70, VU5502, 5509, 5510 Eppertshausen-Mitte, RB 61 Dreieich-Buchschlag – Dieburg bis Bhf Eppertshausen, dann 3 km zu Fuß. An der K180 zwischen Messel und Eppertshausen, Parkplatz vorhanden.

▶ Das traditionsreiche Ausflugslokal, ein Fachwerk-Gutshof, liegt im Wald 3 km westlich von Eppertshausen an der Straße nach Messel. Im Sommer macht es Spaß, im Biergarten unter al-

 Auf der Website www.dreieichbaby.de, dem Eltern-Wegweiser für Dreieich, Langen und Neu-Isenburg sind mehrere Dutzend Spielplätze für diese Städte charakterisiert. Die Website bietet darüber hinaus noch viele andere nützliche Informationen.

 Mehrere Rad- und Fußwege führen zur Thomashütte, so von: Eppertshausen, Münster, Dieburg, Ober-Roden, Urberach, Offenthal, Langen und Messel.

LANGEN – RODGAU

**Gasthaus Thomas-
hütte,** Außerhalb 3,
64859 Eppertshausen.
☎ 06071/31850, Fax
38889. www.thomashu-
ette.de. Mi – Mo 11 –
23 Uhr, Nov – März aber
auch Mo geschlossen,
Mitte Sept – Ende Okt
frischer Süßmost und
Rauscher; Apfelweinkel-
terei, Rinderzucht,
Hausmacherwurst,
Küche basierend auf re-
gionalen Erzeugnissen.

HANDWERK UND GESCHICHTE

Das Schloss besitzt
eine **Schlossschänke,**
im Sommer könnt ihr
auch auf einer Terrasse
im Freien sitzen. Di – Fr
12 – 14 und 17 – 23
Uhr, Sa 17 – 23, So 12
– 22 Uhr. Spielplatz in
der Nähe, ebenso die
hübsche Altstadt.

ten Bäumen die Waldluft zu schnuppern. Die Kinder können gleichzeitig auf dem großen Spielplatz herumtollen oder das Streichelgehege mit Schafen, Ziegen und einem Esel teilen. Es gibt das ganze Jahr über Veranstaltungen wie etwa Apfelkeltern oder Köhlervorführungen. Ganz großen Spaß macht es in den Wochen vor Weihnachten, mal in der Thomashütte vorbeizuschauen, dann gibt es nämlich an den Adventswochenenden einen gemütlichen Weihnachtsmarkt, zu dem auch eine lebende Krippe gehört. Kinder erwartet dann sogar eigens ein Spielzelt, in dem sie auf Heuballen toben und kleine Schweine streicheln dürfen.

Von der Thomashütte könnt ihr außerdem schöne **Kurzwanderungen** unternehmen. Drei Rundwege sind markiert, für die 45 Minuten, 1 1/2 bzw. 2 Stunden zu veranschlagen sind.

Schlösser & Museen

Schloss Schönborn

Magistrat der Stadt Heusenstamm, Im Herrengarten 1, 63150 Heusenstamm. ☎ 06104/6070, Fax 607278. www.heusenstamm.de, www.stcaecilia.de. stadt@heusenstamm.de. **Anfahrt:** Bus 119, 900 Wiesenbornweg, S2 Heusenstamm. Am Nordrand von Heusenstamm nahe der Bahnstation.

▶ Wenn ihr mal ein richtiges Schloss sehen wollt, könnt ihr das Schloss Schönborn in Heusenstamm besuchen. Es wurde 1663 – 1668 auf dem Gelände einer mittelalterlichen Burg, von der es noch Reste gibt, erbaut. Seine große Zeit war im 18. Jahrhundert. Danach gammelte es so vor sich hin, bis es schließlich 1978 von der Stadt Heusenstamm übernommen und in der Folgezeit von Grund auf saniert wurde. Im großen Schlossgarten im französischen Stil mit Blumenrabatten und Teichen lassen sich gemütliche Spaziergänge mit Kinderwagen unternehmen.

Ein besonderes Kapitel der Luftfahrt

Zeppelinmuseum Neu-Isenburg, Kapitän-Lehmann-Straße 2, 63262 Neu-Isenburg-Zeppelinheim. © 069/694390, Fax 692016. www.zeppelin-museum-zeppelinheim.de. **Anfahrt:** S3, 4 Zeppelinheim. Im Ortszentrum neben der Kirche. **Zeiten:** Fr 13 – 17, Sa, So, Fei 10 – 17 Uhr, außer Weihnachten und Neujahr, Di – Do für Gruppen n.Vb. **Preise:** Eintritt frei. **Infos:** Prospekt »Das Zeppelinmuseum«.

▶ In der Anfangszeit der Luftfahrt gab es neben den Flugzeugen auch die Zeppeline. Das waren zigarrenförmige, mit Wasserstoffgas gefüllte riesige Ballone, an denen unten die Passagierkanzel hing und die mit Propellern angetrieben und gelenkt wurden. Ihre Ära ging 1937 mit der »Katastrophe von Lakehurst« zu Ende, bei der die »Hindenburg« in Flammen aufging. Ein wesentlicher Grund war aber auch, dass das Flugzeug ihnen mittlerweile überlegen geworden war. Anhand von Modellen, Fotos und Videos könnt ihr hier in einer weltweit einmaligen Ausstellung nachvollziehen, wie diese Luftschiffe aussahen und wie sie flogen. Eine besondere Attraktion ist die Nachbildung eines Prominentendecks des Luftschiffs »Hindenburg« in Originalgröße mit Blick auf Rio de Janeiro.

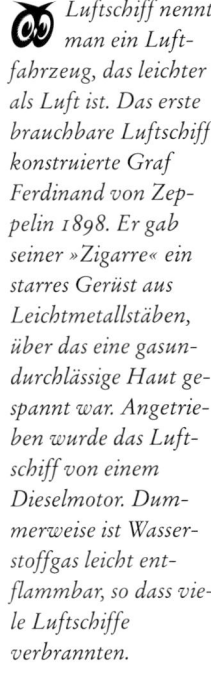

Luftschiff nennt man ein Luftfahrzeug, das leichter als Luft ist. Das erste brauchbare Luftschiff konstruierte Graf Ferdinand von Zeppelin 1898. Er gab seiner »Zigarre« ein starres Gerüst aus Leichtmetallstäben, über das eine gasundurchlässige Haut gespannt war. Angetrieben wurde das Luftschiff von einem Dieselmotor. Dummerweise ist Wasserstoffgas leicht entflammbar, so dass viele Luftschiffe verbrannten.

Hugenottische Ursprünge

Heimatmuseum der Stadt Neu-Isenburg, Haus zum Löwen, Löwengasse 24, 63263 Neu-Isenburg. © 06102/33251, www.neu-isenburg.de. **Anfahrt:** Straba 14 Neu-Isenburg Stadtgrenze, VU-Bus 963 bis

Hugenotten wurden im Frankreich des 16. Jahrhunderts die Protestanten genannt. Es war sehr abschätzig gemeint. In mehreren Kriegen wurden sie von der französischen Königin bzw. dem König verfolgt und getötet. Deswegen flüchteten viele Hugenotten nach Deutschland, wo sie als fähige Handwerker und Kaufleute willkommen waren.

Happy Birthday!
Ihr könnt im Dreieich-Museum spannende Geburtstage feiern mit Museumsrundgang, Spinnen, Ritterpuzzle usw. Zur Auswahl stehen Aktivitäten von 1 bis 3 Stunden, Kosten für bis zu 10 Kinder 36 – 102 €.

Stadthaus. **Zeiten:** Do, Fr 15 – 19, Sa 14 – 18 Uhr außer am 1. Sa im Monat und an Fei; Gruppenführung nach Vereinbarung. **Preise:** Eintritt frei.

▶ Das Museum befindet sich in einem ehemaligen Gasthaus der Hugenottenzeit – ein sehenswerter Fachwerkbau. Ein Schwerpunkt ist der hugenottische Ursprung des Städtchens und die ersten Jahrhunderte dieser Epoche. Gezeigt wird, wie die Menschen damals lebten und was die Hauptbeschäftigungen in diesem Ort wenige Kilometer südlich von Frankfurt waren. Da werden heutzutage so exotisch anmutende Tätigkeiten wie Strumpfwirkerei oder Hasenhaarschneiderei vorgestellt. Letzteres war ein Produktionsschritt beim Hütemachen: Man importierte Hasenfelle aus Russland, denen dann das Haar abgeschnitten und zu Filz verarbeitet wurde. Das ergab weiche, warme Hüte! Außerdem lernt ihr, dass es in Neu-Isenburg erstaunlich viele Wäschereien gegeben hat. Im 19. Jahrhundert sollen es über 100 gewesen sein. Neu-Isenburg war nämlich der »Waschsalon« der wohlhabenden Frankfurter Bürgerhaushalte.

Dreieich-Museum

Fahrgasse 52, 63303 Dreieich. ✆ 06103/84914, Fax 88506. www.dreieich-museum.de. info@dreieich-museum.de. **Anfahrt:** S 3, 4 aus Richtung Frankfurt oder Darmstadt bis Bhf Buchschlag, anschließend Dreieichbahn bis Bhf Dreieichenhain. **Zeiten:** Di – Fr 9 – 12.30, 14 -18, Sa 14 – 18, So 10.30 – 12.30, 14 – 18 Uhr, Führung nach tel. Vb. **Preise:** 1 €; Kinder 0,50 €.

▶ Das Museum befindet sich auf dem Gelände der **Burg Hayn** (erb. um 1100), von der noch ein Wohnturm erhalten ist. Ihr könnt vor oder nach dem Besuch durch den Burggraben streifen und im Burghof herumtollen sowie durch die benachbarte Altstadt von Dreieichenhain mit ihren schönen Fachwerkbauten bummeln.

Das **Museum** selbst ist freilich auch ganz interessant. Im Untergeschoss seht ihr eine schöne Mineraliensammlung, bekommt durch allerlei übersichtlich angeordnete archäologische Funde einen Einblick in die Vor- und Frühgeschichte und könnt anhand eines Modells studieren, wie die Burg und Dreieichenhain im Mittelalter ausgesehen haben. Auf dieser Etage werden häufig Sonderausstellungen veranstaltet, die z.T. auch für Kinder interessant sind.

Einen ganz anderen Charakter haben die Ausstellungen im Obergeschoss, denn hier geht es um Handwerk und Wohnkultur in der Region im 18. und 19. Jahrhundert. So sind eine Bauernstube, eine Bauernküche und ein Bürgerzimmer aufgebaut und es wird gezeigt, wie Flachs verarbeitet und Fachwerk gebaut wurde. Es ist sogar möglich, an zwei Webstühlen handfest zu erleben, wie Leinentücher entstehen.

Hunger & Durst
Bistro des Museums oder **Gasthaus Alte Burg,** Fahrgasse 50, 63303 Dreieichenhain, nahe Burg, ☎ 06103/ 84913, Mo – Sa 17 – 24 Uhr. Schönes altes Fachwerkhaus, hessische Küche, Äppelwoi-Wirtschaft.

Das Maurerdorf

Heimatmuseum Mörfelden, Langgasse 45, 64546 Mörfelden-Walldorf-Mörfelden. ☎ 06105/938220, in der Hofreite »Goldener Apfel«. **Anfahrt:** VU-Bus 972/ 973, 5514 Rathaus, S7 Mörfelden. **Zeiten:** Di 16 – 19, So 11 – 13, 14 – 17 Uhr, Gruppenführung jederzeit möglich, Anm. ☎ 06105/320-141. **Preise:** Eintritt frei.

▶ Das Mörfeldener Heimatmuseum zeigt die Entwicklung vom Bauern- und Handwerkerdorf im 18. Jahrhundert bis zur Arbeiterwohngemeinde im 20. Jahrhundert, zu dessen Beginn viele Bauhandwerker in das 15 km entfernte Frankfurt pendelten. Mörfelden galt damals als

»Maurerdorf«. Im Zentrum steht der Alltag der »kleinen Leute«: wie sie wohnten, wie sie sich kleideten, was sie arbeiteten. Es wird auch ihr politisches Engagement nicht ausgespart: in Mörfelden war und ist die Arbeiterbewegung und die politische Linke sehr stark. Das Museum legt großen Wert darauf, dass es zum Anfassen ist, das dürft ihr wörtlich nehmen.

Im **Museumsgarten** dürfen Schulklassen eigene Pflanzbeete anlegen. Dort befindet sich ferner die Schule von 1763.

Gründung waldensischer Glaubensflüchtlinge

Heimatmuseum Walldorf, Langstraße 96, 64546 Mörfelden-Walldorf-Walldorf. ℂ 06105/938-274 (während der Öffnungszeit). **Anfahrt:** KVK-Bus 77 Waldstraße, S7 Walldorf. **Zeiten:** Di 9 – 12, Do, So 15 – 18 Uhr, Gruppenführungen nach Anmeldung unter ℂ 06105/320-141. **Preise:** Eintritt frei.

▶ Walldorf hat eine ganz besondere Geschichte, es wurde nämlich 1699 von waldensischen Glaubensflüchtlingen, die aus den Savoyer Alpen (Piemont) nach Hessen geflohen waren, gegründet. Das Museum berichtet nicht nur über das Waldensertum und die Flucht, sondern auch über die Entwicklung des neuen Dorfes. Das reicht bis in die jüngere Zeit hinein, als sich das Bauerndorf zur großen, nichtlandwirtschaftlichen Wohngemeinde wandelte, was zugleich auch ein Stück Industrie- und Arbeitergeschichte ist. Die Waldenser sind heute nur noch eine kleine Minderheit. Die Präsentation ist übersichtlich und gut verständlich.

Die Waldenser sind nach ihrem Stifter Petrus Valdes († 1218) benannt. Sie lehnten die katholische Lehrautorität ab und damit auch Heiligen- und Reliquienverehrung, die Lehre vom Fegefeuer, Ablass und Fürbitten, Kriegsdienst und Todesstrafe. Solches Leben in Armut und Widerstand war der katholischen Kirche verhasst, weswegen die Andersgläubigen verfolgt wurden.

Den Opfern des KZ-Außenlagers Walldorf zum Gedenken

Historischer Lehrpfad Walldorf. **Länge:** 2 km Rundweg im Uhrzeigersinn ab Familie-Jürges-Weg. **Anfahrt:** KVK-Bus 977 Von-Weinberg-Straße.

▶ Am Nordrand von Walldorf befand sich von August bis November 1944 eine Außenstelle des *KZs Natzweiler-Struthof* (Elsass). Hier waren 1700 jüdische Frauen aus Ungarn zusammengepfercht, die unter unmenschlichen Bedingungen eine Rollbahn auf dem Frankfurter Flughafen betonieren mussten. Ihnen war noch nicht einmal erlaubt, bei Bombenangriffen Schutz zu suchen, viele kamen deshalb ums Leben. Am 24. November wurde das Lager schließlich aufgelöst und die völlig entkräfteten Frauen in das *KZ Ravensbrück* (90 km nördlich von Berlin) verschleppt. Soweit sie nicht an Erschöpfung oder Krankheit starben oder ermordet wurden, schaffte man sie ab Anfang 1945 von dort in KZ-Außenstellen zur Rüstungsproduktion. Einige befanden sich auch in den riesigen Kolonnen, die am 27. April in so genannten Todesmärschen vom KZ Ravensbrück zum Munitions- und Sprengstoffwerk Malchow getrieben wurden. Nur 330 der 1700 ungarischen Jüdinnen des Walldorfer Arbeitslagers waren bei Kriegsende noch am Leben.

Der **Historische Lehrpfad** führt auf einem 2 km langen Rundweg um das ehemalige Lagergelände. Auf 17 Infotafeln ist der gesamte Leidensweg der Frauen, der mit der Deportation aus Ungarn nach Auschwitz begann und in Walldorf und Ravensbrück weiterging, durch Aussagen der Überlebenden und Dokumente dargestellt. »Diese Frauen und Mädchen lebten unter unvorstellbaren Verhältnissen in diesem Lager.

Magistrat der Stadt Walldorf (Hg.), »Das Geheimnis der Erlösung heißt Erinnerung«. Ein Begleitheft zum Historischen Lehrpfad am ehemaligen KZ-Außenlager Walldorf, Mörfelden-Walldorf 2000, 74 S.

LANGEN – RODGAU

Bekleidet mit zerschlissenen Lumpen, die Beine und Füße trotz eisiger Kälte nur mit Zementsäcken umwickelt« (Erinnerung eines Walldorfers).

BÜHNE, LEINWAND & AKTIONEN

Kino in der Region Langen & Rodgau

Dietzenbach, Offenbacher Str. 9 – 11, Bürgerhaus, aktuelles Programm unter www.dietzenbach.de;

Mörfelden-Walldorf, in Walldorf, Mörfelder Straße 20, Lichtblick. Walldorfer Kinotreff, ✆ 06105/42352, www.rightwithin.de/lichtblick; Kinderkino Mo – Fr ab 16.30, Sa, So ab 14 Uhr, reichhaltiges Programm;

Rödermark, Ober-Rodener Straße 42, KINO Neue-Lichtspiele, ✆ 06074/50663, www.neue-lichtspiele.de.

Spielen und spielen lassen

Spielinsel Dietzenbach

Gertrud H. Röhner, Babenhäuser Straße 29, 63128 Dietzenbach. ✆ 06074/483818, Fax 483819. www.dietzenbach.de. roehner@dietzenbach.de. Im Zentrum hinter der Citypassage. **Anfahrt:** Bus OF99 Rathaus. **Zeiten:** Mo 15 – 18 nur Mädchen, Mi 16 – 19 (ab 10 Jahre), Do 15 – 18 (6 – 13 Jahre); Fr 17 – 20 (ab 14 Jahre); jeden 1. So im Monat 15 – 18 Uhr Familienspieltag.

@ Eine Übersicht über alle Spiele findet ihr unter www.dietzenbach.de.

▶ Die Spielinsel ist eine Einrichtung des Fachbereiches Soziale Dienste der Stadt. Ihr könnt hier in gemütlicher Atmosphäre Gesellschaftsspiele ausleihen und spielen. Es gibt eine Riesenauswahl: sage und schreibe 370 verschiedene! Das Ganze ist kostenlos und alle können kommen: Kinder, Jugendliche und Erwachsene. Für zusätzliche Spannung sorgen regelmäßig veranstaltete Spieleturniere.

Kindertheater in Langen

Kultur und Stadthalle, Südliche Ringstraße 77, 63225 Langen. ℘ 06103/203431 (Auskunft für Kinder), www.stadthalle-langen.de. **Anfahrt:** VU-Bus 972/973 bis Rathaus. Im Süden von Langen. **Preise:** Kinder 4,50 – 5 €; günstige Abos.

▶ Langen ist im Kreis Offenbach fraglos die Hochburg des Kindertheaters. Hauptspielstätte ist die Stadthalle. Im Winterhalbjahr werden hier im Oktober 2, im November 3, im Dezember 5, von Januar bis April je 2 Stücke aufgeführt. An den Aufführungstagen wird jeweils zweimal – 10.30 und 15 Uhr – gespielt.

Informative Broschüre »Kindertheater Stadthalle Langen« für die jeweilige Spielzeit mit den Terminen, Eintrittspreisen und der Beschreibung der Stücke anfordern.

Kindertheater in Neu-Isenburg

Hugenottenhalle, Frankfurter Straße 152, 63263 Neu-Isenburg. www.hugenottenhalle.de, www.ticketcenter.de. **Anfahrt:** VU-Bus 970, 972/973, OF52 Isenburgzentrum West.

▶ Im Neu-Isenburger Kulturtempel Hugenottenhalle wird auch regelmäßig Kindertheater gespielt. Im Forum 1 werden Stücke für Kinder ab 4, im Forum 2 für Kinder ab 6 Jahre aufgeführt. Für beide Gruppen gibt es in der Saison ca. 1 Stück pro Monat, an den Spieltagen gibt es zwei Aufführungen – um 10 und 16 Uhr.

Kindertheater in Mörfelden-Walldorf

64546 Mörfelden-Walldorf. www.moerfelden-walldorf.de.

▶ Wie in den Nachbarstädten gibt es in Mörfelden-Walldorf Kindertheater auf städtischen Bühnen. Veranstaltungsorte sind das Bürgerhaus Mörfelden und die Stadthalle Walldorf. Das ist allerdings nicht gerade häufig. Denn auf dem Programm steht nur ca. einmal im Monat Kinderoper, Kinderkonzert oder Kindertheater.

INFO & KARTEN

FRANKFURT: NATUR & SPORT

FRANKFURT: WISSEN & KULTUR

OFFENBACH & HANAU

VOR DER MAINMÜNDUNG

AM SÜDHANG DES TAUNUS

BAD VILBEL – NIDDATAL

DARMSTADT & UMGEBUNG

LANGEN – RODGAU

INFO & KARTEN

INFO-STELLEN

Touristeninformationen und Bürgerberatungsstellen

Frankfurt Forum, Bürgerberatung, Römerberg 32, Frankfurt am Main. ℃ 069/212-40000, www.frankfurt.de. Buergerberatung@stadt-frankfurt.de. **Zeiten:** Mo 10 – 16.30, Di 8 – 16.30, Mi 10 – 16.30, Do 10 – 18, Fr 10 – 16 Uhr. **Infos:** Veranstaltungen für Kinder, Ferienprogramme, Adressen, Tipps, aber auch allgemeine Tipps zu Freizeitangeboten und Öffnungszeiten von Bädern, Palmengarten, Zoo, Sportvereinen etc.

Touristinfo Frankfurt, Römer, Römerberg 27, Ecke Braubachstraße, 60311 Frankfurt am Main. ℃ 069/212-38800, Fax 212-37880. www.frankfurt.de. **Zeiten:** Mo – Fr 9.30 – 17.30, Sa, So 9.30 – 16 Uhr, am 1.1 sowie 25. und 26.12. geschlossen.

Touristinfo Frankfurt, Hauptbahnhof, Hauptbahnhofpassage, 60329 Frankfurt am Main. ℃ 069/212-38800, Fax 212-37880. www.frankfurt.de. **Zeiten:** Mo – Fr 8 – 21, Sa, So, Fei 9 – 18, Heiligabend und Silvester 8 – 13 Uhr, am 1.1 sowie 25. und 26.12. geschlossen.

Stadtverwaltung Maintal, Kultur, Sport und Freizeit, Klosterhofstraße 6, 63477 Maintal-Hochstadt. ℃ 06181/400-726, www.stadt-maintal.de. sport.freizeit@stadt-maintal.de.

Tourist-Info Seligenstadt, Einhardhaus, Aschaffenburger Straße 1, 63500 Seligenstadt. ℃ 06182/87-177, Fax 29477. www.seligenstadt.de. TouristInfo@seligenstadt.de. **Zeiten:** Mo – Fr 9.30 – 12.30, 14 – 17, Sa 10 – 12.30, So 14 – 16 Uhr, Führungen Sa 12.30, So 16 Uhr.

Offenbach Info Center, Neubau Sparkasse, Salzgässchen 1, 63065 Offenbach. ℃ 069/8065-2052, Fax 8065-3199. www.offenbach.de, www.ofinfocenter.de. info@ofinfocenter.de. **Zeiten:** Mo – Fr 9 – 18.30, Sa 10 – 14 Uhr.

Tourist-Information Hanau, Am Markt 14 – 18, 63450 Hanau. ℃ 06181/295950, Fax 295959. www.ha-

Wir danken für die Unterstützung mit Bildmaterial:
Hessen Touristik Service e.V.
www.hessen-tourismus.de

nau.de. touristinformation@hanau.de. Im Stadtzentrum. **Zeiten:** Mo – Do 9.30 – 18 Uhr, Fr 8.30 – 13 Uhr, Sa 9 – 12 Uhr.

Stadtverwaltung Langenselbold, Bürgerbüro, Im Schlosspark 2, 63505 Langenselbold. ✆ 06184/80260, Fax 80253. www.langenselbod.de. stadt.langenselbold@t-online.de.

Gemeindeverwaltung Rodenbach, Buchbergstraße 2, 63517 Rodenbach. ✆ 06184/59957, www.rodenbach.de. gemeinde@rodenbach.de.

Stadtverwaltung Hochheim, Alte Malzfabrik 1, 65239 Hochheim am Main. ✆ 06146/839910, Fax 839916. www.hochheim.de. Info@hochheim.de. **Zeiten:** Mo und Do 7.30 – 18, Di, Mi und Fr 8.30 – 16, Sa 10 – 12 Uhr.

Stadtverwaltung Rüsselsheim, Bürgerservice, Marktplatz 4, 65428 Rüsselsheim. ✆ 06142/83-2214, Fax 83-2243. www.stadt-ruesselsheim.de. oeffentlichkeitsarbeit@ruesselsheim.de. **Zeiten:** Mo – Fr 8 – 12, Do 16 – 18 Uhr.

Stadtbüro Flörsheim, Bahnhofstraße 12, 65438 Flörsheim. ✆ 06145/9550, Fax 955299. www.floersheim-main.de. stadtbuero@floersheim-main.de. **Zeiten:** Mo, Mi und Fr 7.30 – 13, Di und Do 7.30 – 18 Uhr.

Bürgerbüro »Stadtpunkt«, Bahnhofsplatz 1, 65795 Hattersheim. ✆ 06190/9700, Fax 970126. www.hattersheim.de. stadtpunkt@hattersheim.de. **Zeiten:** Mo, Mi 7.30 – 18, Di, Do, Fr 7.30 – 15 Uhr. **Infos:** zu Veranstaltungen, Museen, dem Regionalpark Rhein-Main und anderen Angeboten. RMV-Fahrpläne.

Gemeindeverwaltung Kriftel, Frankfurter Straße 33 – 37, 65830 Kriftel. ✆ 06192/40040, Fax 45514. www.kriftel.de. gemeindeverwaltung@kriftel.de.

Bürgerinformation Darmstadt, Neues Rathaus (Carree), Louisenplatz 5a, 64283 Darmstadt. ✆ 06151/13-2310, Fax 13-2206. www.darmstadt.de. info@darmstadt.de. Gegenüber von ProRegio Darmstadt. **Zeiten:** Mo – Do 7 – 18, Fr 7 – 15.30 Uhr.

Internetportale fürs Rhein-Main-Gebiet

www.darmstadt.de
www.dreieichbaby.de
www.echo-online.de: Darmstädter Echo
www.familien-willkommen.de: Darmstadt
www.frankfurt.de
www.frankfurt.kinderstadt.de
www.frankfurt-tourismus.de
www.frankfurterjugend.de
www.hanau.de
www.kinderfun.de: Frankfurt-Niederrad
www.kinder-lachen.de: Darmstadt, Umgebung
www.kreis-gross-gerau.de
www.kreis-offenbach.de
www.ladadi.de: Landkreis Darmstadt-Dieburg
www.mtk.org: Main-Taunus-Kreis
www.offenbach.de
www.pvfrm.de: Planungsverband Ballungsraum Frankfurt/Rhein-Main
www.stadt-ruesselsheim.de
www.taunus-info.de: Taunus Touristik Service, auch für MTK
www.wetteraukreis.de
www.wfmkk.de: Main-Kinzig-Kreis

ProRegio Darmstadt, Stadt- und Touristmarketing Gesellschaft e.V., Im Carree 4a, 64283 Darmstadt. ✆ 06151/95150-0, Fax 95150-50. www.proregio-darmstadt.de. info@proregio-darmstadt.de. **Zeiten:** Mo – Fr 9.30 – 19, Sa 10 – 15 Uhr.

Gemeinde Messel, Kohlweg 15, 64409 Messel. ✆ 06159/7157-0, Fax -13. www.messel.de. **Zeiten:** Mo 8 – 12, 15 – 18, Mi, Fr 8 – 12 Uhr.

Stadtverwaltung Dieburg, Rathaus, Markt 4, 64807 Dieburg. ✆ 06071/2002-0, www.dieburg.com. info@dieburg.de. **Zeiten:** Mo – Do 8 – 12, Do auch 14 – 17.30, Fr 8 – 11.30 Uhr.

Stadtverwaltung Rodgau, Bürgerbüro im Rathaus, Hintergasse 15, 63110 Rodgau-Jügesheim. ✆ 06106/693-0, Fax -495. www.hessennet.de/rodgau/. buergerbuero@rodgau.de. **Zeiten:** Mo – Fr 7.30 – 18 Uhr.

Stadtverwaltung Dietzenbach, Offenbacher Straße 11, 63128 Dietzenbach. ✆ 06074/373-0, Fax 373206. www.diezenbach.de. stadt@dietzenbach.de. **Zeiten:** Mo 7 – 16, Di, Do 7 – 18, Fr 7 – 12.30 Uhr.

Stadtverwaltung Heusenstamm, Rathaus, Im Herrngarten 1, 63150 Heusenstamm. ✆ 06104/607-0, Fax -278. www.heusenstamm.de. info@heusenstamm.de. **Zeiten:** Mo 8 – 12, Di, Do 8 – 12, 15 – 17 Uhr.

Stadtverwaltung Obertshausen, Schubertstraße 11, 63179 Obertshausen. ✆ 06104/7030, Fax 703188. www.obertshausen.de. info@obertshausen.de.

Stadtverwaltung Langen, Stadt Info im Rathaus, Südliche Ringstraße 80, 63225 Langen. ✆ 06103/203-0, Fax 26302. www.langen.de. **Zeiten:** Mo – Mi 7.30 – 16, Di, Do 8 – 18, Fr 7.30 – 13 Uhr.

Stadtverwaltung Dreieich, Wirtschaftsförderung und Marketing, Hauptstr. 45, 63303 Dreieich. ✆ 06103/601-681, Fax -8681. www.dreieich.de. **Zeiten:** Mo – Fr 7 – 12, Di, Do auch 14 – 18, Sa 8.30 – 12.30 Uhr.

Rathaus Mörfelden, Westendstraße 8, 64546 Mörfelden-Walldorf-Mörfelden. ✆ 06105/938-0, Fax 938-

888. www.moerfelden-walldorf.de. info@moerfelden-walldorf.de. **Zeiten:** Mo, Di, Mi, Fr 8.30 – 12, Do 14 – 19 Uhr. **Infos:** auch im Rathaus Walldorf, Flughafenstraße 37, 64546 Mörfelden-Walldorf.

Kur- und Verkehrsbüro Bad Vilbel, Parkstraße 15, 61118 Bad Vilbel. ℃ 06101/602247, Fax 602400. www.bad-vilbel.de. kurbuero@bad-vilbel.de.

Stadtverwaltung Karben, Rathausplatz 1, 61184 Karben. ℃ 06039/481230, www.karben.de.

Bahn, Bus, S-, U- und Straßenbahn

Das Rhein-Main-Gebiet verfügt über ein dichtes Netz von Regionalzügen, S-Bahnen und Bussen. In Frankfurt gibt es darüber hinaus noch U- und Straßenbahn. Letztere existiert auch noch in Darmstadt und Offenbach. So ist es möglich, alle in unserem Buch vorgeschlagenen Aktivitäten mit Verkehrsmitteln des *Öffentlichen Personen-Nahverkehrs* (ÖPMV) anzusteuern: Liniennummer und Haltestelle sind im Buch ja bereits angegeben.

Das Management für den Öffentlichen Nahverkehr der Region liegt in den Händen des **Rhein-Main-Verkehrsverbundes RMV.** Seine buchdicken Fahrpläne bieten einen vollständigen Überblick über die Verkehrsverbindungen. Ferner sind ihnen Pläne beigefügt, die alle Linienverläufe und Haltestellen zeigen.

Für den in meinem Buch erfassten Teil des Rhein-Main-Gebietes gibt es folgende Fahrpläne: Frankfurt (1404 Seiten!), Stadt und Kreis Offenbach, Main-Kinzig-Kreis und Hanau, Wetteraukreis, Landkreis Groß-Gerau und Stadt Rüsselsheim, Stadt Darmstadt und Landkreis Darmstadt-Dieburg, Main-Taunus-Kreis, Hochtaunuskreis und Bad Homburg v.d.H.

ÖPNV IN RHEIN-MAIN

Tipp: RMV-Infos/Fahrplan: Hotline ℃ 01805/ 7684636; über Handy: wap.rmv.de; Internet: www.rmv.de.

✌ Alle Fahrpläne können bestellt werden bei: Rhein-Main-Verkehrsverbund GmbH, Postfach 1480, 65704 Hofheim, ℃ 06192/ 294-0.

INFO & KARTEN

Frankfurt — Innenstadt

Herausgeberin

© Rhein-Main-Verkehrsverbund GmbH
Alte Bleiche 5, 65719 Hofheim

© Kartengrundlage

ATKIS Hessisches Landesvermessungsamt, Wiesbaden

Digitale Karte

Höfer & Bechtel GmbH
63533 Mainhausen

Friedberg **S6**
Bruchenbrücken
Nieder-Wöllstadt
Okarben
Groß Karben
Dortelweil
Berkersheim
Bad Vilbel Süd
Bad Vilbel

...gesheim
...nd-Freud-Straße
...burgstraße
...ald-Ziegler-Str.
...ckenheim
...wer Straße

Rohrbachstr./Friedberger Lstr.
Rothschildallee
Glienbergsburgpark
Hartmann-Ibach-Str.
Burgstr.

U4 Bornheim Seckbacher Landstr.
Bornheim Mitte

U7
Enkheim
Hessen-Center
Kruppstr.
Gwinnerstr.
Schäfflestr.
Mainkur Bf

14 Bornheim Ernst-May-Platz

Friedberger Platz
Höhenstr.
Bornheim

Hessen-denkmal
...rianplatz

Spessartstr.
Wittelsbacherallee

Eissportshalle/Festplatz

Johanna-Tesch-Platz

Alt-Fechenheim

Freiligrath-str.
Habsburger-/Wittelsbacher-allee
Waldschmidtstr.

Parlaments-platz

Cassellastr.

12 Hugo-Junkers-Str.

Fechenheim Post

Zoo
Habsburger-allee

Daimlerstr.
Dieselstr.

Riederhöfe

Schwedlerstr.

Fechenheim

11 Fechenheim Schließhüttenstr.

Ostbahnhof
Zobelstr.

U6

...stendstraße

Ostparkstr.

Ostend

S 8 Hanau
S 9

Kaiserlei
Ledermuseum
Marktplatz

S1 Rödermark Ober-Roden
S2 Dietzenbach

Offenbach Ost

...thalfed

15 **16** Offenbach Stadtgrenze

Heister-/Seehofstr.
Mühlberg
Lokalbahnhof
Langelanger
Balduinstr.
Bleiweißstr.
Buchrainstr.
Faschenburger-Str.
Wiener Str.

S5 **S6**
U1 **U2** **U3**
19

Oberrad

...str. ...felder Landstr.

...osenhausen

...n

14 Neu-Isenburg Stadtgrenze

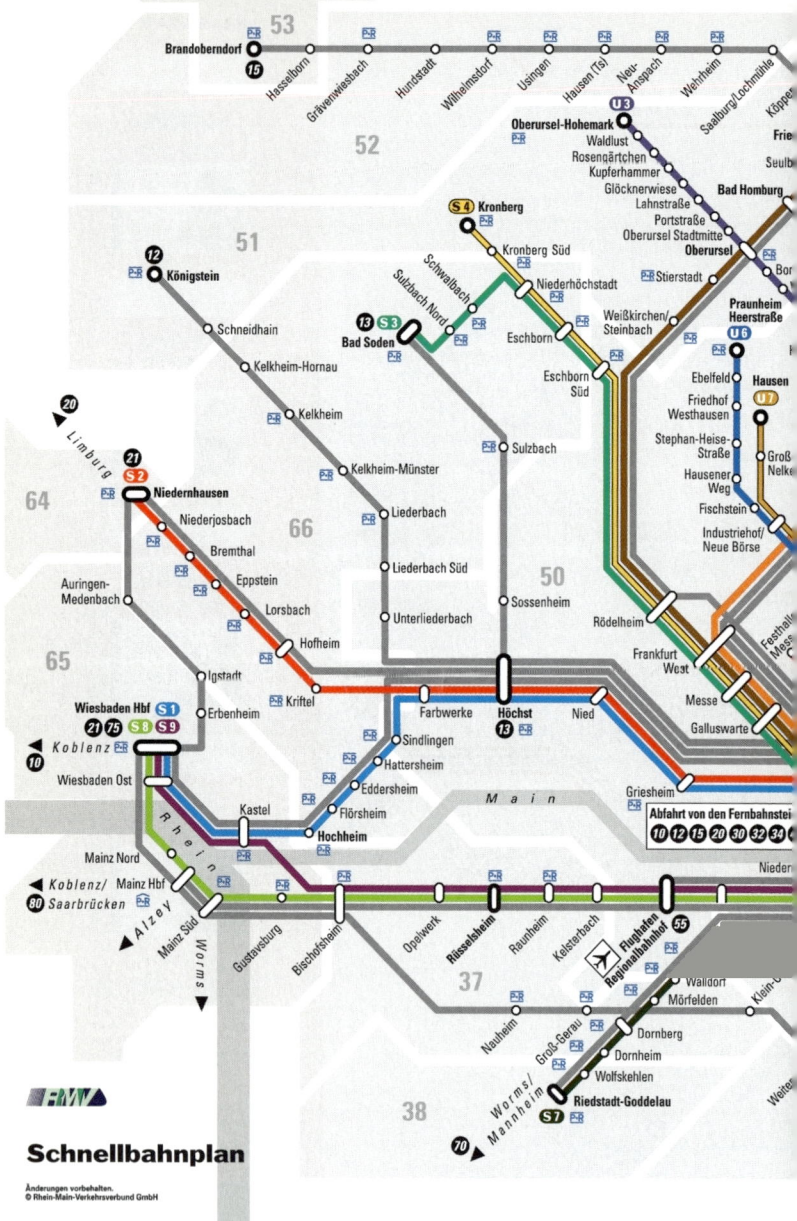

Schnellbahnplan

Änderungen vorbehalten.
© Rhein-Main-Verkehrsverbund GmbH

Burgholzhausen Rodheim Rosbach Friedberg Süd **30 40 ▲ 25** **31 ▲** **36 ▲**

U 2
Bad Homburg-Gonzenheim
Ober-Eschbach
Nieder-Eschbach
Bonames Mitte
Kalbach
Riedwiese
Sandelmühle

26
16 33
Friedberg S6
Bruchenbrücken
Nieder-Wöllstadt
Okarben
Groß Karben
Dortelweil

Gießen *Wöllersheim-* ▲
Nidda ▲ **32 ▲**
Assenheim
Windecken
Bütdesheim

Nidda ▲ **34 Stockheim**
24
Glauberg
Lindheim
Altenstadt
Höchst
Eichen
Niddertau

Gelnhausen **36 ▲**
27

Frankfurter Berg Berkersheim Bad Vilbel Süd

U5 Preungesheim
Sigmund-Freud-Straße
Ronneburgstraße
Theobald-Ziegler-Straße
Gießener Straße
Marbachweg/Sozialzentrum
Eckenheimer Landstraße/
Marbachweg
Versorgungsamt
Hauptfriedhof
Nibelungenallee/
Deutsche Bibliothek
Glauburgstr.
Musterschule

Heddern-
heim
Eschersheim
Weißer Stein
Lindenbaum
Hügelstraße
Fritz-Tarnow-Str.
Dornbusch
Miquel-/
Adickesallee
Holzhausenstr.
Grüneburgweg
Eschenheimer
Tor

Gronau
Niederdorfelden Obertorfelden Kilianstädten
Bad Vilbel

29

Ostheim
Bruchköbel
Hanau Nord

U7 Enkheim
Hessen-Center
Kruppstraße
Gwinnerstraße
Schäfflestraße
Johanna-Tesch-
Platz
Eissporthalle/
Festplatz
Parlamentsplatz
Habsburgerallee

U4 Bornheim
Seckbacher
Landstraße
Bornheim
Mitte
Höhenstraße
Merianplatz
Zoo

30

Wilhelmsbad
Hanau
West
Maintal Ost
Maintal West
Mainkur

Hauptwache Konstablerwache

U6 Frankfurt Ost

Römer
Ostendstraße
Schweizer
Platz
Lokalbahnhof
Frankfurt Süd
Stresemannallee

U5
80
Willy-Brandt-
Platz

Mühlberg Kaiserlei Ledermuseum Markplatz
Mühlheim
Dietesheim
Steinheim
Hanau Hbf
S8 S9
33 ▲ Schöllkrippen
56
55
Aschaffenburg
Fulda ▲ **58**

Offenbach Ost

Bieber Waldhof
Obertshausen Klein-Auheim
Heusenstamm Weiskirchen Hainstadt
Steinberg Hainhausen
Dietzenbach Jügesheim Seligenstadt
Mitte
Dietzenbach
Bahnhof S2 Dudenhofen
Nieder-Roden
Rollwald Zellhausen

Offenbach Hbf S2

S5 S6 U1 U2 U3

36

Sprendlingen Weißkirchen Götzenhain
Dreieichenhain Offenthal Urberach

Rödermark-
Ober-Roden S1

Eppertshausen
Münster **41** *Aschaffenburg*
61 Dieburg Altheim Hergershausen **Babenhausen**
63 ▲
64 ▲

40
3 S4
65 75
heim ▼ **▲ 65** Darmstadt
Nord Kranichstein Messel
Erbach/ *Eberbach*
Erbach/ *Eberbach*

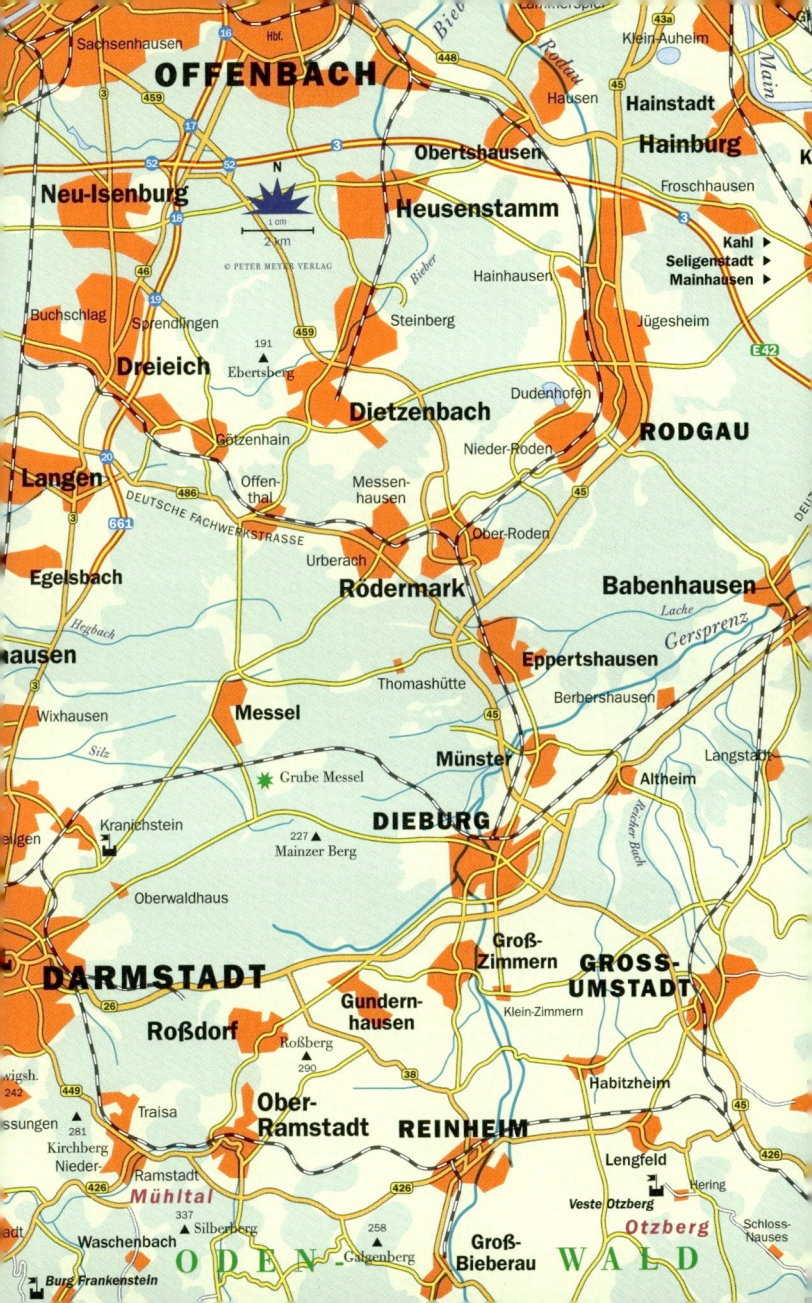

REGISTER

A

Abenteuerspielplatz
  Eschborn 210
  Günthersburg 57
  Nordweststadt 59
  Riederwald 57, 69, 79
Aktivspielplatz Herrngarten
  252
Alsbach 254
Altwiedermus 149
Arboretum 204
Archäologisches Museum 80
Arheilgen 234, 245, 247
Arheilger Mühlchen 234
Aschaffenburger Personen-
  schiffahrt 125
Assenheim 219, 220, 222,
  223, 224
Autofähre 125
Auwald 132

B

Bad Homburg v.d.H. 199,
  201, 206, 207, 209
Bad Vilbel 28, 35, 215, 216,
  217, 220, 221, 224, 225,
  226, 305
Bad Weilbach 176
Badesee Mainflingen 119
Barbarossaquelle 146
Bärensee 117, 144
Barfuß-Lehrpfad 137, 286
Bauerngarten 184
Beratungsgarten Lohrberg 52
Bergen-Enkheim 13, 33, 34,
  35, 41
Berger Hang 13, 41
Bessungen 229, 241, 246,
  267
Bessunger Forsthaus 254
Betreute Spielplätze 55
Birkensee 115
Bischofsheim 34, 125
Bockenheim 16, 61, 101
Bonames 54, 66
Bornheim 12, 53
Bornheimer Hang 12

Botanischer Garten 49
Braunshardter Tännchen 248
Brentanobad, -park 17, 62
Bruchköbel 117, 144, 146
Brüder-Grimm-Märchenfestspie-
  le 148, 162
Brunnenmuseum 224
Buchberg 135
Buchschlag 280
BUNDjugend Hessen 43
Burg Frankenstein 255
Bürgel 130
Bürgerpark Nord 249 – 252

C – D

Cäcilia-Lauth-Park 67
Campingsee Kahl 121
Colorado-Park 58
Comödienhaus 161
Dampfbahnsonderfahrten
Dampfzugsonderfahrten 147,
  191, 260
Darmbachquelle 236
Darmstadt 229, 241, 242,
  246, 253, 254, 303, 304
Datterich-Express 253
Deutsches Filmmuseum 90,
  94
Deutsches Leder- und Schuh-
  museum Offenbach 152
Deutschherrnufer 51
Die Katakombe 98
Dieburg 232, 237, 239, 250,
  254, 304
Dietesheim 125, 132, 134
Dietesheimer Seenplatte 134
Dietzenbach 272, 280, 283,
  289, 298, 304
Dinosaurier 83
Dörnigheim 113, 125, 131,
  138, 139
Dortelweil 218, 219, 226
Dreieich 275, 286, 287, 291,
  294, 304
Dudenhofen 289

E

Ebbelwei-Express 73
Eberstadt 231, 251, 255
Eddersheim 175, 188
Egelsbach 276, 281

Eisenbahnmuseum Kranich-
  stein 254, 259
Eiserner Steg 31
Eissporthalle 68, 252
Enkheimer Ried 13, 33, 34
Eppertshausen 281
Erzhausen 282
Eschborn 203, 204, 205, 210
Eschersheim 14
Eschersheimer Bad 15, 60
Explora 81

F

Fechenheim 12, 32, 56, 66
Fechenheimer Weiher 33
Feldbahnmuseum 75
Ferienkarussell 69
Ferienspiele 69, 195
Ferri 104
Feuerlöschboot 76
Feuerwehr, -museum 29, 75
Figurentheater 99
Fischerhütte 236
Fledermausexkursion 224
Flohmarkt 4, 51, 263, 264
Flörsheim 171, 176, 177,
  178, 184 – 189, 303
Flörsheimer Schweiz 178
Flörsheimer Warte 178, 179
Flusswerkstatt 222
Forellengut 207
Forsthaus Kalkofen 237, 238,
  283
Forstmuseum 137
Fossilien- und Heimatmuseum
  Messel 261
Frankfurt 11, 31, 73, 129
Frankfurter Kinderbüro 70
Frankfurter Literaturhaus 105
Frankfurter Rundschau 70
Freiherr-von-Verna-Park 178
Freizeit- und Erholungszentrum
  Kinzigsee 117
Freizeitanlage Dicke Eiche
  146
Freizeitanlage Spießfeld 237,
  250
Freizeitpark Kriftel 190
Freizeitzentrum Steinbrücker
  Teich 239, 248
Fuchstanz 205

Gaststätten

Alt Gronau 218
Alte Burg 295
Am Buchbergturm 136
Am Goetheturm 25
Am Waldschwimmbad 111
Anglerheim 27
Bayerische Biergarten 249
Bella Vista 35, 220
Biergarten Tukan 48
Blau Gelb 54
Boothaus des FRCF 1887 33
Bootshaus 174, 177
Bootshaus des Offenbacher
  Ruderclubs 1874 32
Bootshaus des WSV 1926
  Bürgel 33, 130
Burg Frankenstein 255
Café Eulenpick 247
Café Goetheruh 65
Café im Liebieghaus 88
Café Siesmayer 50
Calabrisella 172
Capitano 130
Dorotheenhof 174
Dragonerbräu 159
El Torro 116
Eulenspiegel 121
Fischerhütte 236
Fischerstübchen 180

Flörsheimer Ruderverein 08
  e.V. 171
Forellengut 207
Forsthaus Kalkofen, 238
Fuchstanz 205
Gerbermühle 32
Gundhof 285
Gutsausschank Flörsheimer
  Warte 179
Gutsausschank Johanneshof
  178
Gutsausschank Lindenhof
  175
Gutsschänke Neuhof 284
Hirschgarten Restaurant 207
Hofgut Langenau 180
Hofgut Patershausen 283
Holbein's 92
Jagdhaus 141
Kinderkiosk KiKo 50
Kurhaus-Café 144
Lohrbergschänke 52
Lokal Scheuer 290
Mainterrasse 128
Mainterrassen 177
Mönchbrucher Mühle 183
Mönchhof 189
Museumscafé 90
Napolimania 172
Naturfreundehaus Mainzer
  Berg 237

Oberschweinstiege 37
Oberwaldhaus 248
Panorama 289
Reiterschänke da Vito 258
Reiterstube Goldockerhof
  139
Rhein-Main-Terrasse 173
Römerschänke 28
Ronneburg 150
Sambesi 209
Sandelmühle 15, 28
Schlossschänke 292
Schlossterrasse Philippsruhe
  127
Seeterrasse 122
Sombrero 48
TC Waldschwimmbad Rosen-
  höhe 110
Thomashütte 292
Towercafé 29
Villa Aurora 118
Villa Leonardi 50
Vivarium 247
Walfisch-Restaurant 200
Wiesenhof Ponderosa 25
Wiesenmühle 179
Zum Grünen See Eck 135
Zum Hirsch 177
Zum Lahmen Esel 26
Zum Schiffchen 130

G

Galli Theater 101
Gallus Theater 99
Garteneisenbahn 210, 254
Gehölzlehrpfad 223
Gerbermühle 31
Ginnheim 53, 58
Ginsheim 180
Ginsheim-Gustavsburg 191,
  195
Ginsheimer Altrhein 171
Goetheturm 25, 37
Götzenhain 287
Grastränke 285
Griesheim 66
GRKW-Naturschutzhaus 187

Gronau 218, 219, 225
Groß-Karben 225
Großauheim 112, 145, 157
Große Kurve 205
Großer Woog 233
Großkrotzenburg 120, 144,
  146
Großkrotzenburger See 120,
  144
Grube Messel 84, 238, 262
Grube Prinz von Hessen 233,
  235
Grüne Schule Palmengarten
  50
Grüne Soße 96, 97
Grüngürtel 11

Grzimek-Haus 47
Gundhof 284
Günthersburgpark 53
Gustavsburg 195
Gut Neuhof 280

H

Hainamühle 223
Hainbachtal 142
Hainstadt 128, 140
Hallenspielplatz 59
Hanau 109 – 117, 123, 126,
  132, 137, 140 – 148, 154 –
  162, 302
Hattersheim 181, 182, 188,
  191, 195, 196, 303
Hausen 16, 26, 53, 61, 101

Heddernheim   26, 28

Hegbach-Tal   280

Heilsberg   225

Heinrich-Hoffmann-Museum   82

Heinrich-Kraft-Park   13, 33, 56, 60

Herrngarten   239, 249

Hessisches Landesmuseum   256

Hessisches Puppenmuseum   155

Heusenstamm   271, 272, 281, 283, 292, 304

Hirschgarten   207

Historische Eisenbahn Frankfurt e.V.   74

Historischer Lehrpfad Walldorf   297

Historisches Museum   77

Hochheim   166, 173, 174, 189, 191

Hochheim am Main   303

Hochheimer Kiesgruben   186

Hochseilgarten   145

Höchst   19, 27, 38, 94, 102

Hochstadt   109, 302

Höchster Schloss   38

Hof Akita   288

Hof Langenau   180

Hofgut Neuhof   284

Hofheim am Taunus   182, 191, 202, 212

Hohemark   205

Horlachegraben   183

hr-Kinderredaktion   95

I – J

Ilbenstadt   218, 219

Insel Maaraue   173

Interkulturelles Atelier   85

Jacobiweiher   37

Jagdkundlicher Lehrpfad   243

Jagdmuseum   240

Jagdschloss Kranichstein   237, 240, 257, 280, 282

Jagdschloss Mönchbruch   183

Johanneshof   178

Jügesheim   289, 304

JUZ Sandgasse   162

K

Kahl am Main   121, 122, 142, 146

Kalbach   105

Kalkbrennöfen   179

Kanu-Schulen   21, 123, 171

Karben   216, 218, 220, 221, 225, 226, 305

Karlstein   126, 145

Kelsterbach   167, 171, 172, 179, 193

Kesselbruchweiher   25

Kesselstadt   123, 131, 148, 154, 162

Kiesgrubenlandschaften   185

Kinderfahrschule   85

Kindermuseum des Historischen Museums   78, 79

Kinderplanet Riedberg   59

Kinderpostamt   89

Kino   17, 160, 195, 226, 298

Kinzig   123, 126

Kinzigsee   117, 124

Klappmaul   97

Klein-Auheim   129, 137, 140, 141, 145

Klein-Auheimer Fasanerie   132

Kleine Bulau   132

Kleinkrotzenburg   128, 140

Klettern   56

Klingspor-Museum   151

Klosterruine Sankt Wolfgang   136, 147

Kobelt-Zoo   48

Königssee   120

Kranichstein   243, 254, 257, 258, 259

Kriftel   168, 182, 189, 190, 303

Kronberg   26

Kronberg   208

Kulturothek Frankfurt   31

Kulturzentrum Alte Mühle   225

Kuranlagen Wilhelmsbad   143

Kutschfahrten   258

KZ-Außenlager   297

L

Lämmerspiel   111, 133

Landschaftsmuseum   158

Langen   273, 274, 278, 280, 299, 304

Langener Waldsee   278, 281

Langenselbold   114, 117, 124, 135, 159, 303

Leonhard-Eisnert-Park   145

Lernbauernhof Maurer   209

LeseEule   105

Leuchte   67

Liebieghaus   87

Lindenaubad   112, 145

Lohrberg, Lohrpark   52, 67

Louisa   62

M

Main, -ufer   51, 124

Main-Radweg   128, 129

Mainflingen   119

Mainhausen   119, 120

Maininsel   63

Mainkur   33

Mainspiele   69

Maintal   113, 125, 138, 139, 145, 302

Mainvorland   67

Mainz-Kastel   174

Mainzer Berg   236, 252

Malakademie   94

Martinsgrube   38

Massenheim   177

Massenheimer Kiesgruben   186

Maunzenweiher   25, 37, 38

Medienwerkstatt   95

Messel   238, 261, 281, 304

Messeler Grube   237

Messenhausen   288

Minigolf   60, 121, 144, 189, 207, 219, 247, 289

MoBaTrain   258

Modelleisenbahn   153, 258

Moller-Haus   266

Mönchbruch   182

Mörfelden   276, 284, 286, 295, 299, 304

Mühlheim   111, 125, 129, 131 – 134, 153

Mühltal 290
Museum Alter Plastiken 87
Museum der Weltkulturen 85
Museum für angewandte Kunst 86
Museum für Kommunikation 89
Museum für Wissenschaft & Technik 81
Museum Großauheim 157
Museum Jagdschloss Kranichstein 257
Museumsufer 51

N

Naturfreunde Rüsselsheim 183
Naturfreundehaus Mainzer Berg 237
Naturfreundejugend Frankfurt, Hessen 40
Naturlehrpfad 39
Naturmuseum Senckenberg 83
Naturschule Hessen 138
Naturschutzgebiet
  Mönchbruch 182
  Rote Lache 136
  Weilbacher Kiesgruben 175
Naturschutzhaus 184
Neu-Isenburg 274, 285, 293, 299
Neues Theater Höchst 102
Nida 80
Nidda-Radweg 217
Niddatal 25, 26, 35, 222, 224
Nied 25, 26
Nieder-Eschbach 14
Nieder-Roden 277
Nieder-Rodenbach 118, 130, 136
Nieder-Wöllstadt 219
Niederdorfelden 147
Niederhöchstadt 25
Niederrad 18, 46, 51, 63
Niederursel 45
Nizza 51
Nordend 106
Nordpark Bonames 54
Nordweststadt 15, 59, 100

O

Ober-Eschbach 209
Ober-Ramstadt 261
Obermühle 179
Oberrad 32
Oberschweinstiege 37
Obertshausen 271, 304
Oberursel 26, 201, 207, 211
Oberwaldhaus 245, 248
Offenbach 109, 124, 125, 145, 150 – 152, 160, 162, 302
Offenthal 287, 289
Okarben 218
Okriftel 172, 181
Opel 192
Opel-Zoo 208
Oper 69, 103
Orangerie 246
Ostend 46, 98
Osthafen 20
Ostpark 51, 67
Ostpark Rüsselsheim 190

P

Palmen-Express 74
Palmengarten 49, 60, 69, 74, 99
Panoramabad 12
Papageno Theater 99
Papiertheatermuseum 148
Park Rosenhöhe 240
Patershäuser Hof 283
Patü 101
Perlaco 104
Petterweil 220
Pfungstadt 263
Planetenweg 181
Praunheim-Römerstadt 60
Primus-Linie 23, 124
Prinz-Emil-Garten 247, 267

Q – R

Quellenwanderweg 35
Raunheim 170, 176
Rebstockbad 16
Rebstockpark 54, 67, 75
Regionalpark RheinMain 175
Reiten 44, 139, 188, 206, 245, 287
Residenzschloss mit Museum 240
Rhein-Main-Flughafen 76
Rhein-Main-Therme 202
Rhein-Main-Verkehrsverbund 305
Riederwald 51, 57
Ritterweiher 35
RMV 305
Rodau 133
Rödelheim 17, 27, 62
Rodenbach 118, 136, 146, 303
Rodenbacher See 118
Rödermark 271, 288, 298
Rodgau 271, 304
Rodgau See 277, 281
Römer 80, 105
Römerstadt 67
Ronneburg 149
Rosenhöhe 110
Roßdorf 253
Rudern 21, 22, 123, 171
Rumpenheim 115, 125, 129, 131, 139
Rumpenheimer See 115
Rüsselsheim 166, 169, 170, 171, 176, 182, 183, 190, 192, 194, 195, 303

S

Sachsenhausen 22, 64, 65, 67, 90, 103
Schirn Kunsthalle 93
Schleuse Dietesheim 129
Schleuse Kostheim 173
Schleuse Eddersheim 179
Schloss Philippsruhe 127, 131, 148, 154, 162
Schloss Rumpenheim 127
Schloss Steinheim 156
Schmitt'sche Grube 38, 39
Schultheaterstudio 100
Schultheisweiher 115
Schwanheim 36, 48, 67, 84
Schwanheimer Dünen 38
Schwarzbach 181
Schwedler See 20
Seckbach 35, 67
See Grube Prinz von Hessen 233

Seifenkisten 211
Seligenstadt 109, 113, 124, 126, 128, 139, 145, 158, 302
Silbersee 175, 186
Silobad 19, 60
Sindling 67
Sindlingen 44, 66
Solmspark 62
Sossenheim 67
Spessart 147
Spielinsel Dietzenbach 298
Spielmobil 69, 79, 250
Spielpark Hochheim 174, 189
Sportpark Neu-Isenburg 290
Sprendlingen 280, 284, 286, 291
Staatstheater Darmstadt 265
Städelsches Kunstinstitut 92
Stadionfreibad 18
Stadtbücherei 106
Stadtwald 24, 36
StadtWaldHaus 37, 42
Steinbach am Taunus 206
Steinberg 283
Steinbruchseen 134
Steinbrücker Teich 235, 248, 251
Steinheim 109, 128, 156
Sterbfritz 126
Storchenpfad 222
Strandbad Bärensee 117
Strandbad Birkensee 115
Strandbad Rodenbach 118
Strandbad Rodgau 277
Strandbad Spessartblick 120, 146
Strandbad Walldorf 279
Streuobstwiesen 34, 41
Streuobstwiesenzentrum 243
Struwwelpeter 82
Surfen 116, 124

T

T-Hall 56
Tanz- und Theaterwerkstatt 103
tanzszene 104
Tauchen 16, 114, 122
Taunusvorland 25, 26, 199
Theaterhaus Frankfurt 97
Thomashütte 281, 291
Tiergarten Vivarium 246
Titus-Thermen 15
Titusforum 100

U – V

Umweltwerkstatt Wetterau 224
UNESCO-Weltnaturerbe 237
Unterliederbach 19
Untermain 23, 165
Urpferdchen 261
Verkehrsmuseum Schwanheim 84
Vivarium 246
Vogelnest 174
Vogelpark 142
Volkspark Niddatal 53
Volkssternwarte 43, 241
Vortaunusmuseum 211
Vulkanradweg 217

W

Waldkindergarten 241
Waldlehrpfad 221
Waldschadenspfad 242
Waldschwimmbad Mörfelden 276
Waldschwimmbad Rüsselsheim 169
Waldsee 170, 279
Waldseebad 122, 146
Waldspielpark Carl-von-Weinberg 63

Waldspielpark
Goetheturm 25, 37, 65
Heinrich-Kraft-Park 66
Louisa 62
Scheerwald 60, 65
Schwanheim 38, 64
annenwald 37, 289, 290
Waldzoo 142
Walldorf 278, 279, 284, 296, 297, 298
Wasserspielbecken 61
Weiher Grastränke 285
Weilbach 184, 185, 187
Weilbacher Kiesgruben 175, 184, 186, 187
Weinberg 52
Weinwanderweg 188
Weiterstadt 243, 248, 264
Westend 43, 99
Wetterau 215
Wetterauer Dom 219
Wicker 177, 178, 188
Wiesenbad 203
Wiesenhof 188
Wiesenmühle 179
Wildpark Alte Fasanerie 137, 140, 141, 145
Wilhelmsbad 143, 155
Wingertsberg 289
Wixhausen 237

Z

Zellhausen 120
Zentrale Kinder- und Jugendbibliothek 106
Zeppelinheim 278, 281, 293
Zeppelinmuseum 293
Ziegelbusch 251
Zoo 69
Zoo Frankfurt 46

pmv MIT KINDERN *Vor die Haustür, fertig – los!*

INFOS & SHOP UNTER WWW.PETERMEYERVERLAG.DE